Historia ilustrada *del* ARMAMENTO

Chuck Wills
En asociación con el Museo Berman
de la Historia del Mundo

LIBSA

«*Una espada nunca mata; es una herramienta en manos de aquel que mata*».
–Séneca

«*La mayor alegría que un hombre puede conocer es derrotar a sus enemigos y barrerlos ante él, tomar sus caballos y arrebatarles sus posesiones, ver las caras de sus seres queridos anegadas de lágrimas y aferrar a sus mujeres e hijas en sus brazos*».
–Gengis Khan

«*La raíz del mal no es la construcción de armas nuevas y más temibles. Es el espíritu de conquista*».
–Ludwig von Mises

«*El poder político surge del cañón de un fusil*».
–Mao Zedong

© 2012, Editorial LIBSA
C/ San Rafael, 4
28108 Alcobendas. Madrid
Tel. (34) 91 657 25 80
Fax (34) 91 657 25 83
e-mail: libsa@libsa.es
www.libsa.es

ISBN: 978-84-662-2508-3

Derechos exclusivos de edición para
todos los países de habla española.

Traducción: Jaime de Montoto Coello de Portugal

©MMX, Moseley Road Incorporated

CONTENIDO

*Soporte para
un kris balinés.*

INTRODUCCIÓN

Desde la primera roca sostenida en las manos del hombre del Paleolítico al fusil de asalto del siglo XXI, las armas han sido un componente integral de la Historia. Conforme evolucionaban los primeros humanos, también lo hacía su tecnología. Las piedras pequeñas se convirtieron en armas y herramientas especializadas. Estas tempranas innovaciones ayudaron al hombre en su búsqueda de comida y, tarde o temprano, a proteger tanto su familia como su territorio. La talla de la piedra dio paso a la metalurgia y, a medida que los humanos atravesaban cada edad de la Historia (Cobre, Bronce y Hierro), aumentó el uso y desarrollo de las armas. Con la llegada de la agricultura y la domesticación de animales las armas pasaron de servir para la caza en busca de comida a proteger frente a animales salvajes y otros humanos. Las posesiones recién adquiridas (comida, animales y refugio) aportaban riqueza y proporcionaban estatus. Los humanos utilizaron las armas para proteger ambos.

Cabeza de hacha turca.

Las primeras armas solo eran efectivas en el combate cuerpo a cuerpo*[1]. La introducción de la pólvora en Europa supuso un cambio radical en el armamento y el arte de la guerra. Su uso militar fue documentado por primera vez en el año 919; y en el siglo XI en China bombas explosivas rellenas con pólvora eran arrojadas desde catapultas. El primer uso de la pólvora en Europa fue documentado por el filósofo inglés Roger Bacon[2] en el siglo XIII y en Florencia se hacían cañones hacia 1326 utilizando la tecnología de los campaneros. A finales del siglo XIV aparecieron las armas de fuego de mano. Cuando los proyectiles de metal pudieron perforar las armaduras, la cota de malla se volvió una necesidad[3], aunque a menudo constituía una pobre defensa contra la pólvora y el plomo. Pronto el combate cuerpo a cuerpo se convirtió en un último recurso defensivo[4].

---

* Las notas incluidas en este libro son del traductor, no del autor.
[1] Considerando que en prácticamente todas las guerras conocidas a lo largo de la Historia ha quedado documentado el uso de armas arrojadizas y/o de proyectiles, y que en numerosas ocasiones el uso de ese tipo de armas resultó decisivo para decantar la contienda a favor de uno u otro bando, creo que el autor se equivoca en este punto.
[2] Roger Bacon (1214-1294) fue un monje franciscano y un notabilísimo sabio de su tiempo, destacando como filósofo, gramático, astrónomo, físico, alquimista y naturalista. Sus estudios están compilados en su obra *Opus Majus*.
[3] Este comentario del autor es algo difícil de justificar, considerando que la reacción frente al desarrollo de las armas de fuego no fue usar cotas de malla (que poco o nada protegían frente a las balas). La reacción de los caballeros y guerreros europeos fue, en un primer momento, aumentar el grosor de las corazas para hacerlas más resistentes, y después el abandono progresivo de las armaduras ante la imposibilidad de obtener una armadura a prueba de balas.
[4] En realidad, el combate cuerpo a cuerpo siguió siendo tan importante o más que el uso de armas de fuego, y las armas blancas causaban tantas bajas en combate como las armas de fuego hasta bien entrado el siglo XIX.

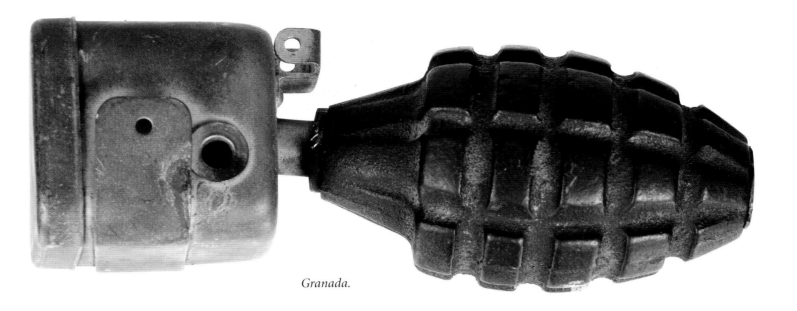

Granada.

El diseño del nuevo armamento no fue encomendado a los militares. Leonardo da Vinci, el gran artista e inventor del Renacimiento que odiaba la guerra, estaba, sin embargo, fascinado por la estructura, la función, la belleza de diseño y la utilidad de las armas. Este debe de haber sido el motivo por el que su genialidad fue utilizada para inventar numerosas armas, incluyendo misiles, ametralladoras de varios cañones, granadas, morteros e incluso un tanque de estilo moderno[5]. Por mortíferas que fueran, pasaron varios siglos antes de que las armas de fuego de mano pudiesen disparar más de un proyectil cada vez. Las armas de fuego no volvieron obsoletas las otras armas; cuchillos, espadas y otros utensilios seguían siendo necesarios en combate. Para superar la deficiencia de las armas de un solo disparo se desarrollaron armas combinadas (que ejercían más de una función). Las armas de fuego de un solo disparo fueron equipadas con bayonetas y el hacha de combate contenía una pistola en el mango. Si el disparo fallaba su objetivo, su usuario tenía un arma defensiva alternativa. Las armas combinadas continúan siendo fabricadas hoy. Un ejemplo reciente sería un teléfono móvil que contiene una pequeña pistola del calibre .22 y que podría ser utilizado por terroristas para perpetrar asesinatos o burlar los controles de seguridad[6].

> «Las armas de fuego no volvieron obsoletas las otras armas; cuchillos, espadas y otros utensilios seguían siendo necesarios en combate».

---

[5] A pesar de su innegable talento como inventor, pocos de los ingenios diseñados por Da Vinci llegaron a ser construidos en su tiempo y muchos no fueron desarrollados hasta siglos después de su muerte.

[6] Esta pistola debería ser considerada un arma oculta, (*vid.* pp. 156-157), ya que solo puede ser usada como arma de una manera: disparando.

Subfusil Thompson.

Las armas de disparo múltiple aparecieron en el siglo XIX. Los primeros ejemplares, llamados «avisperos», disparaban entre cinco y veinte veces. Quizás el arma de disparo múltiple más famosa era la ametralladora Gatling, capaz de disparar 800 balas por minuto, lo que (si se hubiese aceptado antes) podría haber supuesto una victoria anterior para el Ejército de la Unión en la guerra de Secesión americana. El siglo XX también ha visto unas cuantas armas de disparo múltiple; una de las más conocidas fue el subfusil (a menudo llamado metralleta) Thompson, usado por gánsteres de los años veinte, como Dillinger, y Bonnie y Clyde. Una vez que fue aceptada por los militares, el arma de fuego de disparo múltiple cambió la guerra. Con armas de un solo tiro se podía avanzar hacia el enemigo mientras se recargaban. Moverse en un campo de batalla abierto se volvió más peligroso y los disparos se realizaban desde trincheras y detrás de barricadas. Eran necesarios cambios tecnológicos para proteger a los soldados en el campo de batalla. Los carros de combate (a menudo llamados tanques) y otros vehículos acorazados fueron desarrollados a comienzos del siglo XX para disminuir el número de bajas al proteger a los soldados cuando avanzaban en campo abierto.

En la era moderna, la tecnología continúa cambiando la manera en la que las armas funcionan en la sociedad, aunque la tecnología actual no ha vuelto obsoletas las armas de fuego. El uso de misiles guiados de precisión ha cambiado la manera en la que los ejércitos modernos cumplen sus metas. Pero armas de fuego y cuchillos aún realizan una función importante en la guerra.

Además de su valor intrínseco como propiedad y del coste de los materiales de los que están compuestas (la cimitarra persa poseída por Abbás I de Persia y por Catalina la Grande de Rusia sirve de ejemplo), a lo largo de la Historia las armas han representado el estatus de su poseedor, exhibiendo su prosperidad y poder. Muchas armas antiguas eran costosas y solo los ricos se las podían permitir. Los gobernantes de Europa y Asia tenían armas elaboradas con oro, plata y piedras preciosas para ostentar su riqueza no solo en su propia sociedad, sino también ante los visitantes de su país. Muchas armas hermosas procedían de la zona de Persia (actual Irán) y Oriente Próximo. El engarce de oro llamado damasquinado embellecía las hojas de acero. Las empuñaduras se decoraban con rubíes, esmeraldas y otras piedras preciosas. Hoy las armas revelan el estatus de su comprador, pero de forma diferente. El país con el mayor arsenal tiene el mayor poder militar, y el poder militar simboliza un estatus mundial superior.

Aparte de su uso práctico, las armas tienen una atracción especial para los coleccionistas y los museos por su tecnología, su acabada artesanía y su belleza. Incluso las armas más ordinarias cuentan la historia del tiempo y la sociedad en los que fueron hechas y utilizadas. Aunque servían y siguen sirviendo para propósitos mortíferos, las armas permiten entrever la historia humana.

Robert Lindley
Director de Colecciones
Museo Berman de la Historia del Mundo
Anniston, Alabama
Marzo de 2006

Cimitarra persa poseída por Abbás I y Catalina la Grande.

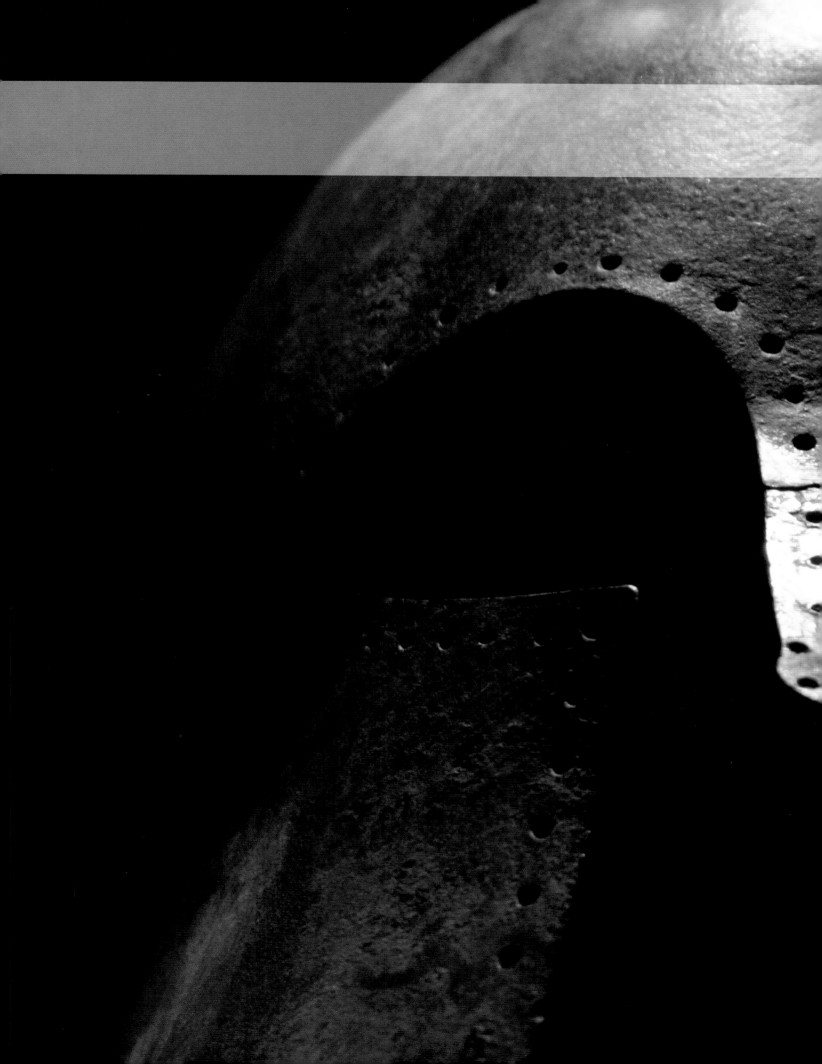

Armas prehistóricas y antiguas

«No permitáis que languidezca
mis últimos días,
sino mejor intercambiad
la vida por alabanzas.
Este brazo, esta lanza, bien
pueden disputar el premio;
y la sangre sigue donde
el arma vuela».

—*La Eneida*, de Virgilio

La historia de las armas comienza con la creación de los primeros utensilios primitivos de piedra por los primeros homínidos, hace unos cinco millones de años. En algún momento entre el 15000 y el 10000 a.C., los primeros humanos modernos refinaron el proceso de manufactura de herramientas para tallar hachas, cuchillos y puntas de lanza efectivas, y al final de este periodo se desarrollaron el arco, la flecha y el cuchillo. Estas primeras armas, así como el *atlatl* (un propulsor de lanzas) y artilugios especializados, como las boleadoras, fueron usados para cazar; cuándo y dónde decidieron los humanos utilizar estas armas unos contra otros en una forma de guerra es aún un tema de debate.

El siguiente gran avance en la tecnología armamentística llegó cuando los humanos descubrieron cómo refinar minerales para obtener metal, primero cobre, luego bronce y finalmente hierro y acero, permitiendo la creación de cuchillas y proyectiles aún más duraderos.

ARMAS DE PIEDRA

Hace entre cinco y un millón y medio de años, los remotos homínidos *Australopithecus* vivían en la garganta de Olduvai, en África. En un determinado momento, uno de ellos golpeó una pequeña piedra contra otra para crear un filo cortante basto: la primera herramienta. Este modesto acontecimiento fue el «big bang» para la tecnología humana, incluyendo la creación de armas.

HERRAMIENTAS DE LA ERA

Durante millones de años los sucesivos homínidos evolucionaron a través de etapas hasta el *Homo sapiens sapiens*, los humanos modernos. (Otro grupo, los neandertales, se extinguieron, pero aún se discute si eran antecesores de los humanos modernos o una especie completamente diferente.) Hace unos tres millones de años comenzó la Edad de Piedra, cuando la gente aprendió a elaborar herramientas de piedra.

El término «Edad de Piedra» es amplio e impreciso; terminó en diferentes partes del mundo en momentos distintos a medida que las herramientas de piedra daban paso a los utensilios de metal; y en algunos lugares remotos los pueblos indígenas permanecieron en la Edad de Piedra, en términos arqueológicos, hasta nuestra era.

Es difícil hacer generalizaciones, y los hallazgos arqueológicos a menudo son fragmentarios o contradictorios, pero los siguientes grandes avances tecnológicos en la fabricación de herramientas tuvieron lugar entre los años 600000 y 100000 a.C., cuando herramientas de piedra multiusos, como el hacha de mano, remplazaron a utensilios más rudimentarios[7]. Más tarde, los humanos desarrollaron técnicas sofisticadas para obtener cuchillas de piedra en forma de lasca[8]. El pedernal era la materia prima preferida, y hay pruebas de que los primeros europeos viajaban hasta 160 km para acceder a buenas fuentes de pedernal. Estas herramientas de piedra eran utilizadas con propósitos muy diversos, como excavar para obtener raíces comestibles o despellejar animales.

En estos tiempos preagrícolas, la principal prioridad era obtener un suministro constante de alimento. Se podía recoger frutas, nueces y raíces, pero a los animales había que cazarlos. Las primeras armas utilizadas para cazar mamíferos fueron lanzas, y hacia el 250000-100000 a.C., los cazadores aprendieron a endurecer las puntas de madera de sus lanzas exponiéndolas al fuego, o a rematarlas con puntas de piedra afilada. El desarrollo del *atlatl* o propulsor (*vid.* p. 15) incrementó en gran medida el alcance y la potencia de las lanzas arrojadizas o azagayas. Además, podían tallarse puntas de lanzas de hueso o cuerno con lengüetas para que se clavasen en la carne de los animales. El arco y la flecha aparecieron hacia el 10000 a.C., al igual que el cuchillo en su forma moderna.

DE LA CAZA A LA GUERRA

Cómo y cuándo estas armas de caza fueron usadas contra humanos más que contra animales, y cuándo se desarrolló la guerra como actividad organizada son temas polémicos. En los círculos antropológicos ningún tema ha sido tan discutido como si la agresividad hacia otros humanos está «programada» en nuestro ADN o si se enseña culturalmente. Es probable que los pueblos prehistóricos luchasen por los territorios de caza, especialmente cuando los cambios climáticos ocurridos en esta época alteraban el medio ambiente.

En 1964 unos arqueólogos encontraron los cuerpos de más de medio centenar de personas, hombres y mujeres, en Jebel Sahaba, un yacimiento en la actual frontera entre Egipto y Sudán, fechados entre el 12000 y el 5000 a.C.

Habían sido matados con armas de filo de piedra. Para algunos arqueólogos e historiadores el número de cadáveres y la manera de morir parecen probar que la guerra prehistórica iba más allá de meros saqueos y luchas fronterizas. Otros argumentan que las pruebas son insuficientes.

En esta época, los humanos habían iniciado la transición de una existencia de cazador-recolector a la agricultura y una vida en comunidades sedentarizadas. Dos de las primeras ciudades, Jericó (en la actual Israel) y Çatal Hüyük (en la actual Turquía), ocupadas por primera vez hacia en el 7000-6000 a.C., fueron construidas con robustas murallas, lo que sugiere que sus habitantes temían ser atacados y las convierte quizás en los primeros asentamientos fortificados. Al igual que en Jebel Sahaba, las excavaciones en Jericó y en Çatal Hüyük han llevado a muchos historiadores a creer que la guerra en un sentido moderno comenzó mucho antes de lo que se pensaba.

Con el tiempo, la adopción de la agricultura provocó la aparición de ciudades-estado, y más tarde de imperios con ejércitos profesionales, con armas creadas expresamente para matar a seres humanos. La mayoría de las armas utilizadas por los ejércitos europeos hasta la llegada de las armas de fuego (y durante siglos después, en otras partes del mundo), como el arco, la lanza y la espada (una evolución del cuchillo), tuvieron sus prototipos en la prehistoria.

---

[7] No está claro a qué avance tecnológico específico se refiere el autor con esta afirmación. Las herramientas de piedra multiusos (incluyendo el hacha de mano) pertenecen a la tecnología Achelense y aparecen por primera vez en Olduvai (Tanzania, África) y se les atribuyen cerca de 1.600.000 años, si bien es cierto que la tecnología Achelense tardó mucho tiempo en expandirse por otros continentes. Por otra parte, es posible que el autor se refiera a la tecnología Musteriense, que aparece en el África subsahariana entre el 300000 y el 200000 a.C.; no obstante, esta tecnología no responde tan bien a la descripción proporcionada por Chuck Wills.

[8] El autor parece hacer referencia a la tecnología Auriñaciense, que apareció hace 40.000 años y sustituyó a la tecnología Musteriense.

AZADA DE ESTEATITA
Esta hoja de azada está hecha de esteatita, un silicato de magnesia con alto contenido de talco. Como es relativamente fácil de tallar, la esteatita se utilizaba por muchos pueblos primitivos para elaborar herramientas, objetos decorativos y armas. Este ejemplar viene de la cultura nativa americana del Misisipí (c. 1000–1500 d.C.), en el actual sudeste de los Estados Unidos.

CABEZA DE HACHA DE DIORITA
Estas cabezas de hacha, de Norteamérica, están hechas de diorita, que es una piedra muy dura que se encuentra en los lechos de los ríos; es difícil de tallar, pero su durabilidad es similar a la del hierro. Aunque estas cabezas de hacha eran herramientas para trabajar la madera, estas y cuchillas similares son los primeros antepasados de armas como el hacha de batalla (*vid.* p. 36).

BOLEADORAS

Al igual que el *atlatl*, las boleadoras son un arma simple pero elegante y muy efectiva. Las boleadoras, como las que se muestran aquí, fueron utilizadas en un primer momento por los pueblos indígenas de Sudamérica para cazar animales, como el guanaco, y consisten en pesos redondos (normalmente tres, a veces más), atados con cuerdas. El usuario agitaba las cuerdas por encima de su cabeza y luego lanzaba las boleadoras al animal para enredar sus patas. La capacidad de las boleadoras de inmovilizar un animal sin dañarlo o matarlo hizo que fuesen adoptadas posteriormente por los gauchos de Sudamérica para reunir al ganado.

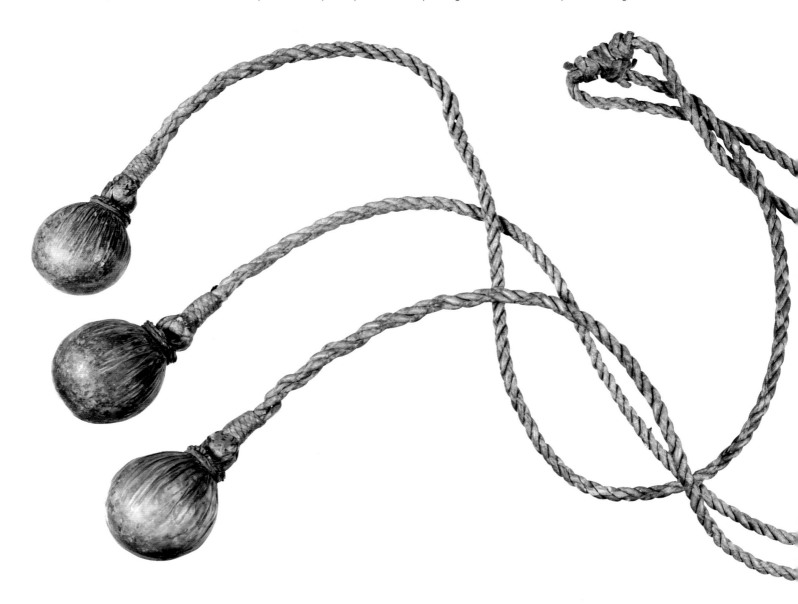

«El grupo se esfuerza por acercarse todo lo que puede al rebaño [...] Cada hombre lleva cuatro o cinco juegos de boleadoras».

—Charles Darwin, describiendo a los gauchos cazando ganado salvaje en *El viaje del Beagle*, volumen 29

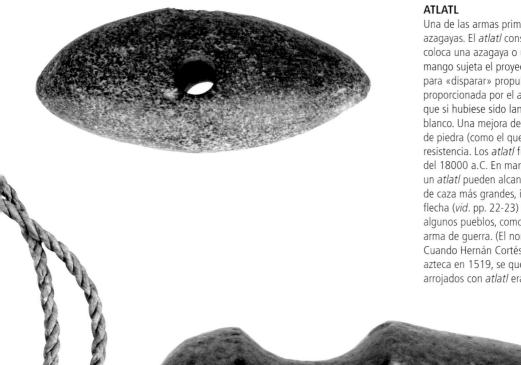

ATLATL

Una de las armas primitivas más efectivas era el *atlatl* o propulsor de azagayas. El *atlatl* consiste en un mango acanalado, en el que el usuario coloca una azagaya o un dardo. Un saliente en forma de gancho al final del mango sujeta el proyectil en su lugar hasta que el usuario está preparado para «disparar» propulsando el *atlatl* hacia el objetivo. La fuerza adicional proporcionada por el *atlatl* arrojaba la azagaya con mucha más velocidad que si hubiese sido lanzada con la mano, y así aumentaba su impacto en el blanco. Una mejora del diseño básico consistía en añadir un pequeño peso de piedra (como el que se muestra a la izquierda) para incrementar la resistencia. Los *atlatl* fueron usados en distintas partes del mundo a partir del 18000 a.C. En manos de un usuario habilidoso los dardos arrojados por un *atlatl* pueden alcanzar una distancia de hasta 70 m y derribar las piezas de caza más grandes, incluyendo el mamut lanudo. A la larga, el arco y la flecha (*vid*. pp. 22-23) remplazaron al *atlatl* en muchas culturas, pero para algunos pueblos, como los aztecas de México, el *atlatl* se convirtió en un arma de guerra. (El nombre *atlatl* viene del náhuatl, la lengua azteca). Cuando Hernán Cortés y los conquistadores españoles invadieron el Imperio azteca en 1519, se quedaron estupefactos al comprobar que los dardos arrojados con *atlatl* eran capaces de atravesar sus armaduras.

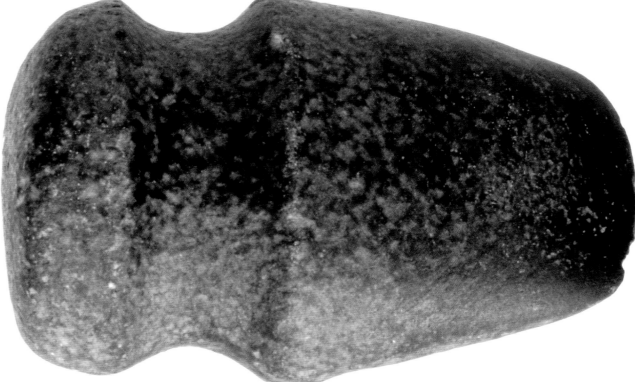

CABEZA DE HACHA

Una cabeza de hacha completamente acanalada datada entre el año 1000 y el 1500 d.C. La acanaladura permitía que la cabeza de hacha fuese encajada en un mango de madera.

La Edad de Bronce

La Edad de Bronce supuso un enorme avance tecnológico para la humanidad. Durante este periodo, los hombres aprendieron por primera vez a crear herramientas (y armas) refinando, fundiendo y moldeando metales en bruto. El término «Edad de Bronce» es amplio, pues culturas diferentes desarrollaron la metalurgia en momentos diferentes. También es algo engañoso, ya que en su primera fase se utilizaba el cobre más que el auténtico bronce (una aleación con un 90% de cobre y un 10% de estaño). Este periodo a veces se subclasifica como Calcolítico. La metalurgia del cobre se conoció en China y en el Mediterráneo oriental hacia el 3500–3000 a.C., y durante el siguiente milenio el uso del cobre, y más adelante el del bronce, se extendieron por Europa; más tarde se desarrolló de forma independiente en Sudamérica.

COBRE, BRONCE, HIERRO Y ACERO

Las armas de cobre y especialmente de bronce ofrecían enormes ventajas sobre las armas de piedra en fuerza, filo y durabilidad. Estas ventajas eran tan significativas, que los historiadores consideran que su desarrollo estimuló el crecimiento de las civilizaciones urbanas creando una clase social de trabajadores del metal cualificados y fomentando un mayor contacto entre pueblos conforme los comerciantes recorrían grandes distancias en busca de depósitos de cobre y estaño. Las armas de bronce y de cobre también ayudaron a los ejércitos antiguos a domeñar a los oponentes que no habían desarrollado la nueva tecnología. Pero el bronce presentaba algunos inconvenientes, principalmente que, aunque el cobre era muy común, los depósitos de estaño se concentraban en unos pocos territorios, como Inglaterra y Europa Central.

Apareció una alternativa con el hierro, otro mineral abundante. En cuanto los herreros averiguaron cómo conseguir las altas temperaturas necesarias para fundir el hierro usando carbón vegetal, y cómo templar los utensilios de hierro martilleándolos y sumergiéndolos en agua alternativamente, las armas de hierro empezaron a remplazar a las de cobre y bronce. Al igual que con los primeros metales, el proceso tuvo lugar en diferentes momentos en distintas partes del mundo, pero los historiadores suelen fechar el comienzo de la Edad de Hierro entre el 1200 y el 1000 a.C. Un milenio más tarde, los herreros indios y chinos aprendieron a combinar hierro con carbón para crear una aleación aún mejor: el acero.

PUNTA DE LANZA
Esta es una réplica moderna de una punta de lanza de la Edad de Bronce tardía de la era micénica, un periodo llamado así por Micenas, la ciudad-estado griega que dominó buena parte del mundo mediterráneo entre el 3000 y el 1000 a.C [9]. Tiene una cabeza estriada en forma de hoja y una longitud total de 70 cm.

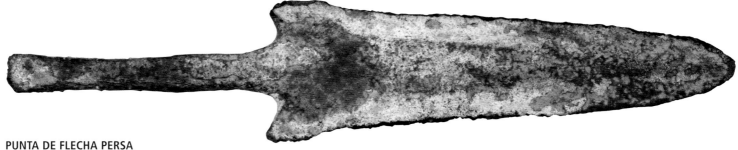

PUNTA DE FLECHA PERSA
Esta punta de flecha de bronce sólido fue encontrada en las montañas de Luristán, en Persia (actualmente Irán), y se ha datado entre 1800 y 700 a.C. Se debate quién hizo esta arma y objetos similares: podrían haber sido transportados al yacimiento por tribus nómadas originarias de la actual Rusia, o haber sido creados en la región en la que se hallaron.

---

[9] El autor parece englobar en una sola las civilizaciones minoica (3000–1450 a.C. aproximadamente, centrada en la isla griega de Creta) y micénica (hacia 1600–1000 a.C., centrada en la Grecia continental).

DAGA DE BRONCE

Una daga de la Edad de Bronce de un tipo extremadamente singular; uno de los objetos encontrados en Luristán (*vid*. p. 16). Datada entre 1200 y 800 a.C., tiene una hoja de doble filo de 28 cm y una empuñadura bellamente forjada con ranuras para los dedos.

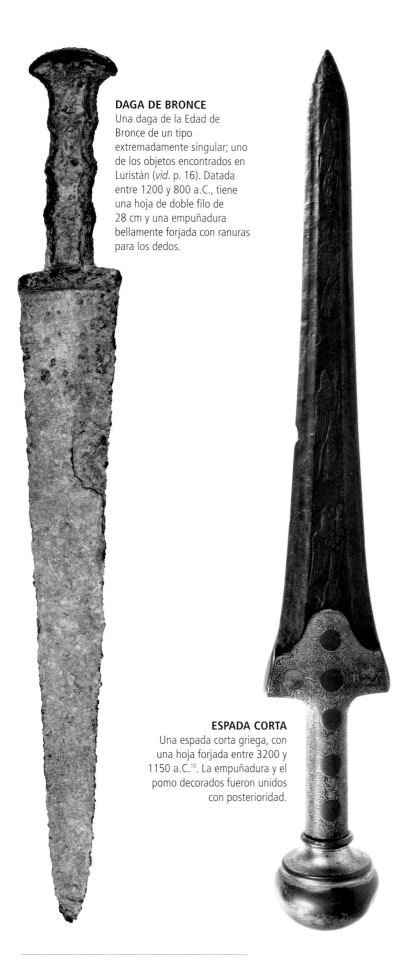

ESPADA CORTA

Una espada corta griega, con una hoja forjada entre 3200 y 1150 a.C.[10]. La empuñadura y el pomo decorados fueron unidos con posterioridad.

CABEZAS DE HACHA

Un par de cabezas de hacha de cobre pertenecientes a la Edad de Bronce. Un hacha semejante fue portada por «Ötzi», un hombre cuyos restos momificados, datados hacia el 3300 a.C., fueron encontrados congelados en un glaciar de la frontera austro-italiana en 1991. Una teoría sobre la muerte de Ötzi mantiene que murió por heridas producidas por un ataque de una banda de cazadores que intentaban hacerse con su codiciado utensilio.

---

[10] Aunque el autor no lo dice, por las fechas podemos deducir que es una hoja de bronce.

ARMAS DE LAS AMÉRICAS Y AUSTRALASIA

La guerra era una forma de vida para muchos de los pueblos del «Nuevo Mundo» (denominado así por los europeos): las Américas y las islas del Pacífico. En algunas culturas, cualquier pueblo vecino que no fuese un aliado explícito era un enemigo, y ningún varón joven era considerado un hombre adulto hasta que había demostrado su valía en batalla. Sin embargo, y al mismo tiempo, la guerra en esas áreas era diferente del concepto de lo que el historiador Victor Davis Hanson denominó «el estilo de guerra occidental», en el que la aniquilación del enemigo era la meta.

EL USO DE ARMAS «TRADICIONALES»

En muchas sociedades indígenas, las prioridades del guerrero eran demostrar su valor personal (elevando así su estatus social), obtener botín o capturar al enemigo para convertirlo en un esclavo o (como en el Imperio azteca de México) para sacrificarlo ritualmente. A menudo el combate estaba enormemente ritualizado y sometido a reglas estrictas; en algunas partes de Polinesia, por ejemplo, aparentemente estaba prohibido el uso de arcos y flechas en la guerra pero se permitía en competiciones ceremoniales.

El garrote, el arco, la flecha y la lanza eran las principales armas de los guerreros de estas zonas, y su uso persistió entre algunos pueblos incluso después de que los comerciantes europeos y americanos llegasen con armas de fuego para vender, pues usar las armas tradicionales (que requerían que el usuario se acercase a su oponente) aportaban más honor al guerrero. Pero los pueblos indígenas eran conscientes de la efectividad de estas armas, especialmente a medida que perdían sus vidas y tierras a manos de los hombres blancos recién llegados. Un marinero británico que se encontró con el pueblo tinglit de Alaska en la década de 1790 resumía así este trágico proceso: «Ahora desechan y olvidan sus antiguas armas: arcos y flechas, lanzas y garrotes. En Nootka […] todos tienen su fusil. Así que están equipados con armas que, en cuanto las poseen, las utilizan contra sus donantes. Pocos barcos han estado en la costa que no hayan sido atacados […] y en general muchas vidas […] perdidas en ambos bandos».

GARROTES DE INDIOS DEL NOROESTE

El garrote de guerra era un arma común entre muchos pueblos norteamericanos; los que mostramos aquí son dos ejemplos distintivos del noroeste del Pacífico. El tallado y la decoración del ejemplar superior indican que pudo haber tenido un uso ceremonial.

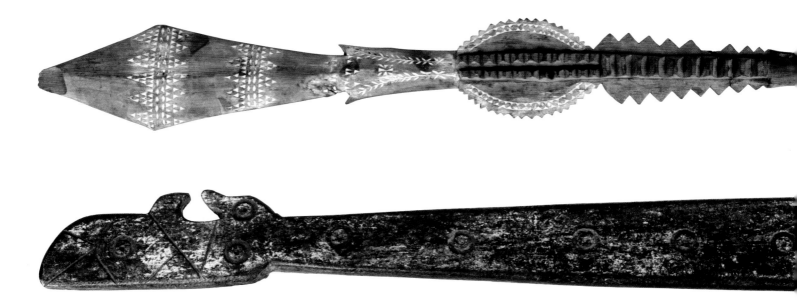

LANZA DEL AMAZONAS
Una lanza ceremonial del pueblo caraja, que vive en las orillas del río Araguaia, en las profundidades de la jungla brasileña. Estas lanzas suelen estar decoradas con plumas de aves, como águilas y guacamayos.

GARROTE TINGLIT Y TAMBOR
Un garrote ceremonial de guerra (arriba) y un tambor (a la derecha) del pueblo tinglit, del sur de Alaska. Los garrotes tinglit estaban hechos con una gran variedad de materiales, incluyendo marfil y hueso, y se utilizaba un tipo especial de garrote para matar ritualmente a los cautivos enemigos capturados en batalla.

GARROTE DE GUERRA DE LOS INDIOS DE LAS LLANURAS

Un garrote de guerra del pueblo sioux (Lakota) de las Grandes Llanuras de Norteamérica, consistente en una cabeza de piedra fijada a un mango de madera. Para los indios de las Llanuras no había mayor honor que acercarse lo suficiente al enemigo como para establecer contacto físico con un arma así, un acto que se conocía como «contar un golpe».

BASTÓN DE DANZA SIOUX

La música y la danza rituales tenían un papel importante en la vida espiritual de muchos pueblos indígenas de Norteamérica, incluidos los sioux. El bastón decorado con cuentas que se muestra aquí se usaba en esas ceremonias.

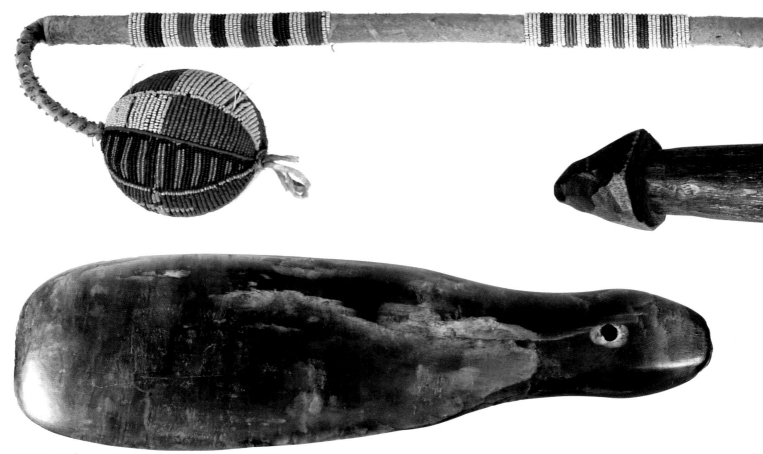

PATU MAORÍ

El garrote de guerra de mango corto, o *patu*, era el arma principal del pueblo maorí, de Nueva Zelanda. Podían ser tallados en la madera del árbol kauri, en hueso de ballena o en jade, como en el ejemplo mostrado aquí. En el agujero del mango se engancharía una correa de cuero que ataba el arma a la muñeca del guerrero.

PREPARADO PARA LA GUERRA

Una diapositiva coloreada a mano por el famoso fotógrafo William Henry Jackson, tomada hacia 1895, muestra a un guerrero fiyiano[11] con garrote. Al igual que con el *kris* del sudeste asiático (*vid*. pp. 56-57), se creía que los garrotes estaban dotados de poder espiritual; y los que habían visto mucha acción en combate a menudo eran colocados en templos como objetos de veneración.

GARROTE DE GUERRA FIYIANO

Un garrote de guerra polinesio, hecho de madera y decorado en azul. En algunas áreas, especialmente en las islas Hawái, a estos garrotes se les añadía un filo hecho con dientes de tiburón.

CALACULA FIYIANO

Un garrote fiyiano, con un «filo» en forma de sierra. Los guerreros fiyianos utilizaban una gran variedad de garrotes y a veces los adornaban con los dientes arrancados a los enemigos que habían matado.

---

[11] Perteneciente a las islas Fiyi (a menudo llamadas por su nombre inglés, Fiji o Fidji).

ARCOS Y BALLESTAS

El arco y la flecha datan al menos del Mesolítico (*c.* 8000–2700 a.C.), y esta arma es común para pueblos de todas las partes del mundo. Al proporcionar un medio para matar a distancia, el arco y la flecha fueron un gran avance para la caza y la guerra, especialmente cuando empezaron a usarse los arcos compuestos hacia el 3000 a.C. Los arcos compuestos usaban capas de tendón y cuerno para reforzar el arco de madera, lo que aumentaba su fuerza, flexibilidad y efectividad. El desarrollo del arco de doble curva, en el que los extremos del arco se alejan en dirección opuesta al usuario cuando se dispara, fue otro avance técnico: la doble curva permitía una aplicación más eficiente de la energía y, ya que los arcos de doble curva eran más cortos y compactos que los arcos «rectos», resultaban más adecuados para usarlos a caballo.

EJÉRCITOS DE ARQUEROS

Los arqueros montados, a menudo luchando desde carros de guerra, eran un componente importante de los ejércitos de imperios como Asiria y Egipto en la Antigüedad. Los griegos y romanos preferían la espada y la lanza, y la proporción de arqueros respecto al resto del ejército decayó en los ejércitos europeos. El uso del arco revivió en Europa durante la Edad Media en las formas del arco largo y la ballesta.

Sin embargo, en el este del Mediterráneo, el arco y la flecha siguieron siendo el arma principal de los «pueblos jinetes» nómadas de Asia Central. Quizás los mayores maestros del arte de la guerra con arco y flecha fueron los mongoles, quienes, a partir de comienzos del siglo XIII, conquistaron vastas extensiones de Asia y realizaron avances en Europa y Oriente Medio. Cada jinete mongol cargaba con un arco compuesto de doble curva, con un alcance efectivo de 305 m, y un repertorio de flechas especializadas, algunas para objetivos a larga distancia, otras para la lucha a corta distancia, y otras para utilizar contra caballos.

EL ARCO LARGO Y LA BALLESTA

Desarrollado originariamente en Gales, el arco largo fue adoptado por los ingleses y usado con efectos mortíferos contra los franceses en las batallas de la guerra los Cien Años (1337–1453). Esta arma, hecha con madera de olmo o tejo, y generalmente una longitud de unos 1,8 m, tenía un alcance de hasta 183 m. No siempre se disparaba directamente a blancos individuales; los arqueros ingleses dominaban la táctica de enviar nubes de flechas que llovían sobre el enemigo desde arriba. Esto resultó ser tan devastador para los caballeros franceses que uno de ellos escribió que antes de la batalla de Agincourt en 1415: «Los caballeros franceses proclamaban que cortarían los tres dedos de la mano derecha[12] de todos los arqueros que fueran hechos prisioneros, [para que] esas flechas no volviesen a matar a ningún hombre ni ningún caballo». Las desventajas del arco largo eran que exigía una fuerza y un entrenamiento considerable para ser usado con efectividad[13].

La ballesta, usada sobre todo en la Europa Continental, tenía un arco corto unido transversalmente a un armazón de madera (o a veces de metal). Podía disparar flechas o dardos de metal, llamados virotes, a una distancia de hasta 305 m. Antes de la aparición de las armas de fuego, la ballesta era el arma más avanzada técnicamente en los ejércitos europeos y una de las más temidas, ya que sus virotes podían atravesar incluso la armadura de placas. De hecho, la Iglesia intentó prohibir su uso (al menos por cristianos contra cristianos) en 1139.

Pero tenía una cadencia de tiro baja, pues volver a tensar el arco requería un tiempo y esfuerzo considerables, ya fuera utilizando un armatoste, o colocando el pie en un «estribo» fijado al armazón y tirando del arma hacia arriba.

---

[12] El pulgar, el índice y el corazón, que son los dedos que se usan para tensar el arco y sujetar la flecha.
[13] Por eso, el rey inglés Eduardo I ordenó que por ley todos los hombres libres ingleses dedicasen los domingos a entrenarse en el uso del arco. Así, cuando llegaba el momento de reclutar hombres para la guerra, contaba con gran cantidad de arqueros entrenados.

FLECHAS INCENDIARIAS

La flecha también podía ser un arma incendiaria. Se disparaban flechas en llamas (con una punta empapada en una sustancia inflamable a la que se prendía fuego) a las fortificaciones con la intención de prenderles fuego, o a las formaciones enemigas para que cundiesen el miedo y la confusión. La flecha aquí mostrada proviene del campo de batalla de Sempach, donde las fuerzas suizas y austriacas se enfrentaron en 1386.

ARCOS AFRICANOS

Estos arcos africanos reflejan la diversidad étnica y geográfica del continente. Algunos pueblos, especialmente los que vivían en áreas de jungla en las que la caza tiende a realizarse a corto alcance, usaban arcos relativamente cortos; otros, como los pueblos de las tierras altas de lo que hoy es Kenia, usaban arcos más largos, como los mostrados en la foto de más abajo.

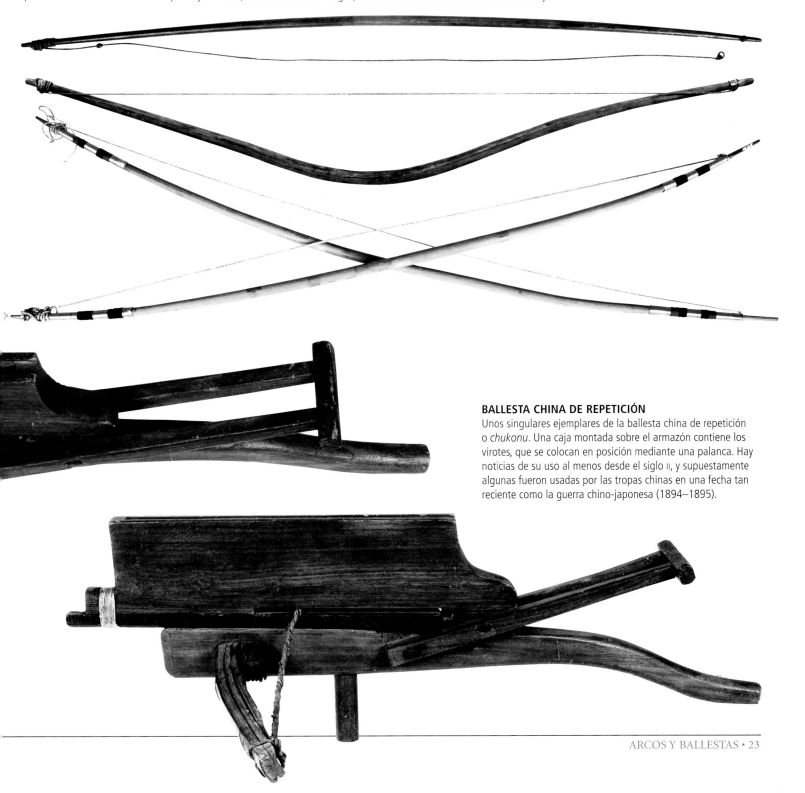

BALLESTA CHINA DE REPETICIÓN

Unos singulares ejemplares de la ballesta china de repetición o *chukonu*. Una caja montada sobre el armazón contiene los virotes, que se colocan en posición mediante una palanca. Hay noticias de su uso al menos desde el siglo II, y supuestamente algunas fueron usadas por las tropas chinas en una fecha tan reciente como la guerra chino-japonesa (1894–1895).

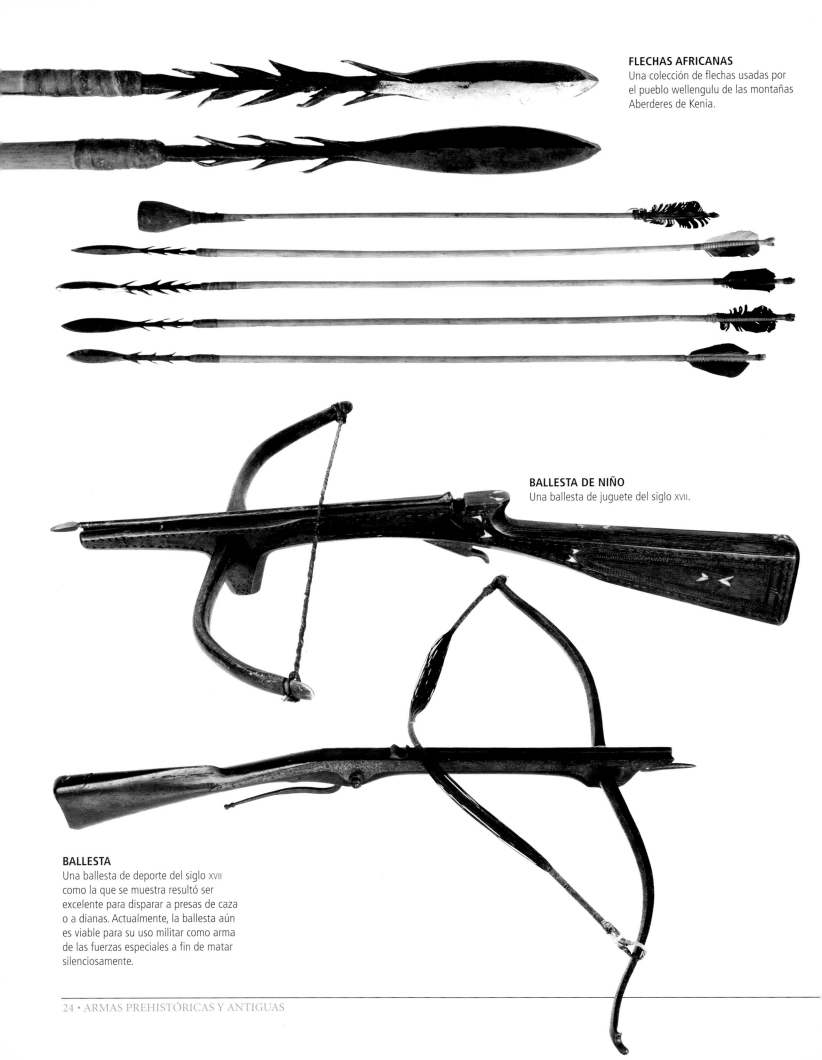

FLECHAS AFRICANAS
Una colección de flechas usadas por el pueblo wellengulu de las montañas Aberderes de Kenia.

BALLESTA DE NIÑO
Una ballesta de juguete del siglo XVII.

BALLESTA
Una ballesta de deporte del siglo XVII como la que se muestra resultó ser excelente para disparar a presas de caza o a dianas. Actualmente, la ballesta aún es viable para su uso militar como arma de las fuerzas especiales a fin de matar silenciosamente.

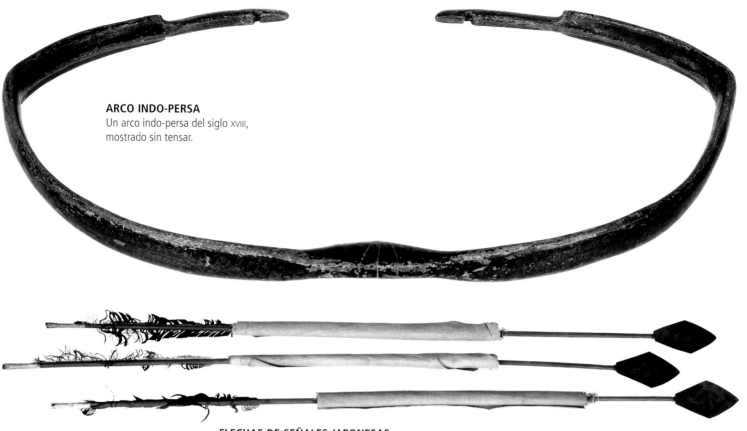

ARCO INDO-PERSA
Un arco indo-persa del siglo XVIII,
mostrado sin tensar.

FLECHAS DE SEÑALES JAPONESAS
Las flechas no han sido utilizadas solo como proyectiles de combate, sino también para hacer señales. Estas flechas
japonesas del siglo XVIII tenían una pequeña bandera de tela enrollada en torno al astil que se abría al ser disparadas.

ARCO CENTROAMERICANO
Los pueblos indígenas de Centroamérica y Sudamérica hacían elegantes arcos para usarlos en la caza, la pesca y la guerra. Las flechas
a menudo estaban impregnadas con curare u otros venenos. El arco mostrado aquí es de Panamá.

CARCAJ AFRICANO
Un carcaj (caja portátil para llevar flechas)
africano de alrededor de 1900. Hecho con
mimbre tejido e impermeabilizado con
resina, podía contener tanto flechas
convencionales como dardos
envenenados.

LAS CRUZADAS

«*Deus Vult!*» («¡Es la voluntad de Dios!») proclamó el papa Urbano II en Clermont, Francia, en 1095. El Papa quería que en lugar de luchar unos contra otros, la nobleza cristiana de Europa se uniese para contener la marea de la expansión islámica en el este y restaurar el dominio cristiano en Tierra Santa. El resultado fueron las cruzadas, una serie de diversos conflictos a lo largo de cientos de años; (el término deriva de cruz, por la cruz de paño que los cruzados europeos llevaban cosida a sus ropas, y con el tiempo «cruzada» llegó a significar cualquier «guerra santa»). A pesar de los éxitos iniciales, finalmente, los cruzados no consiguieron alcanzar sus objetivos y fomentaron una hostilidad entre Occidente y el mundo musulmán que aún persiste hoy. Pero también provocaron un intercambio cultural entre el Oriente y Occidente, un intercambio que se reflejó en el armamento y el arte de la guerra.

CRUZADOS CONTRA SARRACENOS

Los invasores cruzados y sus oponentes musulmanes (a quienes denominaban «sarracenos») tenían estilos de combate completamente diferentes. En las palabras del historiador británico John Keegan: «La guerra en las cruzadas fue una contienda extraña, que enfrentaba a la tradición de los guerreros del norte de Europa de luchar cara a cara con las tácticas evasivas de acoso de los guerreros de las estepas».

Los sarracenos seguían las tradiciones de los «pueblos jinetes» de Asia Central (*vid.* p. 22), con sus ejércitos muy móviles de jinetes montados, y tácticas de golpear y retirarse. (Usando un arco compuesto, un jinete podía atravesar una cota de malla a 145 m.)

En cambio, las fuerzas europeas estaban aún organizadas en torno a los caballeros, cargados pesadamente con lanzas, espadas, armaduras de cota de malla y yelmos metálicos, y consideraban que cualquier otra cosa aparte del combate cuerpo a cuerpo con el enemigo era deshonroso. Su táctica preferida era una carga en masa contra el enemigo. Con el tiempo, los cruzados descubrieron la valía de la infantería contra la caballería ligera de sus oponentes y elevaron la proporción de infantes (incluyendo arqueros y ballesteros) en sus filas. El cruzado inglés Ricardo Corazón de León[14] utilizó con éxito estas tácticas nuevas en una batalla cerca de Jaffa en 1192, cuando su fuerza de 2.000 infantes y 50 caballeros (menos de la mitad de ellos montados) derrotaron a 7.000 jinetes liderados por el gran Saladino[15]. Por su parte, los ejércitos musulmanes se dieron cuenta de que la caballería pesada tenía sus ventajas y comenzaron a estudiar las tácticas de sus oponentes.

ASEDIOS EN TIERRA SANTA

Como dijo otro gran historiador, las batallas campales eran «menos típicas de la guerra en las Cruzadas que el desgaste lento y carente de atractivo de un asedio». Cuando llevaban la ofensiva, los cruzados tenían que asediar ciudades como Jerusalén, que cayó después de un asedio relativamente breve en 1099[16]. Pero en menos de un siglo había sido reconquistada por los musulmanes y los cruzados expulsados a un puñado de castillos y otras posiciones fortificadas en la costa mediterránea. Ahora les tocaba a ellos ser asediados.

Los sarracenos eran expertos en este tipo de guerra, como atacantes y como defensores, y particularmente en el uso de armas incendiarias. Usaban componentes inflamables, algunos de ellos aparentemente similares al fuego griego (*vid.* p. 100), para prender fuego a las torres de asedio usadas por los cruzados en sus intentos de escalar las murallas de los castillos o excavar túneles debajo de ellos[17]. Cuando llevaban la ofensiva, utilizaban catapultas de contrapeso y otras armas de asedio para lanzar productos incendiarios a las fortificaciones de los cruzados.

La mayor amenaza para los asediados no era el fuego o los proyectiles, sino el hambre, la sed y las enfermedades, por no mencionar la traición: la captura de Antioquía en 1098 fue facilitada por un acuerdo alcanzado con uno de los defensores de la ciudad. Si un castillo o una ciudad caía, el destino de sus habitantes a menudo era sombrío: en uno de muchos episodios semejantes, los cruzados cristianos celebraron la captura de Jerusalén masacrando a gran parte de la población judía y musulmana de la ciudad.

---

[14] Ricardo Corazón de León (1157-1199; rey de Inglaterra de 1189 a 1199) tuvo un reinado breve, en el que destacó su participación en la Tercera Cruzada en Tierra Santa (1189-1192), de la que fue uno de sus principales líderes.

[15] Saladino es el nombre que dieron los europeos a Al-Nāsir Salāh ad-Dīn Yūsuf ibn Ayyūb (1138-1193), un militar de origen kurdo que llegó a proclamarse Sultán de Egipto (1171-1193) y de Siria (1174-1193) y que, tras vencer a los cristianos en la batalla de Hattin (1187), reconquistó buena parte de Tierra Santa para el islam, especialmente la ciudad de Jerusalén.

[16] Tan breve que duró solo ocho días.

[17] Resulta difícil entender al autor en este punto, pues las torres de asedio son inútiles a la hora de excavar un túnel. Es posible que quiera decir que los sarracenos utilizaban también armas incendiarias contra esos túneles.

«Valientes y curtidos,
    dispuestos a morir hoy día
    por mí, su rey, cada uno
    empuñando su arma,
    cada uno, diestro, en el
    campo de batalla».

—*Bhagavad-Gita*, versos 24-26

La tecnología armamentística se estancó relativamente en los siglos siguientes a la caída del Imperio romano. La adopción del estribo en Europa, aproximadamente entre los siglos IX y XI, llevó (así como muchos otros factores) al dominio en los campos de batalla europeos de los caballeros montados, armados con lanzas y espadas, apoyados por infantería que portaba una gran variedad de armas, desde simples garrotes, instrumentos agrícolas y lanzas, a armas más sofisticadas, como manguales (también llamados «cadena y bola»), mazas y alabardas. La armadura se desarrolló paralelamente; con el tiempo, la cota de malla dio paso a armaduras completas de placas. Incluso los caballeros pesados de la Edad Media eran vulnerables a dos innovaciones: el arco largo y la ballesta. En el resto del mundo, jinetes con arcos compuestos permitían a los mongoles dominar buena parte de Asia, mientras que los artesanos persas, indios, chinos y japoneses producían armas letales y de gran belleza.

Mazas y manguales

La maza, un bastón pesado con una cabeza ancha a menudo guarnecida de púas o bultos, tiene sus raíces en la prehistoria; los primeros ejemplos datan de la Edad de Bronce (*vid.* pp. 16–17) y la primera representación de su uso en batalla se encuentra en la Paleta de Narmer[18], fechada sobre el 3100 a.C. Mientras que las armas similares a la maza declinaron en el «Viejo Mundo» en la Época Clásica, volvieron a la vida en la Europa medieval gracias a su efectividad contra la armadura. Una variación de la maza era el mangual, que tenía una cabeza unida al mango por una cadena, quizá derivada del mayal, una herramienta agrícola usada para separar el grano de la paja.

LA MAZA MEDIEVAL

El resurgir de la maza llegó como respuesta al creciente uso de la cota de malla y, posteriormente, de la armadura de placas en los campos de batalla, no solo de Europa, sino también del norte de África y del subcontinente indio. La maza (fabricada ahora habitualmente de hierro o acero) no necesitaba perforar la armadura: a menudo un golpe fuerte bastaba para romperle al oponente un miembro o el cráneo, o por lo menos aturdirle o incapacitarle.

Entre los siglos XI y XIII aparecieron las mazas barreteadas o mazas de armas: estas tenían cabezas con crestas afiladas que podían penetrar las armaduras. Otras versiones tenían púas, que también podían perforar las armaduras. Las mazas eran usadas normalmente por los soldados de infantería, pero los caballeros a menudo llevaban versiones más cortas, más adecuadas para usarlas a caballo. Como era barata de hacer y fácil de manejar, la maza era también un arma favorita de los campesinos revolucionarios, como los husitas (seguidores del reformador religioso y político Jan Hus[19]) en la Bohemia (actualmente en la República Checa) del siglo XV.

LA MAZA CEREMONIAL

La maza era también un arma favorita del clero combatiente, porque a diferencia de la espada y otras armas de filo, podía herir o matar sin derramar sangre, lo que estaba prohibido por el derecho canónico de la Iglesia católica. (Pero los historiadores modernos discuten si la maza y armas similares fueron utilizadas en cantidades significativas por el clero medieval, aunque el *Tapiz de Bayeux*, que narra la invasión normanda de Inglaterra en 1066, muestra al obispo Odo de Bayeux manejando una gran maza).

Como la alabarda (*vid.* pp. 36-37), con el tiempo la maza pasó de ser un arma de combate a ser un objeto ceremonial y un símbolo de autoridad. En Inglaterra y Escocia desde hace mucho tiempo los «sargentos de armas», alcaldes y otros potentados llevan mazas elaboradamente decoradas en procesiones cívicas y académicas. Por ejemplo, en la Cámara de los Comunes del Parlamento británico se coloca una maza en la mesa ante el Presidente de la Cámara (el *Speaker*) durante los debates.

MAZA INDIA
La maza india mostrada aquí data de 1550. Tiene una cabeza barreteada, destinada a penetrar, o al menos abollar, las armaduras.

MAZA TURCA
Esta extraña maza turca está rematada con una hoja de lanza. La cabeza de madera incluye monedas pesadas unidas por cadenas para añadir potencia al golpe. Por las monedas podemos fechar la maza a finales del siglo XIV o principios del siglo XV. Su escasa longitud (56 cm) indica que era usada a caballo.

[18] El reverso de esta paleta representa al faraón egipcio Narmer tocado con la corona del Alto Egipto y empuñando una maza, con la que golpea a un hombre tocado con la corona del Bajo Egipto. Esta representación simboliza la unificación de Egipto mediante la conquista del Bajo Egipto (norte) por el Alto Egipto (sur) durante el reinado de Narmer, quien quizá fuese el primer faraón de todo Egipto.

[19] Jan Hus (1369-1415) fue un religioso y teólogo checo, fundador de la herejía husita, muy arraigada en Bohemia (en la República Checa). Hus fue convocado ante el concilio de Constanza a explicar sus postulados y, una vez allí, fue condenado y quemado en la hoguera, pese a haber llegado con un salvoconducto del emperador Segismundo. Tras su muerte, sus seguidores se enfrentaron militarmente a las tropas imperiales en varias guerras.

MANGUAL INGLÉS

Un mangual inglés de los tiempos del rey Enrique VII (que reinó de 1485 a 1509). Aunque es similar al *morgenstern* en su diseño, los manguales normalmente tenían varias cadenas o bolas con pinchos atadas al mango (aunque este ejemplar solo posee una). Una gran ventaja del mangual es que se podía blandir por encima o alrededor del escudo de un caballero.

MORGENSTERN

Uno de los tipos más comunes de mazas europeas del siglo XVI era el *morgenstern*, que tenía una cabeza con pinchos unida al mango. El *morgenstern* fue muy usado por los Habsburgo, y el nombre viene del alemán y significa «estrella de la mañana»[20], probablemente una referencia a su cabeza en forma solar, o una broma amarga basada en el hecho de que el arma se solía usar en incursiones de madrugada a los campamentos enemigos.

ALGUNAS CURIOSIDADES

CRUZ-DAGA

Esta cruz de madera francesa del siglo XV esconde una sorpresa letal: una daga con una hoja festoneada de 24 cm.

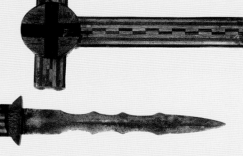

APLASTADEDOS

Un aplastadedos español resultaba ser un aparato de tortura bastante cruel: un pequeño cepo en un engranaje, que se apretaba girando una manivela, presionando los pulgares u otros dedos de las manos o los pies, rompiendo los dedos y aplastando la carne. Al igual que con la maza, se supone que la Inquisición (el órgano de la Iglesia católica encargado de extirpar la herejía) prefería utilizar aplastadedos como este ejemplar del siglo XV. Esto se debe a que su uso para arrancar confesiones no violaba la ley de la Iglesia contra el derramamiento de sangre por parte del clero.

CINTURÓN DE CASTIDAD

La historia del cinturón de castidad es especialmente conflictiva. Algunos historiadores modernos afirman que estos aparatos tenían un uso puramente simbólico y que los hombres se los daban a sus esposas o amantes como recordatorio de la importancia de la fidelidad. Otros afirman que la mayoría de los ejemplares conservados son falsificaciones. Pero las referencias a ellos en la literatura medieval incluyen un libro sobre armamento de 1405 que describe «calzones de hierro» llevados por las mujeres de Florencia. Según la leyenda, los caballeros que partían a la cruzada (*vid*. pp. 26-27) colocaban los cinturones de castidad a sus mujeres, pero esto es muy improbable, aunque solo sea por razones higiénicas. Si llegaron a ser usados, probablemente no fue como medio para preservar la «virtud», sino como defensa para las mujeres contra la violación cuando viajaban por zonas plagadas de bandidos. Este cinturón de castidad en particular es del siglo XVII.

---

[20] Esta variedad de la maza de armas no recibió un nombre propio en español en su momento, aunque hoy en día a menudo se la llama «lucero del alba», traduciendo directamente del alemán o del inglés.

La guerra de los Cien Años

La guerra de los Cien Años entre Francia e Inglaterra fue en realidad una serie de conflictos que duraron 116 años, de 1337 a 1453. Sus causas eran dinásticas y territoriales. A partir de Eduardo III (1312-1377; rey de Inglaterra de 1327 a 1377), los reyes ingleses proclamaron su derecho al trono de Francia basándose en que descendían de los normandos que habían conquistado Inglaterra en 1066, y también pretendían gobernar directamente la provincia francesa de Aquitania[21]. Esta larga contienda fue muy significativa en el desarrollo del armamento y el arte de la guerra. Los historiadores consideran que marca el final de la forma medieval de hacer la guerra. Vio el uso de armas devastadoras como el arco largo (*vid.* p. 22) y fue el primer conflicto europeo en el que el uso de armas de fuego, en forma de artillería, tuvo un papel significativo.

---

[21] Creo conveniente explicar los orígenes de la guerra de los Cien Años. El autor acierta al decir que los dos motivos principales eran la reclamación inglesa del trono de Francia y la posesión de Aquitania, pero no explica los detalles correctamente. Es verdad que los reyes de Inglaterra descendían de los normandos, que conquistaron Inglaterra en el siglo XI, pero esto no les daba derecho alguno al trono de Francia y por este tema no hubo una sola reclamación. El conflicto dinástico empezó cuando Carlos IV de Francia murió en 1328 sin descendencia directa, y a su muerte el trono fue reclamado por su sobrino, Eduardo III de Inglaterra, por su primo, Felipe de Valois, y por su primo segundo, Felipe de Evreux, rey consorte de Navarra. Aunque Eduardo era el pariente más cercano, su reclamación venía por su madre, Isabel Capeto, y los franceses argumentaron que esto violaba la ley sálica, que impedía la transmisión de derechos al trono por vía de mujer; por lo que Felipe de Valois subió al trono como Felipe VI de Francia, y reinó de 1328 a 1350. En cuanto a Aquitania, este territorio pertenecía a los reyes de Inglaterra, que la habían heredado de Leonor de Aquitania (1122-1204), esposa de Enrique II (1133-1189; rey de Inglaterra de 1154 a 1189). Pero Aquitania era un feudo de Francia, lo que convertía a los reyes de Inglaterra en vasallos del rey de Francia, su igual, y a menudo su rival y su enemigo. Naturalmente, esta doble posición relativa entre las dos monarquías causaba todo tipo de problemas. Uno de los motivos de la guerra de los Cien Años era que los reyes de Inglaterra deseaban romper este vínculo de vasallaje que tenían con los reyes de Francia. En 1337, por diversos motivos, Eduardo reclamó de nuevo el trono de Francia y finalmente declaró la guerra a Felipe de Valois, comenzando así la guerra de los Cien Años.

CRÉCY Y POITIERS

Al comienzo, la comparación entre ambos contendientes parecía estar muy desequilibrada. En 1337, Francia tenía una población de 14 millones, frente a los dos millones de Inglaterra, y los franceses estaban considerados entre los mejores guerreros de Europa. Pero los franceses aún organizaban sus fuerzas a la antigua: en torno a caballeros montados y fuertemente acorazados. Los ingleses tenían una flexibilidad táctica mayor, el arco largo y menos nociones caballerescas de lo que era la guerra.

En la primera batalla decisiva de la guerra, disputada en Crécy el 26 de agosto de 1346, los caballeros franceses cargaron repetidas veces contra el ejército de Eduardo III, consiguiendo solo ser diezmados por las descargas de flechas disparadas por los arcos largos de los arqueros ingleses y galeses, y machacados por los caballeros ingleses que luchaban a pie. El rey francés Felipe VI (1293-1350; reinó de 1328 a 1350) esperaba contrarrestar los arcos largos con tropas mercenarias italianas armadas con ballestas (*vid.* pp. 22-24), pero impuso la mayor cadencia de tiro del arco largo.

Las cifras de bajas de las batallas medievales son muy poco fiables, pero los franceses perdieron probablemente al menos 10.000 hombres en Crécy, incluyendo muchos nobles. Eduardo III avanzó para capturar el puerto francés de Calais y, en palabras del cronista francés Jean Froissart: «El reino de Francia quedó después muy debilitado en honor, fuerza y consejo».

Las hostilidades se demoraron por la peste de azotaba Europa pero, en 1356, el hijo de Eduardo III, Eduardo el «Príncipe Negro»[22], invadió Francia. Tras saquear buena parte del norte de Francia, las tropas de Eduardo fueron rodeadas cerca de Poitiers por un ejército francés mucho mayor. El 19 de septiembre de 1356 los franceses atacaron a Eduardo. Como no habían aprendido las lecciones de Crécy, Poitiers fue en gran medida una repetición de la batalla anterior. Acabó en una terrible derrota para los franceses, en la que el propio rey de Francia, Juan II (1319-1364; reinó de 1350 a 1364), fue capturado. El tratado subsiguiente entregaba un tercio del territorio de Francia a los ingleses.

DE AGINCOURT A CASTILLON

A pesar de la victoria inglesa, la fortuna francesa revivió, lo que permitió al bando francés recuperar mucho del territorio perdido a finales del siglo XIV[23], aunque el conflicto entre los pretendientes a la Corona francesa llevó al país al borde de la guerra civil[24]. Aprovechando la situación, el rey Enrique V (1387-1422; reinó de 1413 a 1422) cruzó el Canal de la Mancha en 1415 y (como anticipo de lo que estaba por venir) bombardeó el puerto de Harfleur con una docena de cañones hasta forzar su rendición. Aunque sus fuerzas eran inferiores en número y estaban azotadas por la enfermedad y la escasez de suministros, Enrique derrotó al ejército francés en Agincourt[25] el 24 de octubre, en una de las batallas más conocidas de la Historia, gracias en gran parte a la obra de Shakespeare *Enrique V*.

A pesar de las victorias inglesas, al final la guerra se decidió en su contra. La amenaza inglesa unió a la a menudo enfrentada nobleza francesa e inspiró a la gente común, incluyendo a la carismática Jeanne d'Arc (Sta. Juana de Arco) a resistir a los invasores. Y aunque los cañones ya habían sido usados en la guerra con anterioridad, es ahora cuando tuvieron un papel importante en el campo de batalla. En la batalla de Formigny (15 de abril de 1450), los franceses desplegaron cañones para dispersar a los arqueros ingleses que tan temibles habían sido en Crécy, Poitiers y Agincourt. En la última gran batalla de la guerra (Castillon, 17 de julio de 1453), los franceses usaron unos 300 cañones para derrotar un contingente inglés en la primera batalla, en la opinión de muchos historiadores, en la que la artillería fue el factor decisivo. Al final, los ingleses solo retuvieron su bastión de Calais, que acabó cayendo en poder francés en 1558.

---

[22] Eduardo de Gales (1330-1376), príncipe de Gales y duque de Aquitania, era el hijo primogénito de Eduardo III, y fue un destacado general y caballero que participó en la guerra de los Cien Años y en la guerra civil de Castilla (a favor de Pedro I el Cruel). Debe su sobrenombre al color negro de su armadura.

[23] Gracias en gran medida a la acción de un caballero bretón llamado Bertrand du Guesclin (1320-1380), quien, como condestable de Francia, utilizó contra los ingleses tácticas y estrategias más avanzadas de las que los franceses habían utilizado hasta entonces.

[24] Parece que el autor se refiere aquí al conflicto entre la casa de Borgoña y la casa de Armañac, dos casas nobiliarias que se disputaban, no la Corona (como dice el autor), sino la regencia de Francia y el control de las rentas reales durante el reinado de Carlos VI (1368-1422; reinó de 1380 a 1422).

[25] Esta batalla tiene la particularidad de que, aunque los ingleses la llaman de Agincourt, los franceses la llaman de Azincourt.

Armas de asta y hachas

Un arma de asta es un arma con una hoja afilada o en punta unida a un mango largo. Aunque las armas de asta han existido con varias formas desde la prehistoria, ganaron prominencia en el Medievo y el Renacimiento en Europa y el resto del mundo como un medio para enfrentarse a la caballería: la longitud de las armas de asta, como la alabarda, extendían el alcance del soldado de a pie permitiéndole atacar a un oponente a caballo al tiempo que se mantenía fuera del alcance de sus estocadas. El hacha de batalla era otra arma antigua que encontró una nueva utilidad cuando se utilizaba contra oponentes con armadura. La llegada de las armas de fuego y el subsiguiente declive de la importancia en batalla de los jinetes con armadura pesada rebajó a las armas de asta a un uso ceremonial en Occidente; aunque la pica mantuvo su utilidad como un medio para proteger a la infantería equipada con armas de fuego hasta bien entrada la era de la pólvora.

LA ALABARDA Y LA PICA

Aunque había muchos tipos diferentes de armas de asta europeas, los «modelos clásicos» eran la alabarda y la pica.

La alabarda hizo su aparición en el siglo XIV y medía normalmente 1,5 m. La alabarda era un arma con tres amenazas: estaba rematada con una punta afilada para mantener a distancia a los enemigos montados; tenía un gancho que podía ser utilizado para derribar a un enemigo de la silla de montar tirando de él y tenía una cabeza de hacha que podía penetrar las armaduras.

La pica, un arma simple parecida a la lanza y que consistía en una hoja de metal fijada a un mango de madera, se volvió de uso común en el siglo XII, y originariamente se usaba como un arma defensiva contra la caballería. Pero los suizos convirtieron la pica en un arma ofensiva formidable, armando con picas de hasta 6,7 m formaciones de infantería, semejantes a la falange macedónica[26], llamadas *Gewalthaufen* («tropel de autoridad»; en realidad, milicias ciudadanas).

ARMAS DE ASTA POR TODO EL MUNDO

Los guerreros de otras culturas también hicieron un uso frecuente de las armas de asta, por los mismos motivos que los europeos: además de ser efectivas contra la caballería, eran relativamente fáciles de producir y no requerían un largo entrenamiento para usarlas. Aunque popularmente se asocia a los samuráis del Japón medieval con la espada (*vid.* pp. 92-93) eran apoyados por soldados de a pie que empuñaban *yari* (lanzas o picas).

La lanza, ya fuese usada como arma arrojadiza o como arma para apuñalar en el cuerpo a cuerpo, siguió siendo un pilar para los guerreros de muchas culturas hasta la difusión por todo el mundo de las armas de fuego. Quizás los mejores lanceros de la historia sean los guerreros zulúes de Sudáfrica: formados en unidades llamadas *impis* y armados con lanzas cortas o *assegais*[27], consiguieron conquistar gran parte de la región en el siglo XIX.

Las cinco páginas siguientes muestran una variedad interesante de armas de asta y hachas de todo el mundo y cuyo origen está en los siglos XVI al XIX.

ALABARDA INGLESA
Un buen ejemplo de alabarda; esta data del siglo XVI y probablemente sea de origen inglés.

---

[26] La falange macedónica era una formación de infantería basada en el uso de piqueros formados en un rectángulo de 16 filas de profundidad. Esta formación fue la base de los ejércitos de Macedonia y de los reinos helenísticos desde el siglo IV a.C. hasta su conquista por Roma en los siglos II y I a.C.

[27] A menudo mal traducida como «azagaya» debido a que etimológicamente ese es su origen, pero se trata de un error: la azagaya es arrojadiza por definición, mientras que la *assegai* zulú no lo es.

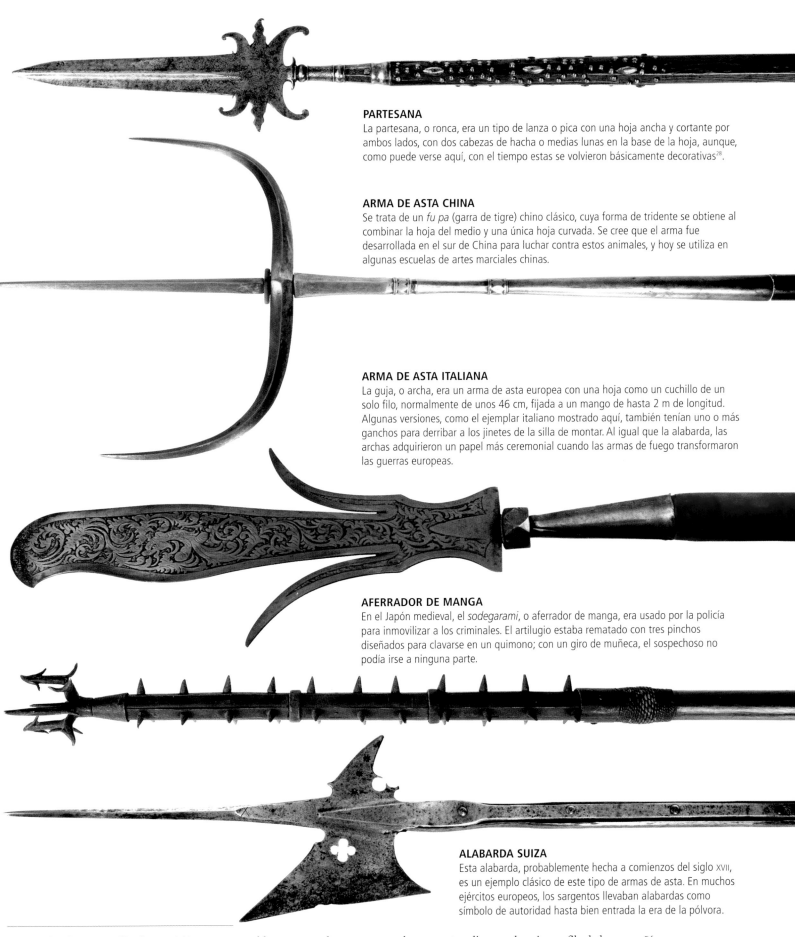

PARTESANA

La partesana, o ronca, era un tipo de lanza o pica con una hoja ancha y cortante por ambos lados, con dos cabezas de hacha o medias lunas en la base de la hoja, aunque, como puede verse aquí, con el tiempo estas se volvieron básicamente decorativas[28].

ARMA DE ASTA CHINA

Se trata de un *fu pa* (garra de tigre) chino clásico, cuya forma de tridente se obtiene al combinar la hoja del medio y una única hoja curvada. Se cree que el arma fue desarrollada en el sur de China para luchar contra estos animales, y hoy se utiliza en algunas escuelas de artes marciales chinas.

ARMA DE ASTA ITALIANA

La guja, o archa, era un arma de asta europea con una hoja como un cuchillo de un solo filo, normalmente de unos 46 cm, fijada a un mango de hasta 2 m de longitud. Algunas versiones, como el ejemplar italiano mostrado aquí, también tenían uno o más ganchos para derribar a los jinetes de la silla de montar. Al igual que la alabarda, las archas adquirieron un papel más ceremonial cuando las armas de fuego transformaron las guerras europeas.

AFERRADOR DE MANGA

En el Japón medieval, el *sodegarami*, o aferrador de manga, era usado por la policía para inmovilizar a los criminales. El artilugio estaba rematado con tres pinchos diseñados para clavarse en un quimono; con un giro de muñeca, el sospechoso no podía irse a ninguna parte.

ALABARDA SUIZA

Esta alabarda, probablemente hecha a comienzos del siglo XVII, es un ejemplo clásico de este tipo de armas de asta. En muchos ejércitos europeos, los sargentos llevaban alabardas como símbolo de autoridad hasta bien entrada la era de la pólvora.

[28] Las alabardas eran utilizadas también como arma blanca en combate y para que los sargentos alineasen la primera fila de la compañía.

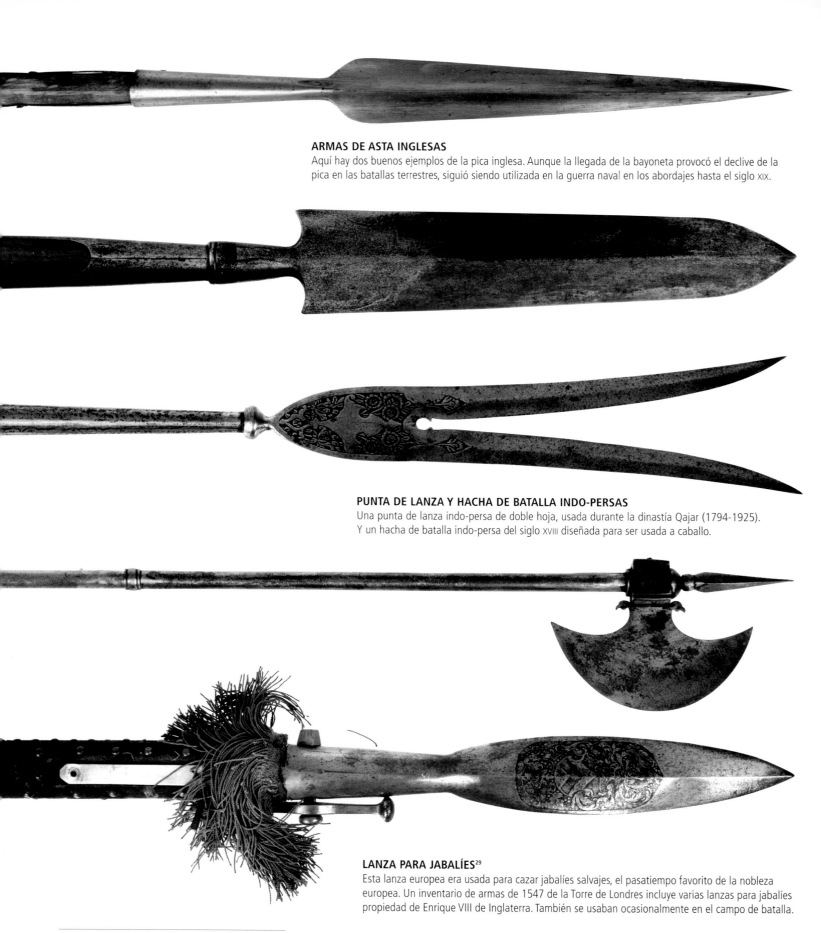

ARMAS DE ASTA INGLESAS

Aquí hay dos buenos ejemplos de la pica inglesa. Aunque la llegada de la bayoneta provocó el declive de la pica en las batallas terrestres, siguió siendo utilizada en la guerra naval en los abordajes hasta el siglo XIX.

PUNTA DE LANZA Y HACHA DE BATALLA INDO-PERSAS

Una punta de lanza indo-persa de doble hoja, usada durante la dinastía Qajar (1794-1925). Y un hacha de batalla indo-persa del siglo XVIII diseñada para ser usada a caballo.

LANZA PARA JABALÍES[29]

Esta lanza europea era usada para cazar jabalíes salvajes, el pasatiempo favorito de la nobleza europea. Un inventario de armas de 1547 de la Torre de Londres incluye varias lanzas para jabalíes propiedad de Enrique VIII de Inglaterra. También se usaban ocasionalmente en el campo de batalla.

---

[29] Aunque no puede verse en la fotografía, el elemento más característico de las lanzas para jabalíes era que el asta tenía a cierta distancia de la hoja una vara transversal al mango con un refuerzo metálico. El propósito de esta vara era impedir que los jabalíes heridos pudiesen remontar el asta, aun a costa de clavárselo más, y atacar al cazador (como sucedía con las lanzas normales).

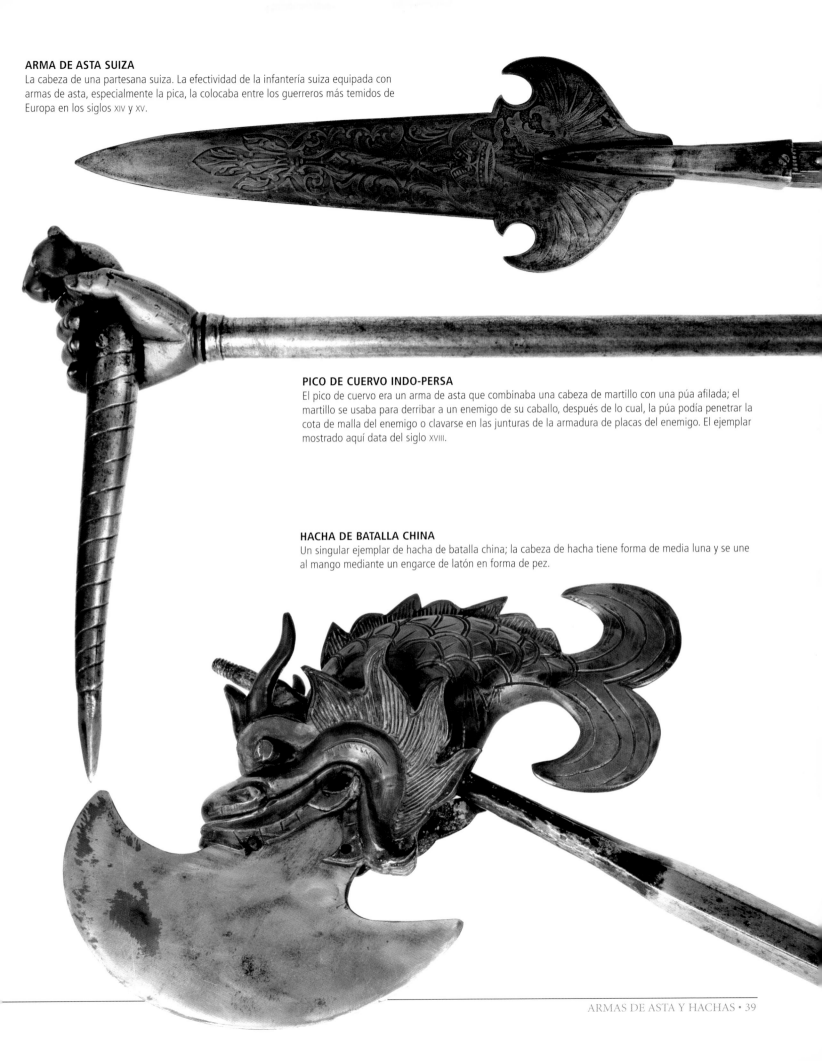

ARMA DE ASTA SUIZA

La cabeza de una partesana suiza. La efectividad de la infantería suiza equipada con armas de asta, especialmente la pica, la colocaba entre los guerreros más temidos de Europa en los siglos XIV y XV.

PICO DE CUERVO INDO-PERSA

El pico de cuervo era un arma de asta que combinaba una cabeza de martillo con una púa afilada; el martillo se usaba para derribar a un enemigo de su caballo, después de lo cual, la púa podía penetrar la cota de malla del enemigo o clavarse en las junturas de la armadura de placas del enemigo. El ejemplar mostrado aquí data del siglo XVIII.

HACHA DE BATALLA CHINA

Un singular ejemplar de hacha de batalla china; la cabeza de hacha tiene forma de media luna y se une al mango mediante un engarce de latón en forma de pez.

LANZA JAPONESA

La cabeza de una lanza japonesa *yari* del siglo XVIII. Esta arma alcanzó un uso generalizado en el siglo XIV, y posteriormente se desarrollaron diversas variaciones. Generalmente, la infantería japonesa utilizaba una versión larga, que podía medir hasta 6 m, mientras que los samuráis usaban un modelo más corto.

HACHA DE BATALLA INDIA

Hacha de batalla india del siglo XVIII, con grabados decorativos en la hoja y rematada en un pincho.

LANZA ZULÚ

Un *umKhonto* (lanza) zulú. La lanza zulú más famosa era la *assegai*. La decisión del gran líder zulú Shaka (1787-1828) de equipar a sus guerreros con estas lanzas para apuñalar, remplazando las lanzas arrojadizas[30], más largas, que no eran muy letales, ayudó a los zulúes a forjar un vasto imperio en la región.

YANYUE DAO CHINO

El nombre de esta lanza significa «luna creciente» en chino, y la hoja se le parece. Este ejemplar data de mediados de la dinastía Qing (hacia 1840).

[30] Como la que se muestra en la imagen.

HACHA CEREMONIAL AFRICANA
Esta hacha ceremonial fue elaborada por el pueblo songye del Congo. La cabeza es de hierro forjado, unida al mango por clavos de cobre.

HACHA AFRICANA DE COBRE
A veces llamado «el oro rojo de África», el cobre era uno de los materiales principales utilizados por los trabajadores del metal africanos para hacer armas, como el hacha mostrada aquí.

Armaduras

El uso de ropas especiales para proteger de proyectiles y cuchillas se remonta al menos a 10.000 años, cuando los soldados chinos llevaban mantos de piel de rinoceronte; pero los guerreros probablemente habían llevado prendas protectoras de cuero u otros materiales mucho antes. La armadura de metal, primero la cota de malla y luego la armadura de placas, había sido usada en Europa desde la Antigüedad hasta la Edad Media tardía (y más tarde, en otras partes del mundo), hasta que la efectividad de las armas de fuego provocó su declive. Más recientemente, la aparición de los materiales sintéticos ha provocado un resurgir de la armadura corporal.

DE LOS HOPLITAS A LOS CABALLEROS

La infantería de la antigua Grecia (los hoplitas) iba a la batalla protegida por una coraza hecha de bronce, que protegía el torso, así como un casco y grebas (protectores de la pantorrilla). Los legionarios de la antigua Roma también llevaban una coraza, aunque su versión consistía en una especie de jubón de cuero cubierto de aros metálicos y cascos de hierro[31].

A partir del siglo IX, los caballeros europeos comenzaron a llevar tabardos de cota de malla (millares de pequeñas anillas unidas con remaches o entrelazadas). Como la cota de malla a menudo era insuficiente para desviar las puntas de flechas y lanzas, la cota de malla solía llevarse sobre una túnica de cuero[32]. Los yelmos tenían una gran variedad de estilos, desde simples conos de hierro a modelos más avanzados con visores articulados.

La cota de malla tenía un peso considerable (una cota típica pesaba 13,5 kg), pero ofrecía al usuario relativa libertad de movimientos. Pero a finales del Medievo, la aparición de armas, como el arco largo y la ballesta (*vid.* pp. 22-25), cuyas flechas y virotes podían perforar la cota de malla, llevó a los guerreros europeos a usar armaduras hechas de placas superpuestas de hierro o acero. Las más desarrolladas de estas armaduras de placas ofrecían al usuario protección por todo el cuerpo. El inconveniente era su gran peso, que colocaba a los caballeros derribados de sus caballos en una posición vulnerable.

POR TODO EL MUNDO

Los guerreros de muchas naciones, de Persia y la India a China y Japón, usaban variaciones de la cota de malla, normalmente consistentes en placas de metal superpuestas. Las armaduras usadas por los samuráis del Japón medieval eran particularmente buenas y, como las mejores armaduras de placas europeas, eran magníficos ejemplos de artesanía. Al igual que en Europa, en muchos sitios el uso de la armadura estaba limitado a una élite guerrera (los únicos que se podían permitir un artículo tan caro). Pero en la India y en cualquier otro sitio, los soldados a pie llevaban prendas de cuero o de tejido acolchado como protección corporal.

Una de las formas más interesantes de armadura no metálica eran las camisas de seda cruda usadas por los jinetes mongoles. Debido a la fuerza de la seda, si una flecha enemiga perforaba el cuerpo del jinete, la seda era arrastrada en la herida con la punta de la flecha, permitiendo que la flecha fuese más fácil de sacar que si hubiese desgarrado otro tipo de material.

CASCO ITALIANO DE DESFILE
Este casco de bronce de la Italia del siglo XVI, cubierto en gran parte por relieves, fue confeccionado probablemente solo para uso ceremonial.

---

[31] Lo cierto es que la armadura usada por las legiones romanas fue evolucionando con el tiempo. Durante la mayor parte de la República, los legionarios llevaban un peto de cuero cubierto con anillas de hierro, como dice el autor, llamado *lorica hamata*. Del siglo I a.C. al siglo I d.C. llevaron una coraza de escamas metálicas, llamada *lorica squamata*. A partir del siglo II d.C. llevaban una coraza de bandas metálicas, llamada *lorica segmentata*, que es la más familiar a los ojos del espectador moderno, ya que es la que suele mostrarse en películas y cómics, aunque a menudo no se corresponde con la época en cuestión.

[32] También era habitual llevar prendas de lana acolchada bajo la armadura para amortiguar el peso de la misma.

YELMO INDO-PERSA
Un *kulah khud* (yelmo) indo-persa bellamente manufacturado, rematado con un pincho y bordeado con cota de malla.

YELMO INGLÉS
Los primeros yelmos forjados en acero aparecieron en Europa en el siglo X. El yelmo del siglo XVI mostrado aquí es del tipo conocido como borgoñota, que, aunque no otorgaba la protección que ofrecían yelmos más antiguos que cubrían toda la cara, daba al usuario mayor visibilidad y libertad de movimientos.

ESCUDO ITALIANO

Un escudo italiano del siglo XVI en forma de corazón, bellamente decorado con los escudos de armas de tres familias emparentadas por matrimonio. Los escudos de este tipo no se usaban en combate, sino que eran más bien objetos heráldicos hechos para conmemorar la historia de las proezas militares de una familia noble.

CORAZA ESPAÑOLA

Esta coraza, consistente en un peto y un espaldar, y forjada probablemente hacia 1580 [33], fue llevada por un conquistador español en Sudamérica. Fue encontrada en Bolivia durante la década de 1950.

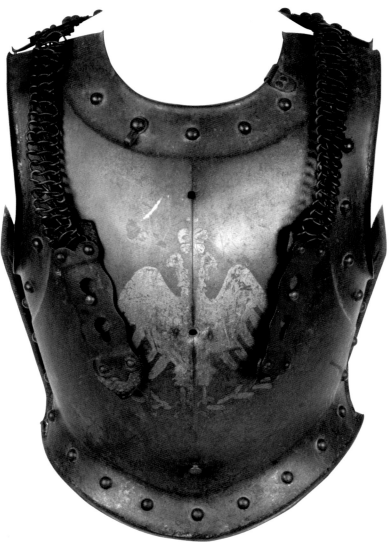

ESCUDO CON PINCHO

Un escudo europeo del siglo XVI con un pincho en el centro. Durante el Medievo, los grandes escudos dieron paso a la rodela, más pequeña y ligera, que podía ser usada para parar las estocadas o mazazos de un enemigo.

---

[33] Pero esta coraza va adornada con un águila bicéfala, lo que sugiere que data del reinado de Carlos I, luego Carlos V, (1500-1558; reinó de 1516 a 1556), en el que estas decoraciones eran más frecuentes, pues el águila bicéfala es un símbolo del Sacro Imperio Romano Germánico.

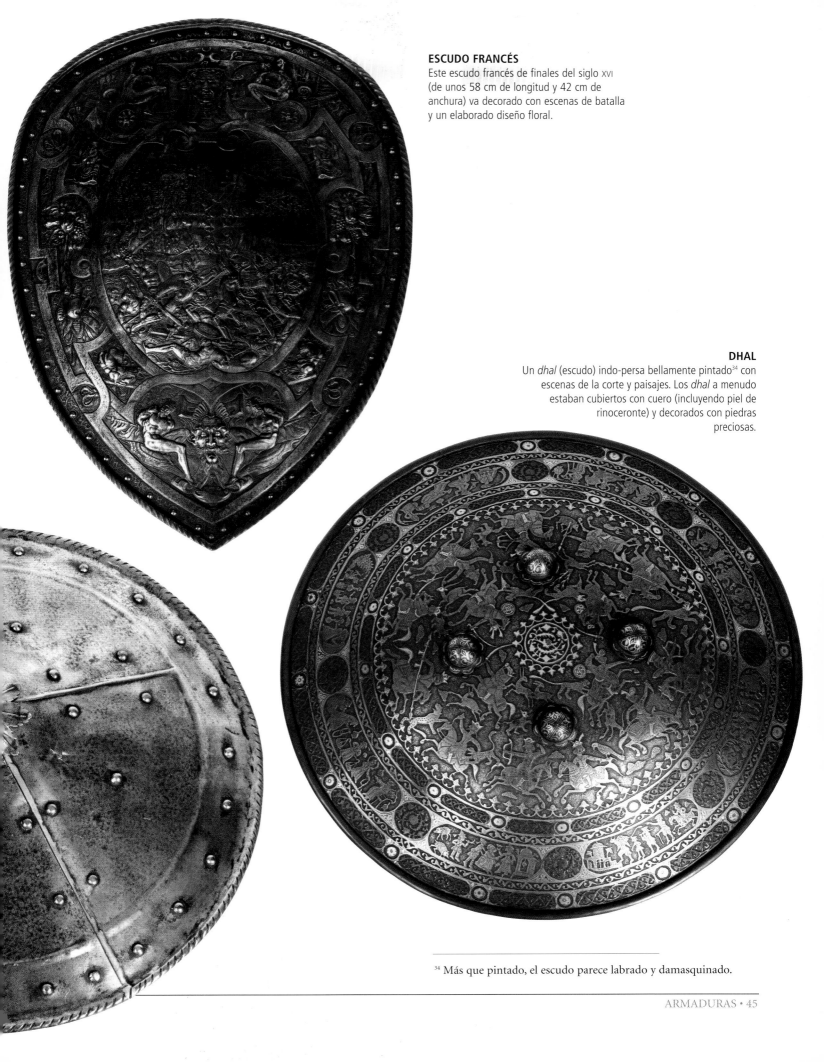

ESCUDO FRANCÉS

Este escudo francés de finales del siglo XVI (de unos 58 cm de longitud y 42 cm de anchura) va decorado con escenas de batalla y un elaborado diseño floral.

DHAL

Un *dhal* (escudo) indo-persa bellamente pintado[34] con escenas de la corte y paisajes. Los *dhal* a menudo estaban cubiertos con cuero (incluyendo piel de rinoceronte) y decorados con piedras preciosas.

[34] Más que pintado, el escudo parece labrado y damasquinado.

DAGAS Y CUCHILLOS DE LUCHA

Una daga es simplemente un cuchillo de hoja corta, sujeto en una mano y diseñado para apuñalar. El nombre puede venir de la antigua provincia romana de Dacia (ahora Rumanía) y originariamente significaba «cuchillo dacio». Está claro que armas similares a las dagas han sido usadas desde la prehistoria; son anteriores a la espada y se encuentran versiones en culturas de todo el mundo. El pequeño tamaño de la daga limitaba su uso en la guerra, pero este mismo atributo (y su facilidad para ser escondida) la hacían la favorita de criminales y asesinos. Además de la daga, muchas culturas han adoptado cuchillos de un tamaño intermedio ente la daga y la espada; estas armas generalmente son conocidas como cuchillos de lucha.

LA DAGA EN OCCIDENTE

Durante el Medievo y el Renacimiento, la daga tenía una función especial: perforar la armadura en las junturas y otras aperturas, como el visor de un yelmo. Al ser derribado de su caballo, o incapacitado de cualquier otra manera, el caballero se convertía en una presa fácil para cualquier soldado a pie con una daga. Uno de los tipos de daga más famosos, el *stiletto* italiano («estilete» en español), de hoja estrecha, fue desarrollado con este mismo propósito.

En el siglo XVI surgió un nuevo estilo de esgrima (lucha con espada) que ganó popularidad en Europa, en el cual se empuñaba una daga en la mano izquierda y una espada en la derecha, y se usaba la daga para detener las estocadas enemigas.

La creciente popularidad de la pistola como arma de defensa (o ataque) personal en el siglo XVIII llevó al declive del uso de la daga, aunque los oficiales de algunas naciones y los miembros de algunos grupos paramilitares y políticos continuaron llevándola con propósitos ceremoniales. Los cuchillos de lucha resurgieron durante la guerra de trincheras en la Primera Guerra Mundial (*vid*. pp. 172-173) y más tarde para las fuerzas especiales, por ejemplo, para eliminar silenciosamente a los centinelas (*vid*. p. 191).

ARMAS BLANCAS DE TODO EL MUNDO

En muchas sociedades tradicionales, las dagas y cuchillos servían para múltiples propósitos: como armas, herramientas y símbolos de la riqueza y el poder de su propietario. El *kukri* del pueblo ghurkha del Nepal, por ejemplo, es merecidamente famoso como arma, pero también usado para tareas mundanas, como despellejar animales o cortar madera; mientras que los cuchillos bellamente forjados y profusamente decorados elaborados por muchos pueblos subsaharianos eran usados en combate y también como muestra del estatus social de la persona que los poseía.

Además de ejercer estos roles, los cuchillos son objetos de gran significado cultural en muchas sociedades y a menudo se considera que están dotados de poder espiritual; un ejemplo clásico sería el *kris* del sudeste de Asia.

BASTÓN-DAGA

Los bastones elegantes que escondían espadas y dagas se pusieron de moda en Europa en los siglos XVIII y XIX. Este bastón-daga data aproximadamente del paso del siglo XVIII al XIX y tiene una hoja de 25 cm encajada en un bastón de madera de Malaca; la empuñadura de marfil está tallada en forma de cabeza de perro, con un conglomerado de diamantes por ojos y un «collar» de esmeraldas, rubíes y zafiros.

EL KUKRI

El *kukri* o *khukuri* es uno de los cuchillos de lucha más famosos del mundo. Desarrollado por el pueblo ghurkha del Nepal, tiene una hoja de 30 cm o más, con un pliegue característico. Aunque es relativamente pesado (hasta 0,9 kg), el *kukri* es sorprendentemente ergonómico; se dice que es posible equilibrarlo verticalmente sobre un dedo y que es capaz de rebanar la cabeza o el brazo de un enemigo de un solo golpe. Esta arma llamó la atención de Occidente por primera vez cuando las fuerzas británicas se enfrentaron a los nepalíes durante la guerra anglo-nepalesa (1814-1816). A partir de ese momento, los guerreros ghurkha comenzaron a militar en el Ejército británico, una tradición que continúa hasta nuestros días. Llevaron con ellos sus *kukris*, normalmente hechos por artesanos de los pueblos que constituyen una casta específica, y los usaron con efecto mortífero en las dos guerras mundiales y en varios conflictos coloniales. Es tal la reputación del cuchillo, que una historia muy difundida (y quizás apócrifa) de la guerra de las Malvinas (1982) dice que algunas tropas argentinas se rindieron después de que aviones británicos lanzaran panfletos avisándolas de que tropas ghurkha armadas de *kukris* estaban de camino a las islas.

DIRK NAVAL

El *dirk* es un cuchillo escocés relativamente largo (la palabra probablemente viene de *sgian dearg*, «cuchillo rojo» en gaélico) que se usaba a menudo en combinación con la espada ancha *claymore* (*vid.* pp. 80-83). Este ejemplar, con un mango de latón dorado y una empuñadura de marfil, es un modelo naval británico de hacia 1770.

DAGA DE GUARDAMANO

Una daga de guardamano, diseñada para ser utilizada en combinación con una espada. Estas dagas, como el ejemplar francés del siglo XVIII aquí mostrado, a veces tenían gavilanes muy alargados y curvados hacia abajo, que podían ser utilizados para inmovilizar la espada del adversario el tiempo suficiente como para asestarle una estocada.

DAGA DE GUARDAMANO

Otra daga de guardamano o *main gauche*; esta proviene de la España del XVII. El arma tiene una hoja de 34 cm con una hendidura cerca de la guarnición para atrapar la hoja del oponente. La empuñadura, envuelta en alambre, es corta, pues el pulgar del usuario se extendía sobre la propia hoja, aunque la mano estaba bien protegida por el gran tamaño de la guarnición.

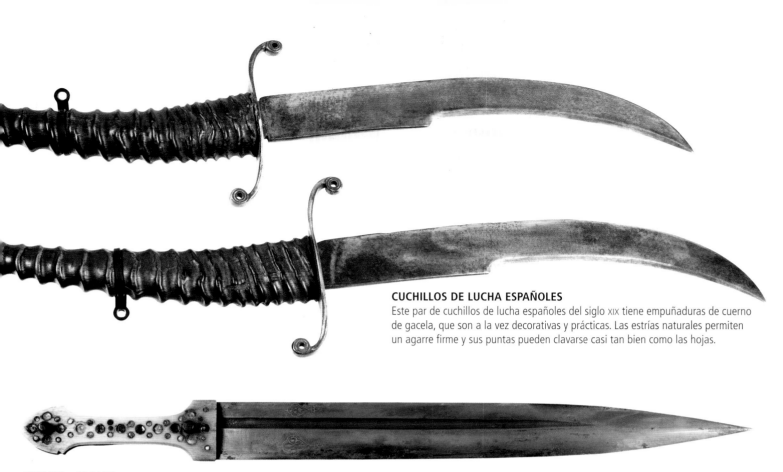

CUCHILLOS DE LUCHA ESPAÑOLES

Este par de cuchillos de lucha españoles del siglo XIX tiene empuñaduras de cuerno de gacela, que son a la vez decorativas y prácticas. Las estrías naturales permiten un agarre firme y sus puntas pueden clavarse casi tan bien como las hojas.

«KINDJAL» COSACO

Llamado a veces «daga circasiana» por su origen en el pueblo circasiano de las montañas del Cáucaso, el *kindjal* fue adoptado por los cosacos del Imperio ruso a partir del siglo XVIII. Este ejemplar del siglo XIX tiene una hoja de 36 cm y una empuñadura incrustada de piedras preciosas. En manos de los guerreros cosacos era usado en combinación con la espada *shashka*.

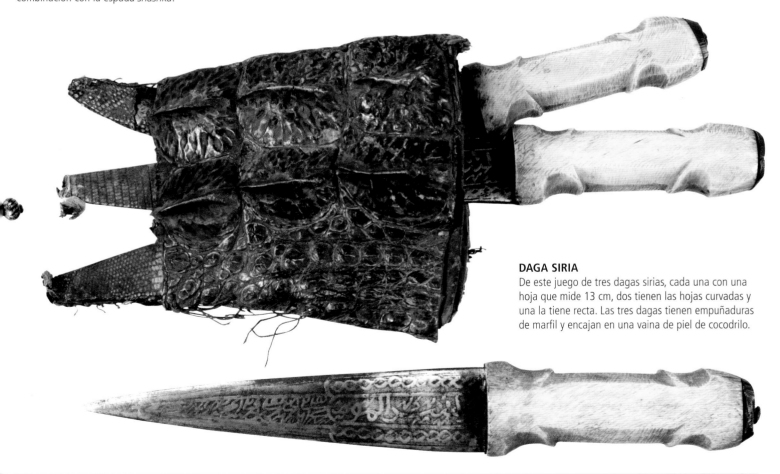

DAGA SIRIA

De este juego de tres dagas sirias, cada una con una hoja que mide 13 cm, dos tienen las hojas curvadas y una la tiene recta. Las tres dagas tienen empuñaduras de marfil y encajan en una vaina de piel de cocodrilo.

Dagas y cuchillos del norte de África

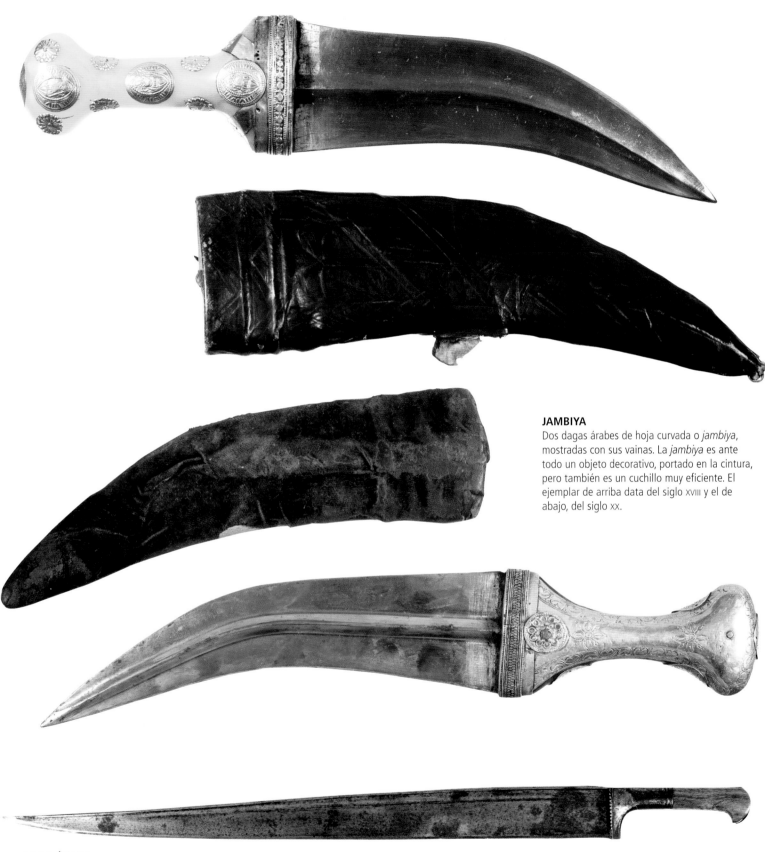

JAMBIYA

Dos dagas árabes de hoja curvada o *jambiya*, mostradas con sus vainas. La *jambiya* es ante todo un objeto decorativo, portado en la cintura, pero también es un cuchillo muy eficiente. El ejemplar de arriba data del siglo XVIII y el de abajo, del siglo XX.

DAGA ÁRABE
Otra daga árabe, esta forjada en Túnez (capital del actual Estado de Túnez) en el siglo XIX.

YATAGÁN

Llamado así por una ciudad de la actual Turquía, el yatagán era una de las principales armas de filo del Imperio otomano del siglo xv al siglo xix, especialmente en manos de los jenízaros, los «soldados-esclavos» que formaban la élite de los ejércitos otomanos. Con hojas que medían hasta 80 cm de longitud, eran más una espada corta que un cuchillo, pero su forma relativamente compacta permitía que fueran llevados en la cintura por la infantería. El diseño del yatagán se extendía por gran parte de Asia Central. Los dos mostrados aquí son modelos turcos del siglo xviii (arriba) y xix (abajo).

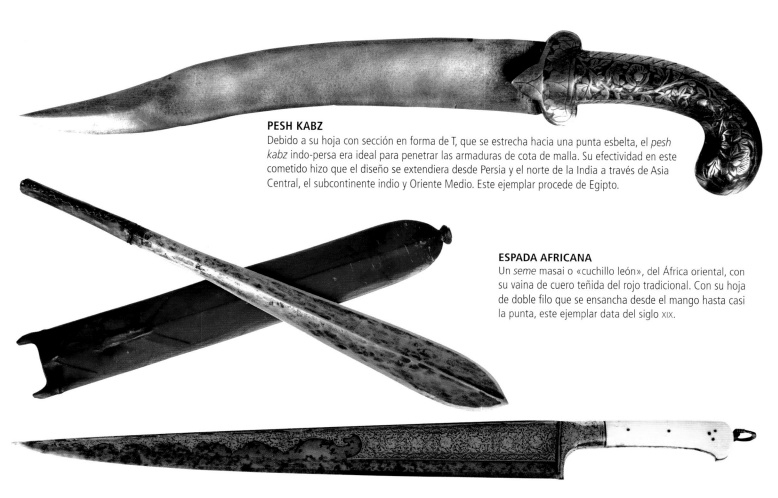

PESH KABZ

Debido a su hoja con sección en forma de T, que se estrecha hacia una punta esbelta, el *pesh kabz* indo-persa era ideal para penetrar las armaduras de cota de malla. Su efectividad en este cometido hizo que el diseño se extendiera desde Persia y el norte de la India a través de Asia Central, el subcontinente indio y Oriente Medio. Este ejemplar procede de Egipto.

ESPADA AFRICANA

Un *seme* masai o «cuchillo león», del África oriental, con su vaina de cuero teñida del rojo tradicional. Con su hoja de doble filo que se ensancha desde el mango hasta casi la punta, este ejemplar data del siglo xix.

CUCHILLO AFGANO

Este *pesh kabz* del siglo xviii de Afganistán tiene un damasquinado de oro en la hoja.

DAGA INDO-PERSA

Este singular e inusual cuchillo indo-persa tiene una hoja de tres piezas. Aunque parece un cuchillo ordinario a los ojos de un atacante que empuñe una espada, el usuario separaba las cuchillas mediante una bisagra unida a un muelle con la esperanza de capturar la hoja de la espada de su oponente entre la cuchilla principal y una de las cuchillas secundarias. Entonces, girando el cuchillo, podía inmovilizar (o mejor aún, romper) la hoja de la espada, permitiendo al defensor utilizar su propia espada contra su oponente.

DAGAS PERSAS DE TRES CUCHILLAS
En estos tres ejemplares de dagas persas de tres
cuchillas la hoja está compuesta de tres cuchillas que se
separan cuando el arma es sacada de su vaina. Las hojas
están separadas con un damasquinado de oro y plata.

NIMCHA
Común en el norte de África, el *nimcha* de
hoja curvada tenía una hoja de longitud
variable y podía ser una daga larga o una
espada corta. Similar al *saif* árabe, el rasgo
más distintivo del *nimcha* es la forma
característica de su mango.

DAGA NORTEAFRICANA
Una daga norteafricana del siglo XIX con una hoja ondulada.

CUCHILLO RITUAL AFRICANO
Este cuchillo africano, elaborado probablemente a comienzos del siglo XX, se usaba
en rituales ceremoniales. Su mango va decorado con un penacho de pelo de animal.

CUCHILLOS DE LUCHA AFRICANOS
Este par de cuchillos de lucha norteafricanos tienen empuñaduras de ébano.

DAGA-TIJERA
Una daga-tijera indo-persa, con unas cuchillas de 17 cm. Esta era un arma especialmente cruel: el atacante la clavaba en el cuerpo de su oponente y las cuchillas se separaban al retirarla para causar el máximo daño posible.

BRAZALETE DE LUCHA
Un brazalete de lucha de hierro muy singular, que data del siglo XVI o XVII y está hecho en la actual Nigeria. La lucha con brazaletes como este era una forma de arte marcial en algunas culturas subsaharianas.

CUCHILLO ARROJADIZO
Muchos pueblos africanos usaban diseños concebidos para ser lanzados. La mayoría tenía múltiples cuchillas para incrementar las posibilidades de golpear a un oponente. Se arrojaban horizontalmente, de derecha a izquierda. Según algunas narraciones, un guerrero hábil podía utilizar un arma así para cortarle un miembro a un oponente a distancias de hasta 20 m. Este ejemplar proviene del pueblo somalí de África oriental.

Utensilios de lucha indios

CUCHILLO DE MUÑECA

Un cuchillo de muñeca del pueblo turkana, que viven en la actual Kenia. Su vaina, también mostrada, es una tira de cuero de cabra; un forro interior del mismo material protege la muñeca del usuario. Aparte de algunas tribus del Sudán, los turkana son el único pueblo africano que se sepa que usa este tipo de arma.

CUCHILLO ARROJADIZO INDIO

Un arma extremadamente singular e inusual: este *chakram* indio (cuyo nombre viene del término para «círculo» en sánscrito) fue usado por guerreros sikh. Aunque la información sobre esta arma es escasa, aparentemente era arrojada como un *frisbee* moderno o volteado en los dedos de la mano derecha antes de ser lanzado contra el enemigo. Un observador británico, a comienzos del siglo XX, anotó que el arma era precisa a distancias de hasta 50 m.

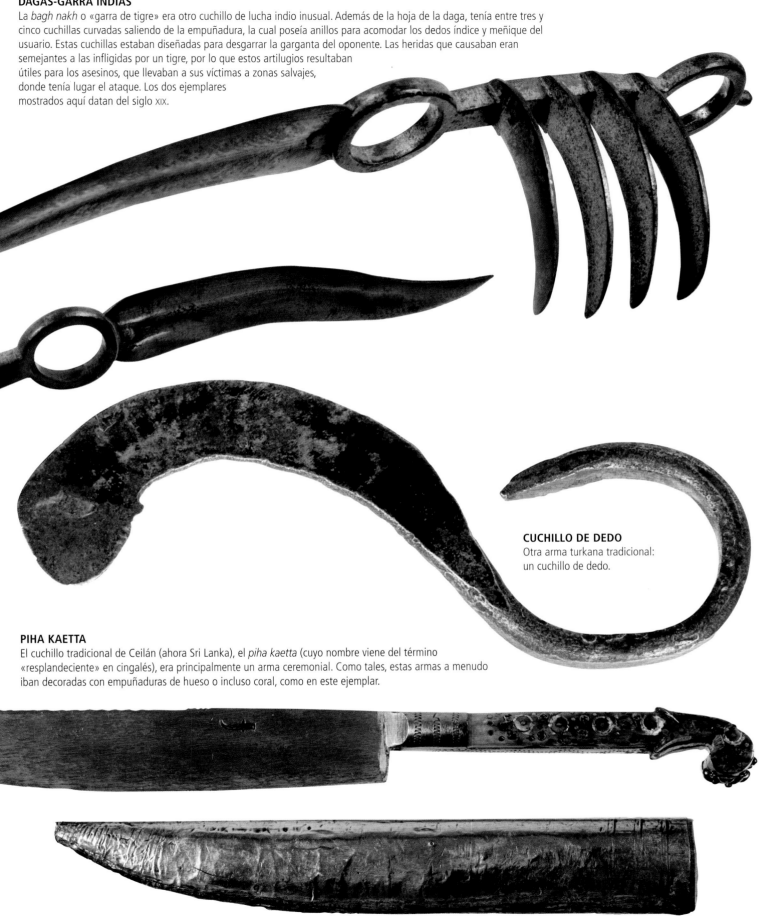

DAGAS-GARRA INDIAS

La *bagh nakh* o «garra de tigre» era otro cuchillo de lucha indio inusual. Además de la hoja de la daga, tenía entre tres y cinco cuchillas curvadas saliendo de la empuñadura, la cual poseía anillos para acomodar los dedos índice y meñique del usuario. Estas cuchillas estaban diseñadas para desgarrar la garganta del oponente. Las heridas que causaban eran semejantes a las infligidas por un tigre, por lo que estos artilugios resultaban útiles para los asesinos, que llevaban a sus víctimas a zonas salvajes, donde tenía lugar el ataque. Los dos ejemplares mostrados aquí datan del siglo XIX.

CUCHILLO DE DEDO

Otra arma turkana tradicional: un cuchillo de dedo.

PIHA KAETTA

El cuchillo tradicional de Ceilán (ahora Sri Lanka), el *piha kaetta* (cuyo nombre viene del término «resplandeciente» en cingalés), era principalmente un arma ceremonial. Como tales, estas armas a menudo iban decoradas con empuñaduras de hueso o incluso coral, como en este ejemplar.

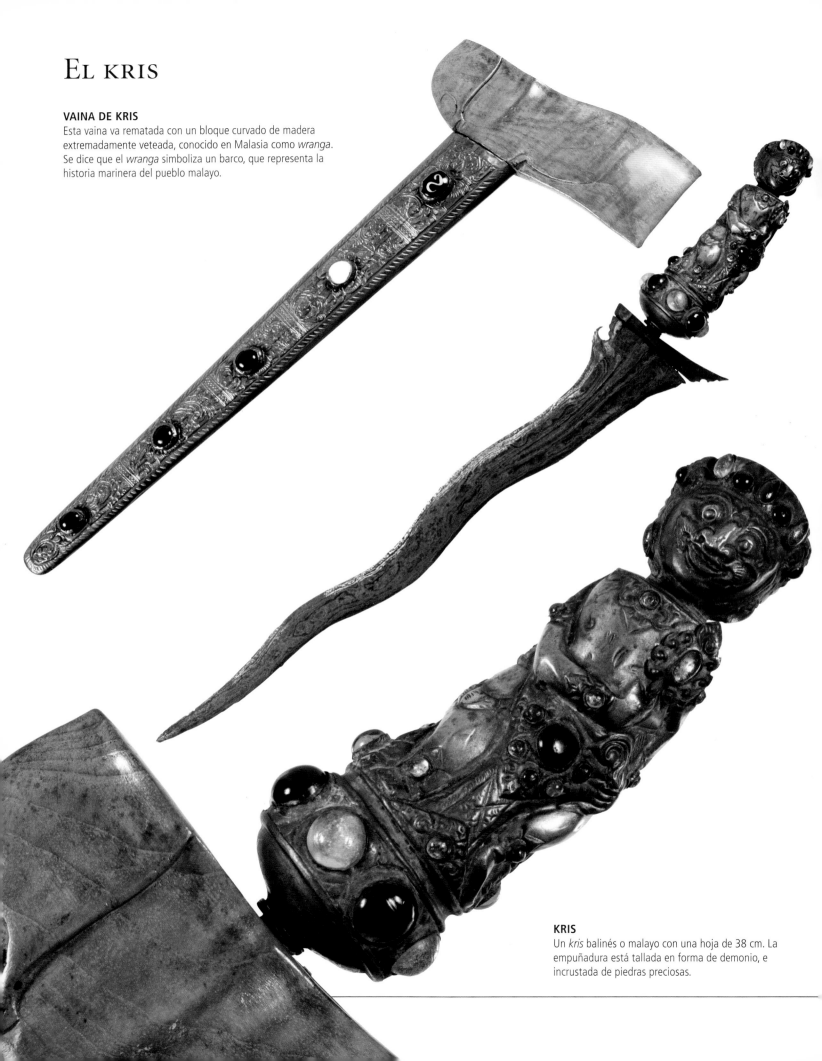

El KRIS

VAINA DE KRIS
Esta vaina va rematada con un bloque curvado de madera
extremadamente veteada, conocido en Malasia como *wranga*.
Se dice que el *wranga* simboliza un barco, que representa la
historia marinera del pueblo malayo.

KRIS
Un *kris* balinés o malayo con una hoja de 38 cm. La
empuñadura está tallada en forma de demonio, e
incrustada de piedras preciosas.

KRIS ONDULADO

El *kris*, también conocido como *keris*, es el cuchillo tradicional de lo que son ahora las naciones de Malasia e Indonesia, aunque el diseño se extendió a otros países del Sudeste Asiático, como Filipinas. La hoja, diseñada para apuñalar, puede ser recta u ondulada, como en el ejemplo mostrado aquí; en un *kris* ondulado cada curva se llama *luk*.

SOPORTE PARA KRIS

Un *kris* balinés en su soporte, que está tallado con la imagen de un bailarín. En Malasia y otras culturas se considera que el *kris* es un ser vivo, con poder para traer la buena o mala suerte, e incluso para «funcionar» solo.

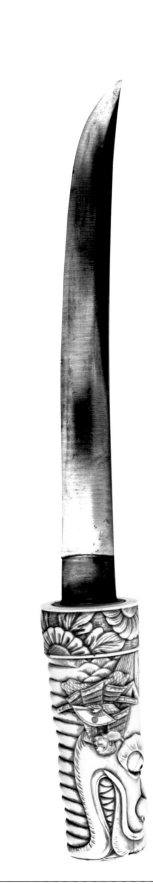

TANTO

Aquí tenemos dos ejemplares del siglo XIX del *tanto* (o daga) japonés. Aunque era llevado a menudo por los samuráis (*vid.* pp. 92-93), el *tanto* más tarde pasó a vincularse con la *yakuza*, bandas criminales que han existido en Japón desde hace siglos en varias formas (aunque este punto es discutido).

DAGA CHINA

Una daga china del siglo XIX, con una hoja típicamente curvada y una vaina de hueso bellamente tallado.

DAGAS CHINAS EXPORTADAS

Durante el siglo XIX y comienzos del XX los habilidosos artesanos chinos produjeron grandes cantidades de cuchillos para exportarlos a Occidente. A la mayoría no se le daba un uso más letal que el de abrir el correo. Dos de los ejemplos aquí mostrados (arriba) tienen empuñaduras y vainas esmaltadas; el tercero (debajo) tiene una vaina esmaltada y una empuñadura de jade.

La revolución de la pólvora

El término «pólvora negra»[35] se refiere a un compuesto explosivo de carbón vegetal, nitrato potásico (salitre) y azufre. Su introducción en la guerra (que, hasta donde puede saberse, tuvo lugar en Europa en el siglo XIV) representó un enorme avance en la tecnología militar: por primera vez, la energía para lanzar un proyectil podía ser almacenada en forma química, y no en forma de potencia muscular humana o por medios mecánicos. La llamada «revolución de la pólvora» no tuvo lugar de un día para otro; hicieron falta muchos años para desarrollar armas de fuego realmente efectivas y para averiguar cómo desplegarlas hasta obtener un efecto óptimo en el campo de batalla. Lo que es evidente es que los efectos de la revolución se iban a hacer notar profundamente por todo el mundo.

---

[35] La «pólvora negra» fue la primera variedad de pólvora conocida y la que se utilizó con fines militares hasta el siglo XIX.

DE FUEGOS ARTIFICIALES
A ARMAS DE FUEGO

Hay varias teorías sobre dónde y cuándo se descubrió la pólvora por primera vez y cómo fue aplicada al armamento. La mayoría de los historiadores está de acuerdo en que la sustancia era ya conocida en China al menos en el siglo X, donde aparentemente era utilizada en rituales taoístas, y más tarde en fuegos artificiales y probablemente como medio para hacer señales. Aún se discute si los chinos llegaron a hacer uso de armas de fuego en los siglos siguientes. Otros afirman que los científicos árabes pueden haber producido pólvora negra aproximadamente durante el mismo periodo, o que los alquimistas medievales europeos se encontraron con la fórmula en su intento interminable de transmutar metales no preciosos, como el plomo, en oro. También es posible que la pólvora fuese descubierta simultáneamente en varias sociedades a lo largo de unos pocos siglos.

En algún momento entre los siglos X y XIV se produjo el descubrimiento de que la pólvora negra podía propulsar un proyectil desde un tubo. La primera imagen fechada de un arma de fuego aparece en un manuscrito europeo iluminado de 1326. Muestra a un soldado tocando con una barra de hierro al rojo la base de un contenedor con forma de ánfora que dispara un proyectil con estructura de flecha.

A partir de armas primitivas como esta se desarrolló el cañón: un tubo de hierro ensamblado a un armazón de madera y que disparaba bolas de hierro o de piedra tallada. Dado el carácter primitivo de la metalurgia y la química de la época (no se descubrió una versión realmente estable y almacenable de la pólvora hasta el siglo XVII), estas primeras piezas de artillería estallaban fácilmente y a menudo eran más peligrosas para quien las disparaba que para el blanco.

CASTILLOS BAJO ASEDIO

También se discute cuál fue el primer uso del cañón en una batalla. Una narración de la batalla de Crécy (1346) en la guerra de los Cien Años describe que el ejército inglés utilizó «bombardas» contra los franceses, y los cañones también estuvieron presentes en la batalla de Agincourt (1415). Dada la escasa precisión de estos primeros cañones es probable que su efectividad en el campo de batalla fuera más psicológica que otra cosa; escupiendo humo y llamas con un ruido ensordecedor, un cañón disparaba un proyectil que podía derribar a un caballero de su montura, o atravesar las filas de una formación de infantería (con un disparo muy afortunado). Estas nuevas armas eran terroríficas para los soldados que nunca antes habían visto algo semejante.

Pero el uso más importante de esta artillería primitiva era como armas de asedio para derribar las murallas de castillos y otras fortificacio-

nes. A finales del siglo XV, los fabricantes de cañones franceses e italianos habían desarrollado cañones relativamente robustos y fácilmente transportables, y gobernantes como Luis XI de Francia (1423-1483; reinó de 1461 a 1483) y su sucesor Carlos VIII (1470-1498; reinó de 1483 a 1498) utilizaron la artillería con habilidad tanto para consolidar su autoridad en casa como para conquistar territorios en el extranjero.

Aunque finalmente las mejoras en las fortificaciones redujeron la efectividad de los cañones de asedio, estas armas tuvieron un papel muy importante en facilitar el auge de los estados-nación centralizados de Europa. En la misma época, el Imperio turco otomano utilizaba cañones masivos (algunos tan grandes que tenían que ser manufacturados en el mismo lugar) para ayudar a destruir las murallas de Constantinopla (hoy Estambul) en 1453, acabando con el milenario Imperio bizantino.

A comienzos del siglo XV comenzaron a aparecer en los campos de batalla las primeras armas de fuego diseñadas para la infantería. Llamadas originalmente cañones de mano (*vid*. pp. 66-67), después fueron conocidas con varios términos, incluyendo el «arcabuz», y finalmente el «mosquete» (este último nombre probablemente venga del francés *mosquette*). Estos mosquetes utilizaban el sistema de la llave de mecha, que era poco fiable en ambientes húmedos; al ser armas de avancarga, tenían una cadencia de tiro muy lenta; y al ser armas de ánima lisa, solo eran efectivas a muy corta distancia, que no solía superar los 75 m. La introducción del sistema de llave de pedernal mejoró la fiabilidad de los mosquetes, pero los problemas de la cadencia de tiro lenta y la imprecisión no serían solucionados hasta la llegada de las armas de retrocarga y la extensión del uso de las ánimas rayadas en el siglo XIX.

«Los principales fundamentos de todos los estados, tanto nuevos como antiguos o compuestos, son buenas leyes y buenas armas; no puede haber buenas leyes sin buenas armas, y donde hay buenas armas siguen inevitablemente buenas leyes».

—*El príncipe*, de Nicolás Maquiavelo

Los orígenes de la pólvora son un poco misteriosos. Es posible que en China se usaran cañones y bombas ya en el siglo XII, y su primer uso documentado en Europa llegó unos dos siglos más tarde. Los primeros cañones, que a menudo disparaban bolas de piedra tallada, eran rudimentarios y peligrosos de manejar, pero eran efectivos contra las fortificaciones, por lo que su uso en el campo de batalla debió de haber tenido un poderoso efecto psicológico. El desarrollo de las armas de fuego de mano tuvo vastas consecuencias, pues proporcionó a la infantería superioridad sobre la infantería en batalla, lo que a la larga llevó al fin de la era de los caballeros. En el siglo XVIII, la tecnología de las armas de fuego había evolucionado del arcabuz de mecha al fusil de pedernal, que, en manos de ejércitos profesionales, entrenados y disciplinados, dominó los campos de batalla. La «revolución de la pólvora» también otorgó ventaja a los ejércitos europeos sobre los pueblos indígenas a medida que las potencias europeas construían imperios en el llamado «Nuevo Mundo».

DEL CAÑÓN DE MANO A LA LLAVE DE MECHA

Las armas de fuego de mano, llamadas normalmente cañones de mano, se desarrollaron paralelamente a la artillería. Aparecieron por primera vez en Europa a mediados del siglo XV, y básicamente eran cañones en miniatura, sujetados bajo el brazo de un soldado o sostenidos sobre su hombro (y a menudo sujetados con una estaca), con un segundo soldado que disparaba el arma por medio de una mecha lenta (infra). La introducción del sistema de la llave de mecha (*vid.* pp. 60-61) llevó al desarrollo de armas de fuego de mano más ligeras y menos incómodas, que podían ser cargadas y disparadas por un hombre, incluyendo el arcabuz y su sucesor, el mosquete. En el siglo XVI, la infantería, equipada con armas de fuego de mecha, se convertiría en un componente importante de todos los ejércitos de Europa y Asia.

LA LLAVE DE MECHA

La «mecha» de la llave de mecha era un trozo de cordel empapado en un compuesto químico (normalmente nitrato potásico, es decir, salitre) para que ardiese lentamente. La mecha estaba sujeta a una palanca en forma de S (el serpentín) sobre un receptáculo, llamado fogón o cazoleta, con un poco de pólvora llamado cebo. Apretar el gatillo hacía que bajase la mecha, encendiendo el cebo que, a su vez (por medio del oído), encendía la carga principal de pólvora en el cañón del arma y disparaba el proyectil. La llave de resorte, una variante más tardía, incorporaba un muelle que impulsaba la mecha hacia la cazoleta.

Las armas de fuego de mecha disparadas desde el hombro, conocidas como arcabuces, espingardas, culebrinas[36] y, finalmente, mosquetes, tenían muchos defectos, especialmente su escasa fiabilidad con humedad y el hecho de que el brillo de la mecha delataba la posición del tirador al enemigo. A pesar de sus defectos, las armas de fuego de mecha resultaron extremadamente duraderas, sobre todo porque su manufactura era barata y su uso resultaba simple.

CAÑÓN DE SEÑALES CHINO

Aunque los chinos usaron la pólvora por primera vez ya en el siglo X (*vid.* pp. 60-61) se debate sobre cuándo la incorporaron al armamento. Sin duda, los chinos utilizaron muy pronto la pólvora con propósitos ceremoniales, para elaborar fuegos artificiales y para hacer señales. Aquí se muestra un cañón de mano chino del siglo XVIII, probablemente usado para hacer señales. Está hecho de bronce y decorado con un dragón que se extiende de la recámara a la boca del cañón.

TORADOR INDIO

El *torador* era un tipo de mosquete de mecha usado en la India cientos de años. Este modelo, del siglo XVIII o comienzos del XIX, tiene un cañón de 117 cm terminado en una boca labrada en forma de cabeza de leopardo; la recámara y la boca del arma muestran decoración *koftgari*: una forma de damasquinado que combina oro y acero.

---

[36] El término «culebrina» suele utilizarse para describir una pieza de artillería de poco calibre y cañón muy alargado, si bien es cierto que se ha usado también para describir armas de fuego portátiles primitivas.

CAÑÓN DE MANO ESPAÑOL

Aunque los cañones de mano normalmente eran sujetados contra el pecho o el hombro, o sujetos bajo el brazo, esta arma española del siglo XVI, con apenas 20 cm de longitud, se disparaba literalmente desde la mano, lo que la convertía en una pistola primitiva. Está hecho de bronce y el mango tiene la forma de un león sentado.

PISTOLA JAPONESA

Una pistola japonesa del siglo XVIII de llave de mecha. Las primeras armas de fuego llegaron a Japón a través de los comerciantes portugueses en la década de 1540, y pronto fueron copiadas por los artesanos nativos. Los japoneses aceptaron rápidamente las armas de fuego y los señores feudales rivales equipaban a sus soldados con mosquetes de mecha (*tanegashima*). Pero tras el establecimiento de la dinastía Tokugawa en 1603[37], la producción y posesión de armas de fuego en Japón fue severamente restringida.

CAÑÓN DE MANO DE LA BATALLA DE MORAT

Este cañón de mano (cuya forma recuerda a la de las futuras pistolas) fue capturado por los suizos en la batalla de Morat, librada cerca de Berna el 22 de junio de 1476. La batalla vio cómo los suizos, en inferioridad numérica, derrotaban al ejército de Carlos el Temerario, duque de Borgoña. La batalla destaca por ser una de las primeras en las que se utilizó un gran número de armas de fuego de mano: según algunas fuentes, tantas como 10.000, sumando las de ambos bandos.

CAÑÓN DE MANO FRANCÉS

Un cañón de mano francés primitivo, con un cañón de un calibre de 2,5 cm, unido a un rudimentario armazón de madera con bandas de hierro. Esta arma acabó finalmente en Marruecos, en el norte de África.

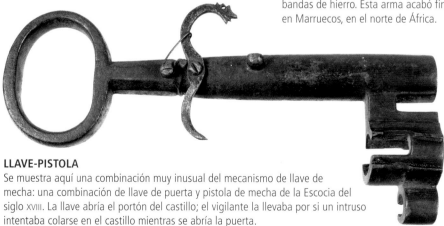

LLAVE-PISTOLA

Se muestra aquí una combinación muy inusual del mecanismo de llave de mecha: una combinación de llave de puerta y pistola de mecha de la Escocia del siglo XVIII. La llave abría el portón del castillo; el vigilante la llevaba por si un intruso intentaba colarse en el castillo mientras se abría la puerta.

RAYADO

Ya en el siglo XV los herreros europeos comenzaron a grabar estrías en el ánima de los cañones, un proceso conocido como rayado. El propósito inicial era probablemente reducir los residuos de pólvora que se acumulaban en el cañón, pero se descubrió que un ánima con estrías helicoidales daban estabilidad a la bala en su vuelo, lo que aumentaba enormemente su precisión. El rayado era un proceso difícil hasta las mejoras tecnológicas de la Revolución Industrial. Aunque las armas de ánima rayada, llamadas rifles, se usaban en la caza y eran llevadas por unidades militares especializadas, la mayoría de las armas de fuego siguieron siendo de ánima lisa hasta bien entrado el siglo XIX.

---

[37] A pesar del uso del término dinastía, conviene aclarar que la familia Tokugawa no eran los soberanos del Japón (lo eran los emperadores), sino los sogunes. El cargo de sogún equivaldría más o menos al de primer ministro y generalísimo al mismo tiempo, y eran los auténticos gobernantes del Japón, mientras que los emperadores tenían un papel más simbólico y religioso.

DE LA LLAVE DE MECHA A LA LLAVE DE PEDERNAL

A pesar de su longevidad, las deficiencias de la llave de mecha (*vid.* pp. 66-67) llevaron a los armeros a experimentar con sistemas de disparo mejores. El siguiente gran avance en el terreno llegó con la introducción del mecanismo de llave de rueda a comienzos del siglo XVI, pero este sistema fue suplantado más tarde por el mecanismo de la llave de pedernal o llave de sílex. Ampliamente extendida por Europa en el siglo XVII, la llave de pedernal siguió siendo la norma en gran parte del mundo hasta la introducción del sistema de percusión de cápsula fulminante en el siglo XIX. (*vid.* p. 110).

LA LLAVE DE RUEDA

La llave de rueda combinaba una rueda de metal (en forma de sierra y unida a un resorte de cuerda) con la patilla o pie de gato (un par de «fauces» de metal que sostenía una pieza de pirita de hierro). Se le daba cuerda a la rueda (normalmente utilizando una llave) para tensar el resorte. Cuando se apretaba el gatillo, la rueda comenzaba a rotar y la patilla descendía golpeándola, lo que producía chispas que encendían la pólvora y disparaban el arma. Hay varias teorías opuestas sobre cuándo, dónde y cómo surgió la llave de rueda, pero probablemente se inspiró en chisqueros que se utilizaban en la época.

La introducción de la llave de rueda espoleó el desarrollo de la pistola. El término «pistola» puede proceder de la ciudad italiana de Pistoia, donde se producían armas, aunque hay otras teorías. Las pistolas dieron potencia de fuego a las tropas montadas; al ser armas fáciles de esconder, los criminales y los asesinos también las adoptaron rápidamente. En 1584 una pistola de rueda fue utilizada para asesinar al líder holandés Guillermo el Taciturno[38], en el primer asesinato político del mundo con pistola.

LA LLAVE DE PEDERNAL

El momento de gloria de la llave de rueda duró poco. A principios de la segunda mitad del siglo XVI, el norte de Europa vio el desarrollo de la llave de chenapán o *snaphance* (término que deriva de *shapp-hahn*, que en holandés significa «gallo que picotea»). En la llave de chenapán, la patilla sostenía un trozo de pedernal que era proyectado hacia delante al apretar el gatillo y golpeaba así una pieza de acero llamada rastrillo, enviando chispas a la cazoleta. Una llave de tipo similar, el miquelete, apareció más o menos al mismo tiempo en el sur de Europa[39]. Los refinamientos técnicos de ambos llevaron finalmente a la introducción de la auténtica llave de pedernal a comienzos del XVII.

RIFLE DE RUEDA ALEMÁN
Un rifle de rueda alemán, probablemente hecho en Núremberg en 1597. La caja tiene incrustadas tallas de marfil con motivos naturales. Los mosquetes y rifles de rueda eran caros, por lo que eran populares como armas de caza entre la aristocracia y los ricos.

---

[38] Guillermo de Orange-Nassau (1533-1584), príncipe de Orange, llamado «el Taciturno», fue un destacado noble holandés del siglo XVI, y uno de los principales líderes de la rebelión de los Países Bajos contra Felipe II (1527-1598; rey de España de 1556 a 1598).
[39] De hecho, el miquelete se inventó en España, por lo que era conocido como «llave española».

EL RIFLE DE KENTUCKY

El rifle largo, o rifle de Kentucky, es un arma que ha marcado la historia y el folclore estadounidenses. En un principio fue manufacturado por armeros alemanes inmigrantes en Pensilvania, Virginia y otras colonias a mediados del siglo XVIII. La designación «rifle de Kentucky» fue popularizada por una canción, *Los cazadores de Kentucky*, que exaltaba la puntería de los voluntarios de ese estado en la batalla de Nueva Orleáns el 8 de enero de 1815. Los armeros alemanes hacía bastante tiempo que producían rifles, pero el rifle de caza tradicional alemán era relativamente corto, con un cañón de 76 cm.

En América los armeros comenzaron a alargar el cañón entre 101 cm y 117 cm, lo que aumentó enormemente su precisión. El arma resultante, normalmente del calibre .50, resultó ser ideal para cazar en las tierras salvajes americanas. También eran armas hermosas, con cajas de madera de arce festoneada, y a menudo bellamente decoradas. Las formaciones de fusileros con rifle reclutados en la frontera lucharon contra los ingleses en la guerra de Independencia de los Estados Unidos y en la guerra de 1812. Aunque era capaz de matar a largas distancias (durante la guerra de Independencia de los Estados Unidos, un asombrado oficial británico informó de que un tirador disparó a su corneta a 366 m), el rifle largo era aún más lento de recargar que el fusil de ánima lisa, lo que limitaba su efectividad en una batalla convencional.

Originariamente tenían llave de pedernal, pero muchos rifles largos fueron adaptados al sistema de percusión (*vid*. pp. 114-115), incluyendo los dos ejemplos aquí mostrados; el de abajo fue hecho por los Lemans del Condado de Lancaster, Pensilvania, una familia de prominentes armeros activa entre mediados del siglo XVIII y aproximadamente 1875.

«Porque no es habitual ver por aquí a un cazador de Kentucky».

—Letra de *Los cazadores de Kentucky*, 1824

ARMA DE BALUARTE
Un arma de baluarte europea de llave de rueda de aproximadamente 1600. Las armas de baluarte eran montadas sobre las murallas de fortificaciones y castillos (y en el mar, en las bordas de los barcos) para defenderlos. Este modelo del calibre .76 estaba diseñado para ser disparado mediante «control remoto» por medio de un cordel.

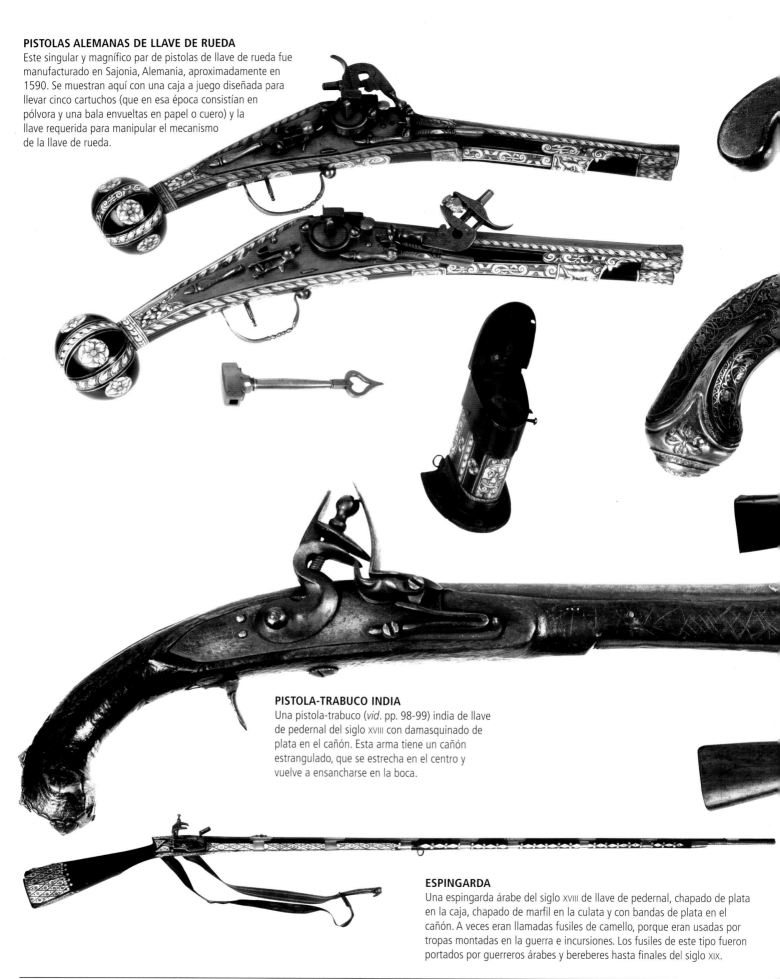

PISTOLAS ALEMANAS DE LLAVE DE RUEDA

Este singular y magnífico par de pistolas de llave de rueda fue manufacturado en Sajonia, Alemania, aproximadamente en 1590. Se muestran aquí con una caja a juego diseñada para llevar cinco cartuchos (que en esa época consistían en pólvora y una bala envueltas en papel o cuero) y la llave requerida para manipular el mecanismo de la llave de rueda.

PISTOLA-TRABUCO INDIA

Una pistola-trabuco (*vid*. pp. 98-99) india de llave de pedernal del siglo XVIII con damasquinado de plata en el cañón. Esta arma tiene un cañón estrangulado, que se estrecha en el centro y vuelve a ensancharse en la boca.

ESPINGARDA

Una espingarda árabe del siglo XVIII de llave de pedernal, chapado de plata en la caja, chapado de marfil en la culata y con bandas de plata en el cañón. A veces eran llamadas fusiles de camello, porque eran usadas por tropas montadas en la guerra e incursiones. Los fusiles de este tipo fueron portados por guerreros árabes y bereberes hasta finales del siglo XIX.

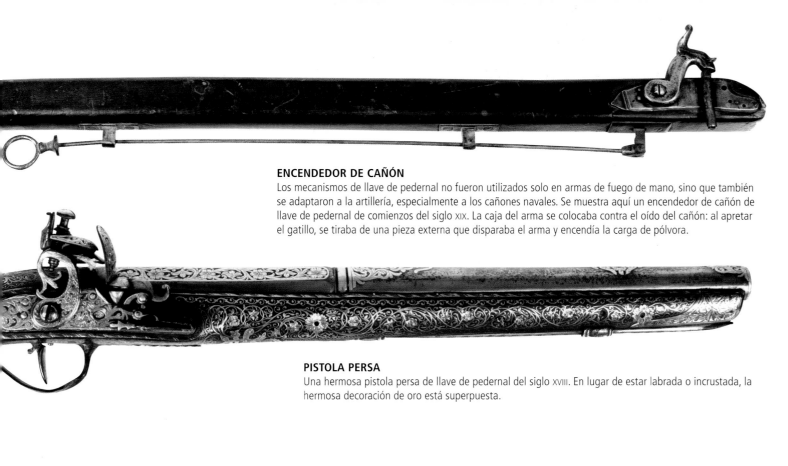

ENCENDEDOR DE CAÑÓN

Los mecanismos de llave de pedernal no fueron utilizados solo en armas de fuego de mano, sino que también se adaptaron a la artillería, especialmente a los cañones navales. Se muestra aquí un encendedor de cañón de llave de pedernal de comienzos del siglo XIX. La caja del arma se colocaba contra el oído del cañón: al apretar el gatillo, se tiraba de una pieza externa que disparaba el arma y encendía la carga de pólvora.

PISTOLA PERSA

Una hermosa pistola persa de llave de pedernal del siglo XVIII. En lugar de estar labrada o incrustada, la hermosa decoración de oro está superpuesta.

ARMAS DEL COMERCIO AFRICANO

Las armas eran un factor importante en el comercio de esclavos que llevó a unos diez millones de africanos a América en cautividad (con muertes incontables en el camino) entre los siglos XV y XIX. Los esclavistas europeos intercambiaban armas y otras mercancías con los líderes tribales del África Occidental. Estas armas eran usadas entonces en las guerras intertribales para capturar más esclavos. El fusil del calibre .72 mostrado aquí fue hecho para su exportación a África en el siglo XVIII, aunque aparentemente su cañón fue manufacturado en Italia mucho antes.

FUSIL FRANCÉS

Este fusil militar francés hecho en 1813 con su bayoneta es típico de la última generación de armas largas de pedernal de ánima lisa. En un par de décadas serían remplazados por armas de ánima rayada usando el sistema de percusión de cápsula fulminante (*vid*. p. 110).

MOSQUETE ALEMÁN DE LLAVE DE RUEDA

Otro ejemplar bien construido de arma de llave de rueda.

CAÑÓN-RELOJ DE SOL

Hecho en 1788, este «cañón» utiliza el calor de
los rayos solares, en vez de un sistema de llave, para
disparar. El propósito de estos llamados «cañones-relojes de sol»
era anunciar la llegada del mediodía. Alineados en un eje norte-sur, la
lente era ajustada según las estaciones para concentrar los rayos del Sol en
una carga de pólvora, que disparaba un cañón pequeño cuando el astro estaba
directamente en la vertical (es decir, a mediodía). Este utensilio era utilizado sobre todo
a bordo de barcos[40], pues el sonido circulaba bien sobre el agua; pero el cañón-reloj de
sol tenía sus detractores. En una edición del *Almanaque del Pobre Ricardo (Poor
Richard's Almanac)*, Ben Franklin encontró una presa fácil en este artilugio: «Como hacer
un reloj de sol llamativo, por el que no solo la propia familia de un hombre, sino
también todos sus vecinos en diez millas a la redonda puedan saber qué hora es cuando
brilla el Sol sin ver el reloj [...] Fíjese también en que el principal gasto es la pólvora, ya
que, una vez comprado el cañón, si se lo cuida, puede durar cien años. Fíjese, además,
que se ahorrarán mucha pólvora los días nublados. Amable lector, creo que lo oigo decir:
"Sin duda es algo bueno saber cómo pasa el tiempo"».

MORTERO DE COEHORN

Un mortero es una pieza de artillería de cañón corto que dispara proyectiles en una
trayectoria parabólica («fuego indirecto» en la terminología militar, en lugar del «fuego
directo» de los cañones convencionales). Eran ideales para la guerra de asedio, pues
podían arrojar una bala explosiva (un proyectil hueco relleno de pólvora y con una mecha
encendida antes del disparo) sobre los muros de un castillo o un fuerte. Los primeros
morteros eran a menudo armas masivas y rudimentarias, pero a finales del siglo XVII, el
ingeniero militar Menno van Coehorn (1641-1704) inventó un mortero ligero y compacto que
podía ser aproximado al blanco por una dotación de dos a cuatro hombres. Los morteros del
tipo Coehorn fueron usados hasta bien entrado el siglo XIX; el ejemplar mostrado aquí es un
mortero inglés de comienzos del XVIII. El mortero de tipo Coehorn es el antecesor de los morteros
utilizados para apoyar a la infantería en los ejércitos contemporáneos.

---

[40] Cuesta creer que este artilugio pudiese usarse a bordo de un navío. Para empezar, los movimientos del barco (inevitables en el agua) alterarían la
posición de la lente respecto al Sol; por no hablar del engorro de tener que ajustar la lente cada vez que el barco variase su latitud o longitud. De hecho,
lo habitual era que los barcos llevasen relojes de cuerda para poder calcular con precisión la longitud en la que estaban, lo que convertiría este artilugio
en algo redundante.

MIQUELETE ÁRABE

Una espingarda árabe que usa un mecanismo de llave de miquelete. La caja está damasquinada con hilo de plata y, al igual que en muchas armas de fuego del norte de África y de Oriente Medio, la culata es de marfil bellamente tallado.

FUSIL DE DESCARGA

Las armas de descarga (armas con numerosos cañones, disparados todos simultáneamente) eran usadas en la guerra naval para repeler el abordaje. Probablemente, la más famosa de estas armas era el fusil de descarga Nock, aquí mostrado. (Aunque el famoso armero británico Henry Nock hizo el arma, aparentemente no fue el diseñador.) Este fusil de pedernal, que apareció por primera vez en 1780, tenía siete cañones del calibre .50 de 51 cm. Se produjeron unos 600 para la Armada británica. Aunque, obviamente, era un arma formidable, tenía su desventaja: se decía que el retroceso era tan severo que podía partirle el hombro al tirador, y la llamarada de la descarga a veces prendía fuego a las velas y los aparejos. Esta arma es familiar a los lectores actuales de la popular serie de Bernard Cornwell de novelas históricas ambientadas en las guerras napoleónicas, en las que uno de los personajes principales la porta (en tierra).

ÓRGANO DE FUEGO

Conocidas como «órganos» u «órganos de fuego» porque sus filas de cañones se parecen a una hilera de tubos de órgano, las armas como la que se muestra aquí (que data del siglo XVII) eran una forma arcaica de arma de fuego de disparo múltiple. Este ejemplo tiene 15 cañones, cada uno de 44 cm de longitud, unidos a una base de madera. Los órganos de fuego evolucionaron a los cañones de batería usados para defender puentes y otras posiciones vulnerables en conflictos hasta la guerra de Secesión americana.

LA PISTOLA DE LLAVE DE PEDERNAL

La adopción de la llave de pedernal llevó a la proliferación de pistolas. A pesar de sus considerables desventajas (falta de efectividad salvo a corto alcance, carga lenta por la boca, vulnerabilidad a un clima inclemente), estas pistolas daban a las personas un arma potente de defensa propia, lo que no era poco en una época en que no se contaba con fuerzas policiales organizadas, en la que los atracadores acechaban en las ciudades y los bandoleros abundaban en los caminos rurales.

PISTOLAS DE ABRIGO, DE ARZÓN Y DE CINTO

Generalmente, las pistolas de la era de la llave de pedernal se dividen en tres tipos. El primer tipo son las pistolas de abrigo, también conocidas como pistolas de viajero. Como el nombre implica, estas eran armas de defensa personal lo bastante compactas para ser llevadas en los bolsillos de abrigos o sobretodos usados por los hombres de la época. Algunas versiones de cañón corto podían ser transportadas en bolsillos del chaleco o en cualquier otra parte de la ropa.

El segundo tipo eran las pistolas de arzón o de silla; armas de cañón relativamente largo diseñadas para ser llevadas en fundas anudadas a sillas de montar.

El tercer tipo eran las pistolas de cinto. Eran de tamaño y calibre intermedio entre las pistolas de abrigo y de arzón, y normalmente llevaban un gancho para sujetarlas al cinto.

PISTOLAS DESENROSCABLES Y GIRATORIAS

Aunque la mayoría de las pistolas de pedernal se cargaban por la boca, al igual que sus equivalentes entre las armas de fuego largas, a mediados del siglo XVII aparecieron las llamadas «pistolas desenroscables» o «de rosca». El cañón de estas pistolas tenía la forma de un cañón de artillería (*vid.* el ejemplar de la p. 78) que podía ser desenroscado, cargado con una bala y vuelto a enroscar; la carga de pólvora iba a un compartimento en la recámara. A diferencia de la mayoría de pistolas de la época, que eran de ánima lisa, las pistolas «desenroscables» tenían el ánima rayada, lo que aumentaba su precisión. Se dice que durante las guerras civiles inglesas el príncipe Ruperto[41], comandante de la caballería realista, utilizó un arma así para disparar a una veleta sobre una iglesia a una distancia de 91 m; después repitió el disparo para demostrar que el primero no había sido cosa de suerte.

También había pistolas de varios cañones. Una variedad tenía dos cañones, uno al lado del otro, que eran disparados por una llave diferente cada uno; otra, la pistola «giratoria», tenía dos o más cañones que rotaban su posición para ser disparados por la misma llave. Los armeros también intentaron crear «avisperos» e incluso revólveres de llave de pedernal (*vid.* pp. 110, 124-125), pero la mayoría de las pistolas de pedernal con cañones múltiples tendían a ser poco fiables y proclives a dispararse por accidente. Una excepción era la pistola «de pie de pato» (*vid.* p. 75), que tenía varios cañones en configuración horizontal diseñados para ser disparados simultáneamente.

Esta fascinante selección de pistolas de llave de pedernal incluye ejemplares de los siglos XV al XIX singulares y significativos.

PISTOLA-HACHA BALCÁNICA
Otra combinación pistola-hacha, en este caso hecha en los Balcanes en el siglo XVIII. La culata está damasquinada con hilo de plata con motivos tradicionales balcánicos.

CHISQUERO
Aunque no sea una pistola, el diseño de este chisquero se basaba en el mecanismo de la llave de pedernal, y se utilizaba para encender yesca o trocitos de madera. Las chispas eran creadas por la fricción del pedernal contra el metal. Creado hacia 1820, este ejemplar es anterior a las cerillas.

---

[41] Conviene aclarar que el príncipe Ruperto (1619-1682) no era inglés, pese a participar en las guerras civiles inglesas, sino alemán. Ruperto, príncipe de Lusacia, conde Palatino del Rin, duque de Baviera y duque de Cumberland (entre otros títulos), fue un destacado general, almirante e ingeniero militar, así como político, protector de las artes y las ciencias y un artista de talento. Su implicación en las guerras inglesas se debe principalmente a que era sobrino de Carlos I (1600-1649; rey de Inglaterra y Escocia de 1625 a 1649).

PISTOLA-ESPADA

Una singular combinación de pistola y espada de mediados del siglo XVIII. Estas armas eran utilizadas principalmente por infantes de Marina y oficiales navales en los abordajes (*vid.* pp. 100-101).

PISTOLA-HACHA ALEMANA

Hecha en la región centroeuropea de Silesia[42] en el siglo XVII, esta arma combina una pistola de pedernal con un hacha de batalla. Su decoración incluye un elefante estampado en la llave y dibujos de hueso incrustados en la caja y la culata.

PISTOLA DE GALA BALCÁNICA

También de los Balcanes, esta interesante pistola no es un arma en absoluto; aunque se parezca a un tipo de pistola de fabricación local, incluyendo su elaborada decoración y su pomo de «cola de rata», carece de una llave que funcione. La tradición exigía que los nobles y guerreros balcánicos de los siglos XVI y XVII llevasen pistolas, lo que supuso una avalancha de asesinatos políticos. Las pistolas que no funcionaban, como la que se muestra aquí, eran llevadas como solución de compromiso en encuentros y ocasiones ceremoniales: satisfacían los requisitos de la moda, pero no ponían a nadie en peligro.

PISTOLA DE PIE DE PATO

Las pistolas «de pie de pato», como la versión de cuatro cañones mostrada aquí, hecha por la tienda de Londres Goodwin & Co., eran armas de cañones múltiples, llamadas así porque los cañones en ángulo se parecen al pie palmeado de un pato. Según la leyenda popular eran las favoritas de capitanes navales y guardias de prisión, pues podían utilizarse para mantener a distancia a una tripulación amotinada o a prisioneros sublevados.

---

[42] La región de Silesia pertenecía en el siglo XVII al reino de Bohemia, gobernado por el archiduque de Austria y Sacro Emperador Romano, y formaba parte del Sacro Imperio Romano-Germánico. En la actualidad Silesia pertenece a Polonia.

PISTOLA DE ABRIGO
Una pistola de abrigo de cañón corto, probablemente
hecha en Francia a comienzos del siglo XIX.

PISTOLA DE CABEZA DE PERRO
Otra pistola de abrigo francesa; esta con un pomo
tallado con la forma de la cabeza de un perro fiero.

PISTOLA DEL CASTILLO DE DUBLÍN
Esta pistola del calibre .65, con la caja de madera de nogal y rematada con latón, fue hecha en Dublín, Irlanda, y lleva
el anagrama real del rey Jorge III (1738-1820; rey de Inglaterra e Irlanda de 1760 a 1820). Irlanda era una colonia
británica en la época, y el arsenal del castillo de Dublín era (junto a los arsenales de Birmingham y la Torre de Londres
en Inglaterra) el principal suministrador de armas al Ejército y la Armada británicos.

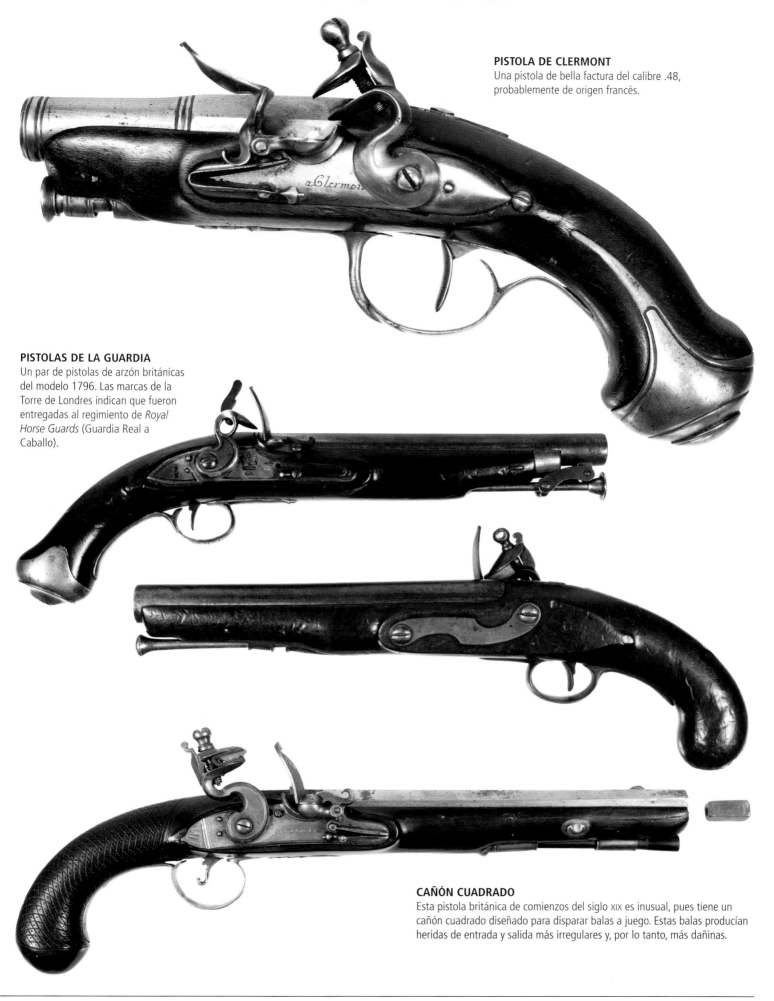

PISTOLA DE CLERMONT
Una pistola de bella factura del calibre .48, probablemente de origen francés.

PISTOLAS DE LA GUARDIA
Un par de pistolas de arzón británicas del modelo 1796. Las marcas de la Torre de Londres indican que fueron entregadas al regimiento de *Royal Horse Guards* (Guardia Real a Caballo).

CAÑÓN CUADRADO
Esta pistola británica de comienzos del siglo XIX es inusual, pues tiene un cañón cuadrado diseñado para disparar balas a juego. Estas balas producían heridas de entrada y salida más irregulares y, por lo tanto, más dañinas.

PISTOLA ESCOCESA CON CORNAMENTA DE CARNERO

Los armeros escoceses produjeron varios diseños únicos durante la era de la llave de pedernal. Muchas pistolas escocesas estaban hechas enteramente de acero, y a menudo tenían pomos tallados en muchas formas distintas. La pistola de cinto mostrada aquí, elaborada hacia 1780, es representativa de esto: está manufacturada toda en acero y tiene un pomo en forma de cornamenta de carnero y un punzón (utilizado para limpiar los residuos de pólvora del oído) que se enrosca entre los dos «cuernos».

PISTOLAS FRANCESAS

Un par de pistolas francesas del siglo XVIII, manufacturadas (o al menos ensambladas) en el Arsenal Real de Maubeuge, fundado en 1718, igual que los de St. Etienne y Charleville.

PISTOLA-CAÑÓN

Una pistola-cañón del calibre .52 hecha por Patrick de Liverpool hacia 1805. Este tipo de pistola debe su nombre al parecido de sus cañones con los de las piezas de artillería. También eran conocidas como «pistolas de la reina Ana», aunque, según el historiador de armas de fuego David Miller, la mayoría fueron producidas bastante después de la muerte de esta reina británica en 1714. La pistola también utiliza un mecanismo de «llave de caja», en el que el sistema de disparo está situado sobre la recámara y no en el costado del arma.

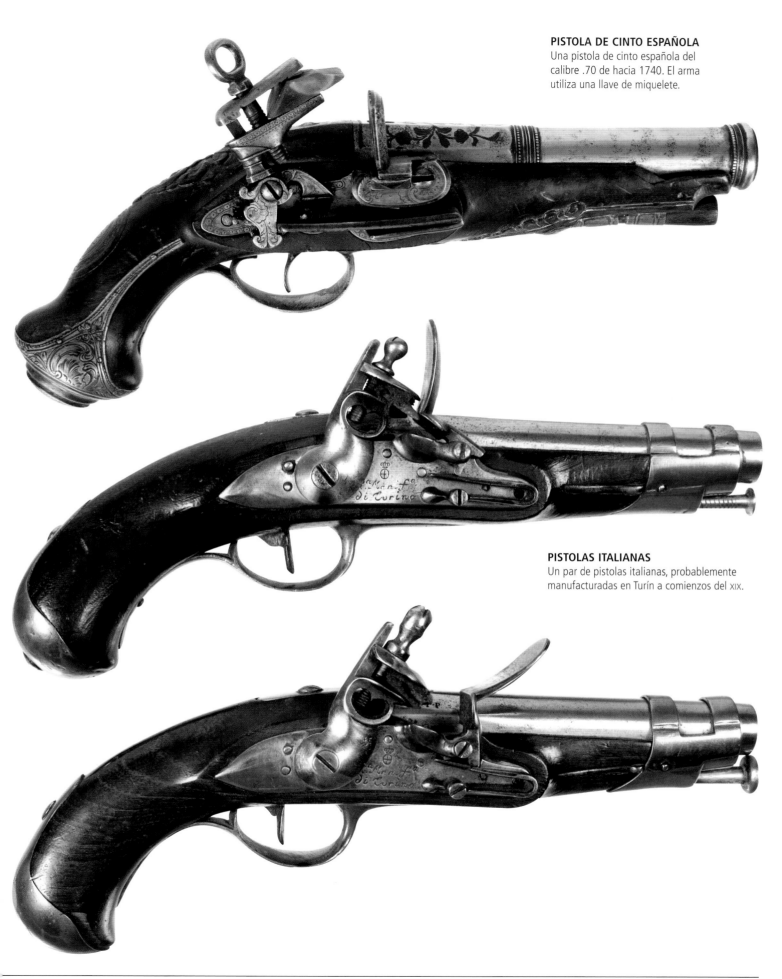

PISTOLAS ITALIANAS
Un par de pistolas italianas, probablemente manufacturadas en Turín a comienzos del XIX.

La espada europea, c. 1500-1800

Aunque la llegada de las armas de fuego (*vid*. pp. 66-67) transformó la guerra en Europa (y más tarde en el resto del mundo), esta transformación no ocurrió de un día para otro, y la espada siguió siendo parte del arsenal del guerrero, especialmente entre los caballeros montados y la infantería mercenaria. Pero a finales del siglo XVII, la tecnología y las tácticas de las armas de fuego habían avanzado hasta un punto en que la utilidad de la espada en el campo de batalla era limitada, aunque las espadas continuaron de moda entre los europeos, tanto como símbolo de estatus como para batirse en duelo.

MÁS GRANDES Y MÁS LARGAS

El diseño de las espadas seguía de cerca los cambios en las armaduras (*vid*. pp. 42-45) en este periodo. A comienzos del siglo XVI la armadura de placas había remplazado a la cota de malla llevada antes por caballeros y otros guerreros[43]. Esto les llevó a desechar las espadas de tajo, más cortas, que podían perforar la cota de malla, por espadas más largas y pesadas, con empuñaduras más largas para permitir su uso a dos manos, conocidas genéricamente como espadones o mandobles. El ejemplo definitivo de este tipo de armas es probablemente el *zweihänder*, que podía medir hasta 1,83 m.

Aunque el espadón era devastador, aún carecía de la capacidad para perforar la armadura de placas, por lo que los espaderos desarrollaron el estoque, conocido como *estoc* (en Francia), *tuck* (en Inglaterra) y *panzerstecher* (en el mundo de habla germánica). Estas espadas tenían hojas de longitud variable, pero todas ellas acababan en una punta afilada. Aunque estas armas no podían perforar las placas de una armadura, sí podían clavarse en las junturas entre las placas, con efectos mortíferos.

LA ESPADA COMO SÍMBOLO DE ESTATUS

A medida que las armas de fuego remplazaban las armas blancas en el campo de batalla, la espada se fue convirtiendo cada vez más en un arma para civiles, usada para la defensa propia o para batirse en duelo. La espada de hoja estrecha española del siglo XVI, conocida como espada ropera en España, *rapière* en Francia y *rapier* en Inglaterra, se convirtió en una espada de duelo especialmente popular, y evolucionó a su vez a la espada utilizada actualmente en la esgrima.

En el siglo XVIII, la espada era un accesorio de moda esencial para todos los caballeros europeos, o para los que querían parecerlo. El tipo más común de espada usada para ser llevada cada día era el espadín, un arma ligera de punta, que apareció por primera vez en Francia a finales del siglo XVII.

La ubicuidad de la espada en el siglo XVIII queda probada por un anuncio en el periódico del primer recital del oratorio el *Mesías* de G. H. Händel en Dublín (Irlanda), en 1742. El anuncio pedía educadamente a los caballeros que no llevasen sus espadas al concierto para aumentar el número de asientos en la sala. (El propio Händel, por cierto, unos años antes se había batido en duelo con espada sin derramamiento de sangre contra otro compositor).

A comienzos del siglo XIX las espadas habían caído en desuso, remplazadas en gran medida por las pistolas de duelo (*vid*. pp. 96-97). Estas seis páginas muestran una espléndida colección de espadas.

ESPADÓN DE CABALLERO
Un espadón de caballero del siglo XV. Estas espadas eran armas de tajo manejadas con ambas manos, conocidas como *long swords* en inglés («espadas largas»), *langes schwert* en alemán (*idem*) y *spadone* (espadón) en italiano.

ESPADA DE LANSQUENETE
Las espadas europeas más largas de todo el Renacimiento eran las utilizadas por los lansquenetes (*landsknecht* en alemán), soldados mercenarios reclutados principalmente en el Sacro Imperio Romano-Germánico, que comprende mucho de lo que hoy es Alemania[44]. Estas espadas, que podían medir hasta 1,83 m, se llamaban *zweihänder* («de dos manos»), y no solo se usaban como arma antipersonal, sino también para apartar las picas y alabardas enemigas, y desbaratar las formaciones de infantería enemigas. Este ejemplar alemán data del siglo XVI.

---

[43] En realidad, la transición entre la cota de malla y la armadura de placas tuvo lugar en los siglos XIII y XIV, en los que los caballeros europeos usaban armaduras que combinaban placas y cota de malla. A comienzos del siglo XV, la mayoría de los caballeros europeos llevaban ya armadura de placas completa, si bien algo más rudimentaria que la usada en el siglo XVI.

[44] El Sacro Imperio Romano-Germánico incluía la totalidad de la Alemania actual, así como los Países Bajos (Holanda), Luxemburgo, Suiza, Austria, la República Checa y partes de Polonia, Italia, Francia, Bélgica y Dinamarca.

LAS ESPADAS DE TOLEDO

La ciudad de Toledo, en el centro de España, es famosa desde hace mucho tiempo por la gran calidad de sus espadas y otras armas de filo, una tradición que se remonta al menos al siglo v a.C., cuando los espaderos locales producían un tipo de espada que más tarde sería conocida como falcata[45]. La primera referencia a las armas toledanas data del siglo I a.C., en una obra del escritor romano Gracio Falisco. Los espaderos de Toledo utilizaban una variedad de acero excelente, posiblemente mejor que el acero de Damasco (*vid*. p. 78); las espadas resultantes eran codiciadas por guerreros de toda Europa y, al menos según ciertas fuentes, algunos samuráis japoneses pueden haber usado espadas toledanas[46]. En su libro *Armas, gérmenes y acero*, el historiador Jared Diamond afirma que las espadas y otras armas de acero toledano de los conquistadores españoles del siglo XVI eran muy superiores a las empuñadas por los soldados de los imperios azteca e inca.

Un espadín español con «Fábrica de Toledo» grabado en la hoja.

ESPADA LARGA ALEMANA
A pesar de los progresos de la democracia en Europa, en los siglos XVIII y XIX, los oficiales de los ejércitos aún solían proceder de la aristocracia y las espadas se convertían en herencia familiar. Esta espada[47] bávara lleva un escudo de armas aristocrático y la divisa «Con fe firme».

ESPADA CORTA DE LA REAL COMPAÑÍA DE ARQUEROS
Fundada originalmente en la década de 1670, la *Scots Royal Company of Archers* (Real Compañía Escocesa de Arqueros) fue denominada *King's Body Guard for Scotland* (Guardia Real de Corps para Escocia) a comienzos del siglo XIX. Sus miembros llevaban esta espada corta, con una hoja de 42,6 cm grabada con el escudo real inglés y el cardo, símbolo tradicional de Escocia. La empuñadura, bellamente decorada, es de bronce moldeado.

[45] La falcata es un tipo de espada corta propia de la cultura ibera, y más propiamente de los pueblos contestano y bastetano. La falcata es una espada de dos filos, de unos 50 cm de longitud, con una curvatura muy característica (similar a la del *kukri* nepalí) y unas acanaladuras a lo largo de la hoja.
[46] Es cierto, España y Japón intercambiaron varias embajadas en la segunda mitad del siglo XVI, y los embajadores españoles a menudo llevaban espadas toledanas como presentes para los dignatarios japoneses, pues sabían que eran muy apreciadas por estos.
[47] Aunque el autor la denomina *long sword*, no se trata de un espadón, sino de una espada a una mano, más o menos alargada.

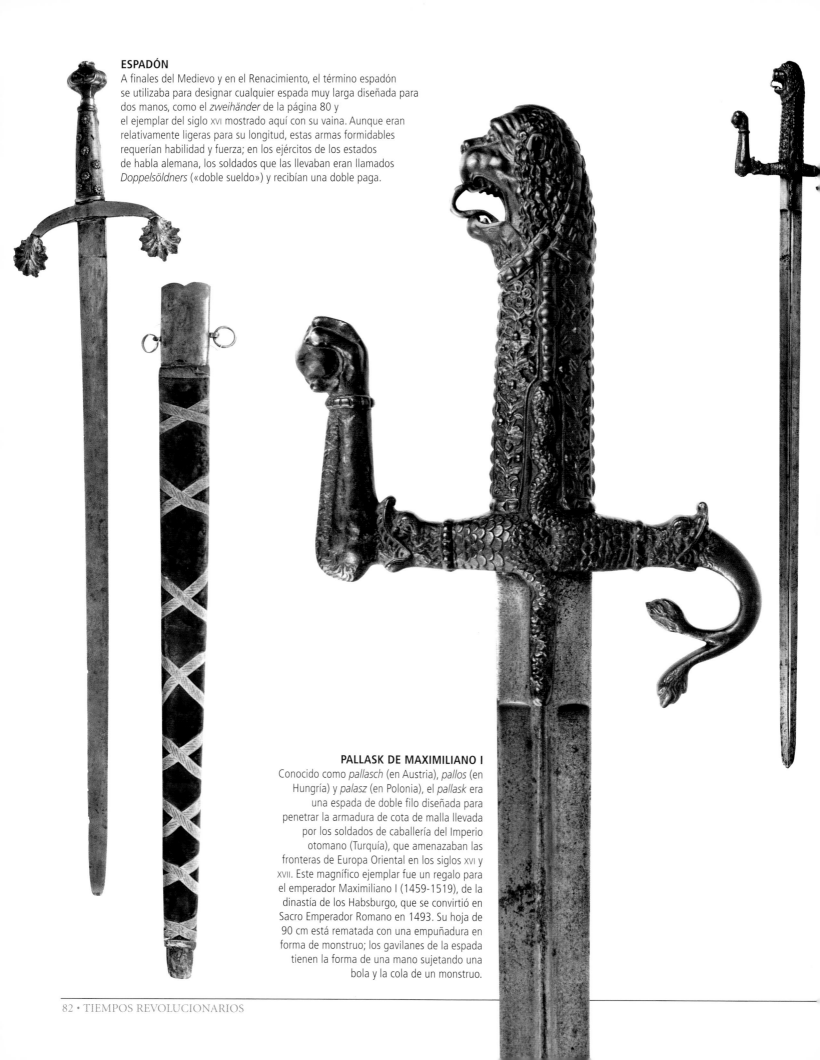

ESPADÓN

A finales del Medievo y en el Renacimiento, el término espadón se utilizaba para designar cualquier espada muy larga diseñada para dos manos, como el *zweihänder* de la página 80 y el ejemplar del siglo XVI mostrado aquí con su vaina. Aunque eran relativamente ligeras para su longitud, estas armas formidables requerían habilidad y fuerza; en los ejércitos de los estados de habla alemana, los soldados que las llevaban eran llamados *Doppelsöldners* («doble sueldo») y recibían una doble paga.

PALLASK DE MAXIMILIANO I

Conocido como *pallasch* (en Austria), *pallos* (en Hungría) y *palasz* (en Polonia), el *pallask* era una espada de doble filo diseñada para penetrar la armadura de cota de malla llevada por los soldados de caballería del Imperio otomano (Turquía), que amenazaban las fronteras de Europa Oriental en los siglos XVI y XVII. Este magnífico ejemplar fue un regalo para el emperador Maximiliano I (1459-1519), de la dinastía de los Habsburgo, que se convirtió en Sacro Emperador Romano en 1493. Su hoja de 90 cm está rematada con una empuñadura en forma de monstruo; los gavilanes de la espada tienen la forma de una mano sujetando una bola y la cola de un monstruo.

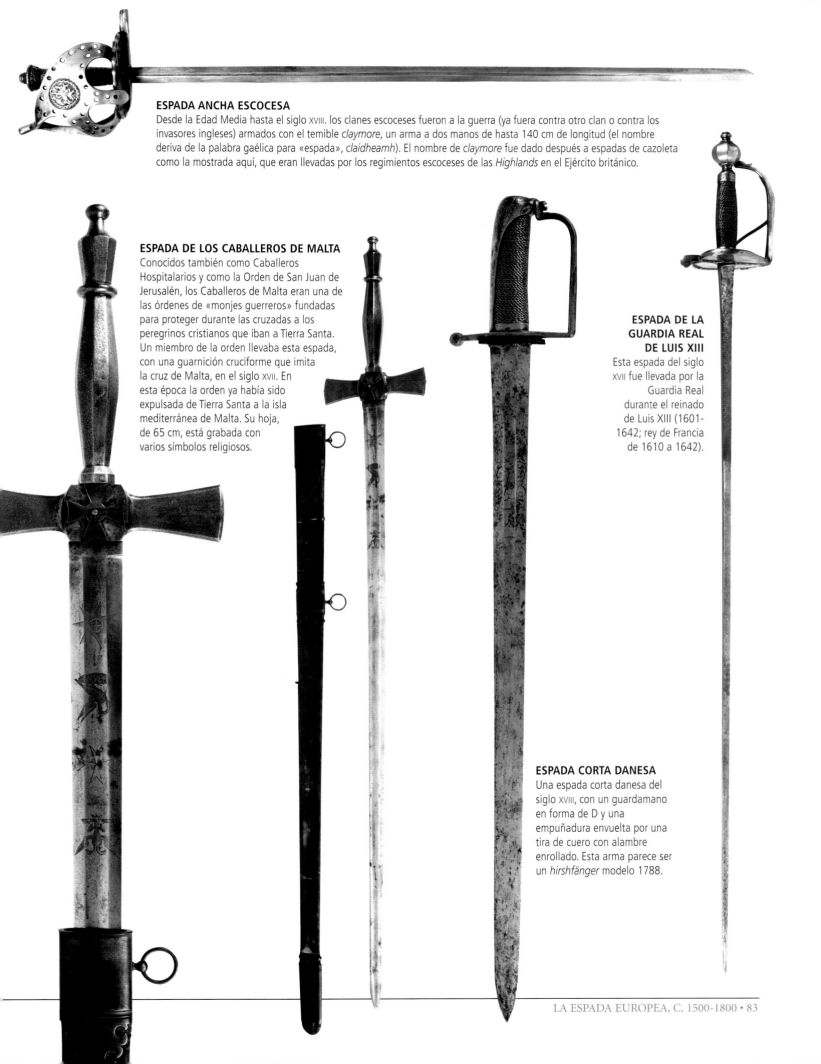

ESPADA ANCHA ESCOCESA

Desde la Edad Media hasta el siglo XVIII, los clanes escoceses fueron a la guerra (ya fuera contra otro clan o contra los invasores ingleses) armados con el temible *claymore*, un arma a dos manos de hasta 140 cm de longitud (el nombre deriva de la palabra gaélica para «espada», *claidheamh*). El nombre de *claymore* fue dado después a espadas de cazoleta como la mostrada aquí, que eran llevadas por los regimientos escoceses de las *Highlands* en el Ejército británico.

ESPADA DE LOS CABALLEROS DE MALTA

Conocidos también como Caballeros Hospitalarios y como la Orden de San Juan de Jerusalén, los Caballeros de Malta eran una de las órdenes de «monjes guerreros» fundadas para proteger durante las cruzadas a los peregrinos cristianos que iban a Tierra Santa. Un miembro de la orden llevaba esta espada, con una guarnición cruciforme que imita la cruz de Malta, en el siglo XVII. En esta época la orden ya había sido expulsada de Tierra Santa a la isla mediterránea de Malta. Su hoja, de 65 cm, está grabada con varios símbolos religiosos.

ESPADA DE LA GUARDIA REAL DE LUIS XIII

Esta espada del siglo XVII fue llevada por la Guardia Real durante el reinado de Luis XIII (1601-1642; rey de Francia de 1610 a 1642).

ESPADA CORTA DANESA

Una espada corta danesa del siglo XVIII, con un guardamano en forma de D y una empuñadura envuelta por una tira de cuero con alambre enrollado. Esta arma parece ser un *hirshfänger* modelo 1788.

ESPADÍN FRANCÉS
Esta espada francesa de finales del siglo XVIII con un emblema en forma de sol honraba la memoria del Rey Sol, Luis XIV (1638-1715; rey de Francia de 1642 a 1715). Aunque el monarca llevaba bastante tiempo muerto, el diseño del sol reinó en Francia hasta la llegada al poder de Napoleón Bonaparte.

ESPADA DEL REGIMIENTO DE LA FRONTERA
Esta espada fue portada por un oficial del *King's Own Royal Border Regiment* (Regimiento Real Personal del Rey de la Frontera), un regimiento del Ejército británico que remonta su origen a 1680; se llama así porque era reclutado en los condados de Lancanshire y Cumbria, en la frontera entre Escocia e Inglaterra. La empuñadura, de latón dorado, está moldeada en forma de dragón.

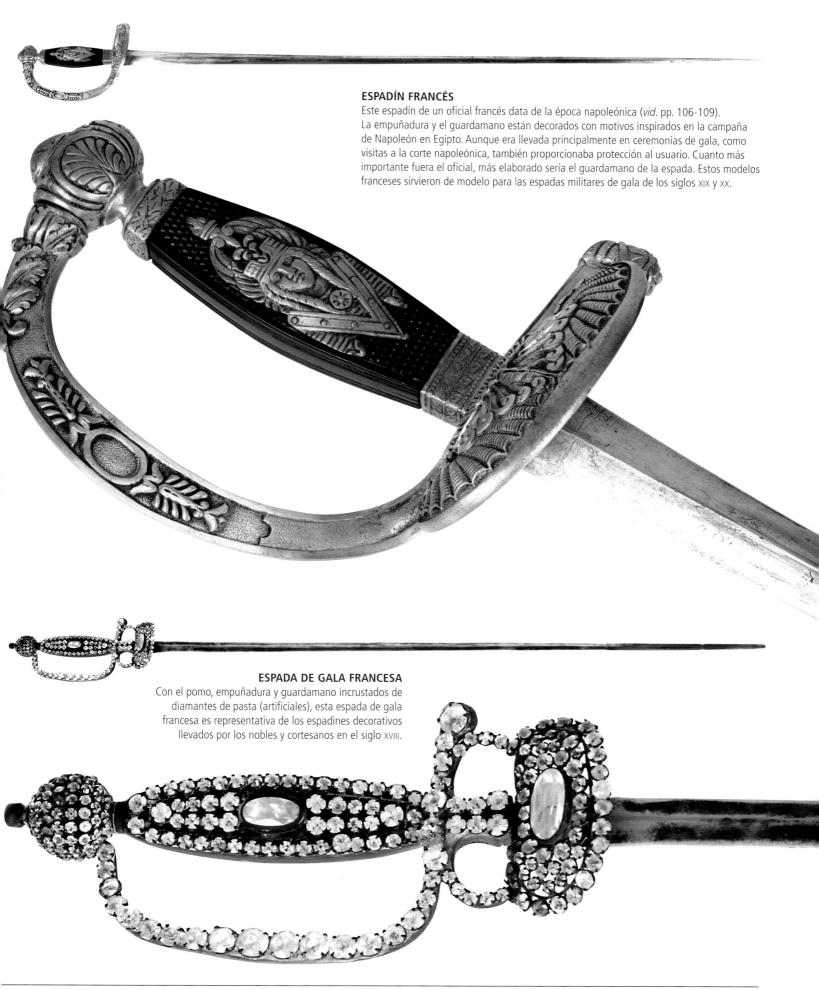

ESPADÍN FRANCÉS

Este espadín de un oficial francés data de la época napoleónica (*vid.* pp. 106-109). La empuñadura y el guardamano están decorados con motivos inspirados en la campaña de Napoleón en Egipto. Aunque era llevada principalmente en ceremonias de gala, como visitas a la corte napoleónica, también proporcionaba protección al usuario. Cuanto más importante fuera el oficial, más elaborado sería el guardamano de la espada. Estos modelos franceses sirvieron de modelo para las espadas militares de gala de los siglos XIX y XX.

ESPADA DE GALA FRANCESA

Con el pomo, empuñadura y guardamano incrustados de diamantes de pasta (artificiales), esta espada de gala francesa es representativa de los espadines decorativos llevados por los nobles y cortesanos en el siglo XVIII.

ESPADAS DE ÁFRICA Y ASIA

Las páginas siguientes presentan varias espadas (y algunas otras armas de filo) del mundo no occidental. Aunque los misioneros, exploradores y comerciantes coleccionaron la mayoría de estas armas en los siglos XVIII, XIX y XX, la construcción y diseño de muchas de ellas no habían cambiado respecto a las espadas forjadas hace siglos, e incluso milenios.

LA INFLUENCIA MONGOLA

Desde la Antigüedad, las espadas del mundo occidental (*vid.* pp. 80-85) eran sobre todo armas de punta, a menudo con un solo filo, un diseño adecuado a la forma occidental de hacer la guerra, en la que la infantería era decisiva en la batalla[48]. A partir de los comienzos del siglo XIII, los ejércitos montados de los mongoles salieron de Asia Central para conquistar gran parte de China, India y lo que ahora se conoce como Oriente Medio. El arma principal del jinete mongol era el arco, pero también llevaba una espada curva, de un solo filo, diseñada para cortar a una mano desde un caballo.

Esta arma, a la que los historiadores se refieren como el sable turco-mongol, tuvo una enorme influencia en el desarrollo de espadas por gran parte del mundo. La descendencia de esta «espada patentada» incluye el *saif* árabe, el *tulwar* indio (y su equivalente, el *pulwar* afgano), el *shamshir* persa, el *kilic* turco y, finalmente, el sable europeo. En Occidente, las espadas curvadas de este tipo eran conocidas como «cimitarras» (una denominación que puede derivar del *shamshir* persa), aunque este término genérico no hace justicia a la gran variedad de adaptaciones locales del sable turco-mongol original.

ESPADAS INDÍGENAS

Fuera de las áreas de influencia mongola (y de influencia europea, al menos hasta que comenzó la era del imperialismo europeo en los siglos XV y XVI) florecía la producción de espadas indígenas. Los ejemplos incluyen el *tabouka* de los tuareg, un pueblo nómada norteafricano, y el *kaskara* sudanés. Algunas de las mejores espadas del África subsahariana eran obra de la cultura kuba, una coalición de pueblos de habla bantú que vivían en lo que hoy es el Congo.

LA ARTESANÍA EN CHINA

En China la forja de espadas tiene una larga y distinguida historia, que comienza con las espadas de bronce de la dinastía Chou (1122-770 a.C.). Los espaderos chinos habían progresado a través de los siglos del bronce al hierro, y finalmente al acero, y desarrollado técnicas (como forjar, doblar y endurecer los filos varias veces) que influyeron en la forja de espadas por todo el sur y sudeste asiáticos, y especialmente en Japón. Los espaderos chinos dejaban las hojas expuestas a la intemperie durante años, sometiéndolas a meteorología de todo tipo y a temperaturas extremas como «prueba de aguante»; solo después de que un arma sobreviviese a esta ordalía, era considerada digna de ser completada.

Al igual que en Japón, en China las espadas tenían una importancia cultural que iba más allá del simple armamento; en las palabras de un historiador: «Las espadas asumían múltiples funciones, como decoración, símbolos de honor, poder y rango, y eran instrumentos utilizados en ritos ceremoniales o religiosos».

ESPADAS JAPONESAS

En Japón, la espada tenía un papel cultural único e importante. Durante siglos, la posesión de espadas había estado restringida a los samuráis, miembros de la clase guerrera, comprometidos a seguir el código del *bushido* y obligados a servir a un señor feudal o daimio. Los samuráis llevaban una catana, una espada curvada de un solo filo, empuñada a menudo a dos manos, y un *wakizashi*, una espada más corta. Las dos armas juntas eran conocidas como *daisho*, que puede traducirse como «grande y pequeño».

Aunque muchos samuráis luchaban principalmente con arcos y lanzas en las batallas de verdad, la espada estaba considerada como «el arma del guerrero», y pasaban horas sin fin dominando su uso. El manejo de la espada era parte integral de las artes marciales japonesas que han sobrevivido hasta hoy.

Los espaderos eran los artesanos más respetados del Japón medieval: debido al significado cultural de la espada, su trabajo era considerado tanto espiritual como artesanal. La forja de una catana era un proceso largo y delicado, que incluía martillear y forjar múltiples capas de acero para crear hojas cuyo filo y fuerza se volvieron legendarios.

---

[48] Una afirmación difícil de justificar; no solo la infantería no había sido «la reina de las batallas» (como se la llamó después) durante la mayor parte de la Edad Media, sino que la mayoría de espadas europeas eran de doble filo y, durante la Edad Media, principalmente de tajo. Lo que sí distingue a las espadas europeas de las asiáticas es que las europeas suelen tener la hoja recta.

LA ESPADA MAMELUCA

El sable turco-mongol también influyó en el diseño de las espadas usadas por los mamelucos, soldados-esclavos que formaron una parte importante de ciertos ejércitos musulmanes a partir del siglo IX, y que crearon dinastías propias en Egipto y Siria del siglo XIII al XVI. A los mamelucos los sucedieron los turcos otomanos en Egipto. En 1804, un dignatario otomano regaló una espada de tipo mameluco al teniente Presley O'Bannon, del Cuerpo de Marines de los Estados Unidos, en reconocimiento por liderar una fuerza mixta de marines y mercenarios en una expedición a la ciudad de Derna (en la actual Libia). Allí, él y sus tropas derrotaron a los piratas berberiscos de la costa norteafricana, que atacaban a los barcos americanos y europeos, y esclavizaban a las tripulaciones y los pasajeros capturados. El comandante del Cuerpo de Marines decretó la adopción de «la espada mameluca» para los oficiales de los marines, que aún llevan con orgullo la espada en el siglo XXI.

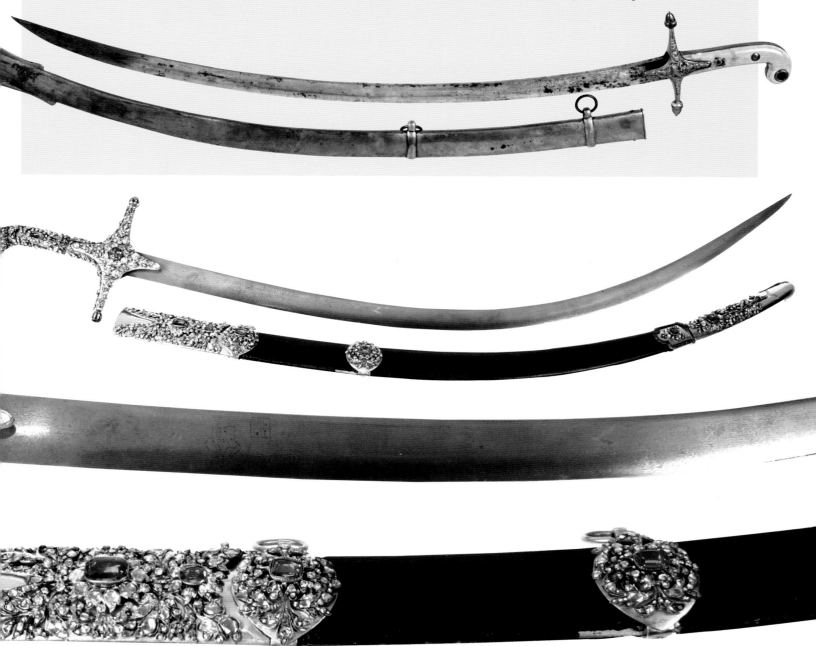

CIMITARRA REAL PERSA

Sin duda, una de las armas existentes más hermosas, esta espada real cortesana persa fue un encargo de Abbás I el Grande (1571-1629), *sah* de Persia (actual Irán) de 1588 a 1629. Está decorada con 1.295 diamantes con talla de rosa, rubíes de 50 quilates y una esmeralda de 11 quilates en el pomo, todos engarzados en 1.360 kg de oro. La historia de la espada no es menos fascinante que su apariencia. Tras la caída de la dinastía Safávida en el siglo XVIII, la espada cayó en manos del Gobierno turco otomano, que se la regaló a la zarina de Rusia Catalina la Grande (1729-1796; reinó de 1762 a 1796). Estuvo en el Tesoro Zarista hasta que desapareció en el caos de la Revolución rusa de 1917. La espada reapareció en Europa tras la Segunda Guerra Mundial y pasó algunos años en un museo privado antes de ser comprada por el coronel Farley Berman en 1962. Ahora es una de «las joyas de la corona» del Museo Berman.

ACERO DE DAMASCO

Alrededor de 900 d.C. se dio un gran salto tecnológico en la forja de espadas con el descubrimiento en Oriente Medio del acero de Damasco. El término puede derivar de la ciudad siria de Damasco o de la palabra árabe *damas*, que significa «acuoso», probablemente una referencia a la apariencia centelleante de las hojas hechas con este material. Al igual que con el fuego griego (*vid*. p. 100), aún se discute sobre la técnica y los materiales exactos que se utilizaban para producir acero de Damasco, pero el producto final fue el resultado de una aleación especial y un proceso de forja secreto. Juntos producían una hoja que satisfacía los dos criterios más importantes para obtener una espada efectiva y fiable: dureza, que permitía que la hoja fuese afilada como una cuchilla de afeitar; y flexibilidad, que impedía que el acero se rompiese cuando golpeaba el arma de un enemigo. Pero a mediados del siglo XVIII se perdió la técnica para crear «auténtico» acero de Damasco; aunque a veces se describen algunas armas de filo y bocas de cañones posteriores como hechas de acero de Damasco, en realidad estaban producidas con métodos diferentes. En años recientes, algunos historiadores de las armas han afirmado que el acero de Damasco original era básicamente el mismo que el acero wootz, una aleación utilizada en la forja de espadas en la India ya en el 200 a.C.

ESPADA PERSA
Una espada persa con una hoja recta y datada en el siglo XVIII. La empuñadura presenta un trenzado de hilo de oro y la hoja de acero de Damasco tiene un damasquinado de oro.

TULWAR
Este *tulwar* indio de finales del siglo XVIII o comienzos del XIX está hecho todo en acero. (A veces escrito *talwar*, el nombre viene de *taravari*, que en sánscrito significa «espada»). El arma solía tener una hoja curvada de hasta 76 cm. Una de sus características distintivas es el pomo en forma de disco. Al igual que la catana japonesa, (*vid*. pp. 92-93), el *tulwar* estaba diseñado para ser efectivo tanto como arma de corte como de punta.

ESPADA MOGOLA
Una espada india de la era mogola (1526-1857), cuando la mayor parte del subcontinente indio era gobernado por una dinastía fundada por el conquistador mongol Babur. La empuñadura en jade del arma está decorada con dos rubíes.

ESPADA RITUAL INDIA
Esta singular espada ceremonial de templo es originaria del sur de la India a comienzos del siglo XVIII. La hoja de acero tiene un doble filo y una curvatura peculiar. Su borde superior posee siete pequeños agujeros para colgar pequeños cascabeles que sonaban con cualquier movimiento de la espada.

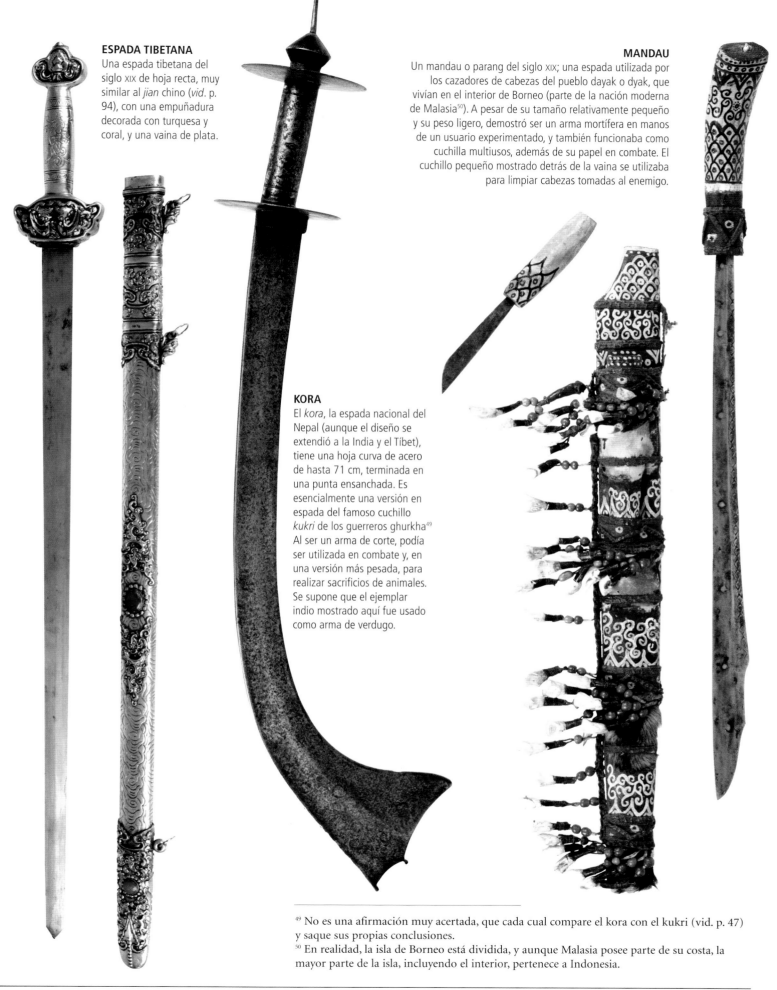

ESPADA TIBETANA

Una espada tibetana del siglo XIX de hoja recta, muy similar al *jian* chino (*vid*. p. 94), con una empuñadura decorada con turquesa y coral, y una vaina de plata.

MANDAU

Un mandau o parang del siglo XIX; una espada utilizada por los cazadores de cabezas del pueblo dayak o dyak, que vivían en el interior de Borneo (parte de la nación moderna de Malasia[50]). A pesar de su tamaño relativamente pequeño y su peso ligero, demostró ser un arma mortífera en manos de un usuario experimentado, y también funcionaba como cuchilla multiusos, además de su papel en combate. El cuchillo pequeño mostrado detrás de la vaina se utilizaba para limpiar cabezas tomadas al enemigo.

KORA

El *kora*, la espada nacional del Nepal (aunque el diseño se extendió a la India y el Tíbet), tiene una hoja curva de acero de hasta 71 cm, terminada en una punta ensanchada. Es esencialmente una versión en espada del famoso cuchillo *kukri* de los guerreros ghurkha[49] Al ser un arma de corte, podía ser utilizada en combate y, en una versión más pesada, para realizar sacrificios de animales. Se supone que el ejemplar indio mostrado aquí fue usado como arma de verdugo.

[49] No es una afirmación muy acertada, que cada cual compare el kora con el kukri (vid. p. 47) y saque sus propias conclusiones.
[50] En realidad, la isla de Borneo está dividida, y aunque Malasia posee parte de su costa, la mayor parte de la isla, incluyendo el interior, pertenece a Indonesia.

ADZE

No es una espada, sino un tipo de destral, usado (en su función utilitaria) para tallar madera. El *adze* tenía un papel ceremonial en muchas culturas africanas. Este *adze* ceremonial del siglo XIX proviene del reino de Dahomey en África Occidental, que se originó en lo que hoy es Benín.

ESPADA KUBA

El nombre del pueblo kuba del África Occidental significa «Pueblo del relámpago», una descripción adecuada, pues eran una de las culturas más belicosas de la región, e incluso enviaban a la batalla mujeres guerreras. Llevaban armas bellamente forjadas pero mortales, como la espada de hoja metálica y empuñadura de madera dura aquí mostrada. Cuanto más grande era la hoja, mayor era el estatus social del poseedor.

ESPADA NORTEAFRICANA

Una espada ceremonial norteafricana (arriba) con una empuñadura de madera terminada en un pomo con la forma de la cabeza de un hombre (detalle, debajo). La guarnición es inusual, pues incluye una irregularidad donde descansar el pulgar.

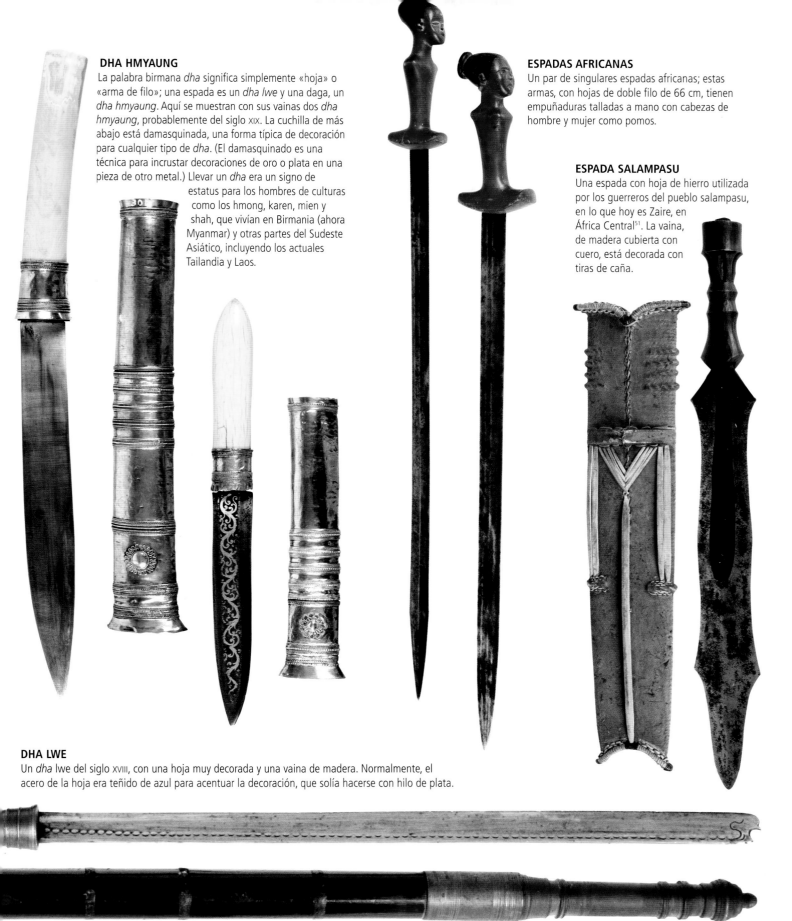

DHA HMYAUNG

La palabra birmana *dha* significa simplemente «hoja» o «arma de filo»; una espada es un *dha lwe* y una daga, un *dha hmyaung*. Aquí se muestran con sus vainas dos *dha hmyaung*, probablemente del siglo XIX. La cuchilla de más abajo está damasquinada, una forma típica de decoración para cualquier tipo de *dha*. (El damasquinado es una técnica para incrustar decoraciones de oro o plata en una pieza de otro metal.) Llevar un *dha* era un signo de estatus para los hombres de culturas como los hmong, karen, mien y shah, que vivían en Birmania (ahora Myanmar) y otras partes del Sudeste Asiático, incluyendo los actuales Tailandia y Laos.

ESPADAS AFRICANAS

Un par de singulares espadas africanas; estas armas, con hojas de doble filo de 66 cm, tienen empuñaduras talladas a mano con cabezas de hombre y mujer como pomos.

ESPADA SALAMPASU

Una espada con hoja de hierro utilizada por los guerreros del pueblo salampasu, en lo que hoy es Zaire, en África Central[51]. La vaina, de madera cubierta con cuero, está decorada con tiras de caña.

DHA LWE

Un *dha* lwe del siglo XVIII, con una hoja muy decorada y una vaina de madera. Normalmente, el acero de la hoja era teñido de azul para acentuar la decoración, que solía hacerse con hilo de plata.

---

[51] En realidad, el Zaire solo se llamó así de 1971 a 1997. El Zaire (antiguo Congo Belga) actualmente se llama República Democrática del Congo, y no debe confundirse con la vecina República del Congo (antiguo Congo Francés). Aunque el término sea anacrónico, es probable que el autor haya preferido denominarlo Zaire para evitar confusiones.

ESPADA DEL SIGLO XVIII

Esta fotografía muestra el *tsuka* (empuñadura) y el *kashira* (pomo) de una catana del siglo XVIII.

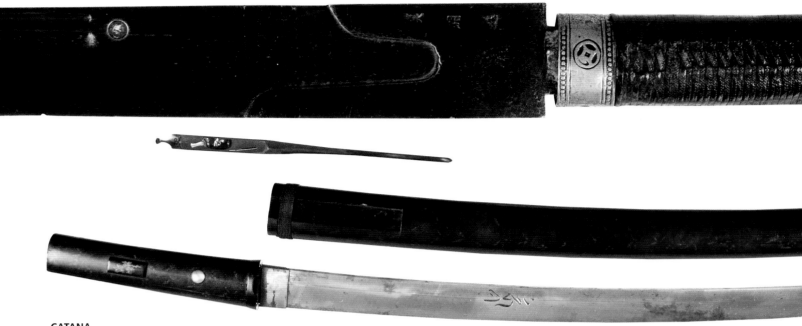

CATANA

Una catana, o espada japonesa, del siglo XIX. Al igual que el *tanto*, la catana era principalmente un arma de corte, pero podía utilizarse para apuñalar. El pequeño punzón, similar a una aguja, es un cuchillo para apuñalar, utilizado para clavarlo hacia arriba en el corazón del oponente si el luchador tenía la oportunidad de acercarse lo suficiente.

TANTO DE MARFIL

Un tanto del siglo XIX; este con una empuñadura y una vaina de marfil con una talla intrincada representando dragones.

ESPADA SAMURÁI

Llevar una catana, como el ejemplar del siglo XVIII aquí mostrado, era algo reservado originalmente a los samuráis. Esta espada, muy afilada y peligrosa, necesitaba mucha práctica para ser competente con ella. Tradicionalmente era llevada con el filo hacia arriba. La aristocracia guerrera fue proscrita en 1868 con la caída del sistema feudal y los espaderos comenzaron a trabajar creando bienes para la exportación.

ESPADA DE OFICIAL JAPONESA

Las espadas llevadas por los oficiales japoneses en la invasión de China en los años treinta y, más tarde, en la Segunda Guerra Mundial (como esta), mantenían el estilo básico de la catana, pero estaban hechas con técnicas de forja modernas en lugar de los métodos tradicionales de los espaderos japoneses.

TANTO CON VAINA ESMALTADA

Las armas como esta eran llevadas con el uniforme militar en ocasiones formales. Este cuchillo data de hacia 1870, y su vaina es una muestra extremadamente bien hecha de esmaltado. Esta arma probablemente pertenecía a un acaudalado oficial militar chino.

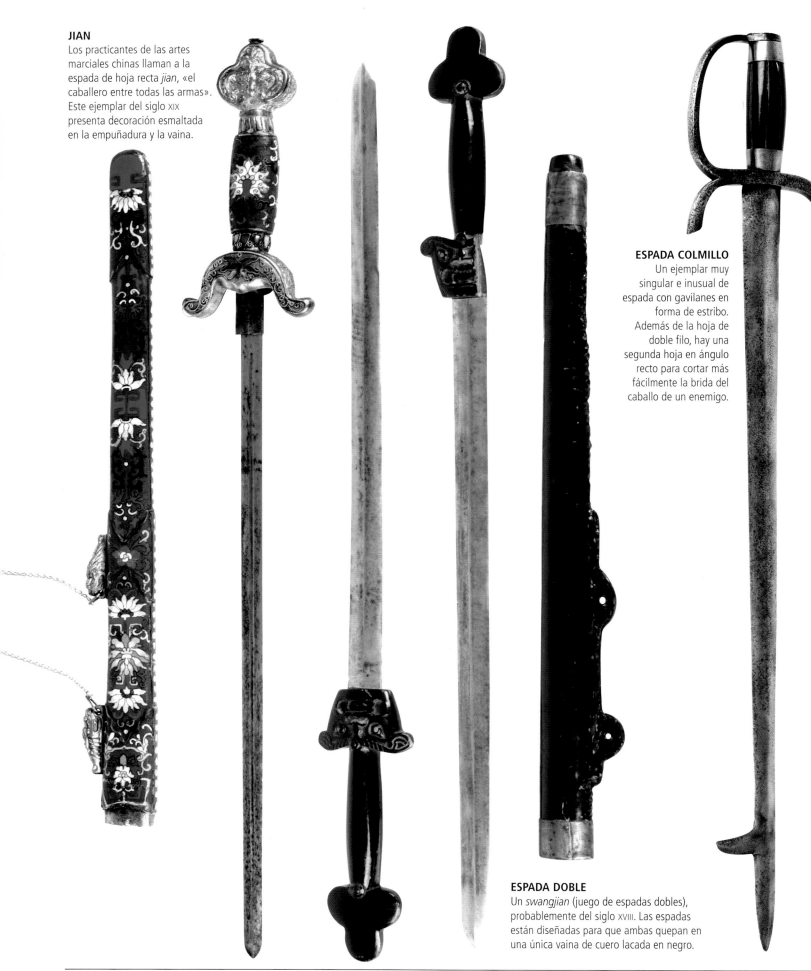

JIAN
Los practicantes de las artes marciales chinas llaman a la espada de hoja recta *jian*, «el caballero entre todas las armas». Este ejemplar del siglo XIX presenta decoración esmaltada en la empuñadura y la vaina.

ESPADA COLMILLO
Un ejemplar muy singular e inusual de espada con gavilanes en forma de estribo. Además de la hoja de doble filo, hay una segunda hoja en ángulo recto para cortar más fácilmente la brida del caballo de un enemigo.

ESPADA DOBLE
Un *swangjian* (juego de espadas dobles), probablemente del siglo XVIII. Las espadas están diseñadas para que ambas quepan en una única vaina de cuero lacada en negro.

ROMPECASCOS

Este rompecascos chino era utilizado como una maza. Hecho de latón sólido, este artilugio podía noquear al enemigo en batalla aunque llevase protección en la cabeza.

ESPADA CORTA

Una espada corta ricamente decorada, con una empuñadura y una vaina de marfil tallado. La talla de la vaina representa una expedición para cazar monos.

PISTOLAS DE DUELO

El combate entre individuos para resolver disputas sobre el honor personal es tan antiguo como la Historia, pero la práctica del duelo que conocemos hoy nació en el sur de Europa durante el Renacimiento y comenzó a florecer (especialmente entre las clases altas) en Europa y Norteamérica en el siglo XVIII. Aunque fue intensamente prohibido y denigrado (George Washington prohibió que sus oficiales se batiesen en duelo, llamándolo «una práctica asesina»), el duelo continuó en territorios inglés y americano hasta comienzos del siglo XIX y más tarde en la Europa continental. Hasta mediados del siglo XVIII, los duelistas luchaban sobre todo con espadas, pero la moda se dirigió a las armas de fuego, creando un nuevo tipo, las pistolas de duelo.

LOS GRANDES FABRICANTES DE PISTOLAS

En un principio, los duelistas utilizaban pistolas corrientes, pero, aproximadamente en 1770, los armeros (sobre todo en Inglaterra y Francia), comenzaron a producir pistolas hechas expresamente para batirse en duelo. Estas solían ser hechas como «estuche y juego de pistolas»: dos pistolas idénticas en una caja con frascos de pólvora, moldes para balas y otros accesorios. Como el duelo era una costumbre de las clases más altas (al menos en Europa), poseer estuche y juego de pistolas de duelo caro era un símbolo de estatus, como conducir un potente deportivo hoy. Las pistolas producidas por los armeros más famosos (y caros) de Londres, como Robert Wogdon y los hermanos rivales John y Joseph Manton, eran, en este sentido, los Ferraris y los Porsches de su época.

PRECISIÓN Y FIABILIDAD

La mayoría de pistolas de duelo medían aproximadamente 38 cm de longitud, con cañones de 25 cm; el calibre habitual estaba entre .40 y .50. Eran extremadamente precisas a una distancia de unos 18 m, la distancia a la que solían disparar los duelistas, aunque las reglas aceptadas establecían que se usasen cañones de ánima lisa y las miras más simples. (Algunos duelistas hacían trampa rayando todo el cañón salvo los últimos 5 cm, algo que se conocía como «rayado ciego»).

Para obtener una precisión máxima, muchos duelistas incorporaban un gatillo de pelo. El gatillo de pelo utilizaba un mecanismo que mantenía la tensión en el gatillo, de tal manera que una ligera presión en este disparaba el arma. (Los gatillos convencionales requerían un apretón fuerte, lo que tendía a desviar el arma.)

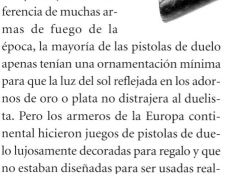

Además de la precisión, la fiabilidad era la principal preocupación de un duelista en una pistola, así que todos los componentes estaban bien terminados y encajados. A diferencia de muchas armas de fuego de la época, la mayoría de las pistolas de duelo apenas tenían una ornamentación mínima para que la luz del sol reflejada en los adornos de oro o plata no distrajera al duelista. Pero los armeros de la Europa continental hicieron juegos de pistolas de duelo lujosamente decoradas para regalo y que no estaban diseñadas para ser usadas realmente en el «campo del honor».

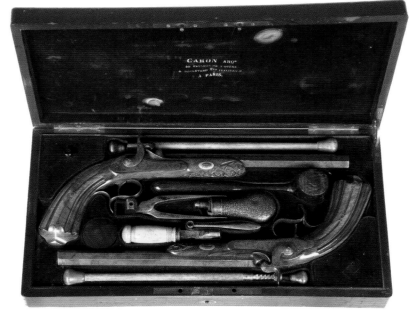

ESTUCHE DE CARON

El armero real francés, Alphonse Caron de París, hizo este estuche y juego de pistolas a finales de la década de 1840. El estuche contiene los accesorios habituales: frasco de pólvora, molde para balas, atacadores[52] y cajas para percutores. El frasco de la pólvora está decorado con jeroglíficos egipcios, una muestra de la popularidad de los motivos egipcios antiguos en la Francia del siglo XIX.

---

[52] Un atacador es un bastón que se utilizaba para introducir la bala y la pólvora (empujándolas) en un arma de fuego de avancarga.

PAR FUERA DE LO COMÚN
Este par de pistolas de duelo de percusión hecho en Bélgica del calibre .44 viene con accesorios inusuales: guardamano que se encajaba sobre la llave y el guardamonte. Estas pistolas podían disparar balas de cera (de ahí la necesidad de un guardamano como protección).

PISTOLA WOGDON
Esta pistola, hecha por el famoso armero inglés Robert Wogdon, podía llevar incorporado un culatín de madera para usarlo aparte de los duelos. Hecha originalmente de llave de pedernal, más tarde fue adaptada a un mecanismo de percusión. Wogdon hizo las pistolas utilizadas en el famoso duelo de 1804, en el que el vicepresidente de los Estados Unidos Aaron Burr hirió de muerte a su enemigo político y personal Alexander Hamilton.

PISTOLAS BELGAS
Las pistolas de duelo de llave de pedernal tenían todas las desventajas de la llave de pedernal: con frecuencia tenían fallos de funcionamiento, no eran fiables con humedad y el mecanismo de disparo les restaba precisión incluso usando gatillos sensibles. A partir de 1815 (justo cuando comenzaban a declinar los duelos), los fabricantes de pistolas de duelo, como el armero belga que produjo el hermoso par de arriba, cambiaron gradualmente al sistema más robusto y seguro de la cápsula fulminante.

EL TRABUCO

El trabuco era un fusil de ánima lisa, normalmente de llave de pedernal, con un cañón que se ensanchaba en la boca. El arma se desarrolló en Europa, probablemente primero en Alemania, a comienzos del siglo XVII, aunque su uso no se expandió hasta una centuria después. El trabuco, que disparaba perdigones de plomo, era letal a corto alcance, y era utilizado normalmente como arma defensiva: por conductores de diligencia contra bandoleros, por mercaderes y dueños de casas contra ladrones, y por posaderos contra atracadores. También se utilizaba en el mar, pues era un arma ideal en un abordaje.

MITOS DEL TRABUCO

Hay un par de mitos populares sobre el trabuco. El primero es que su boca ensanchada (a menudo descrita como «acampanada» o «en forma de trompeta») servía para dispersar la carga de perdigones como lo hace una escopeta moderna. En realidad, la dispersión de los perdigones se diferencia poco de la de un arma con el cañón no ensanchado. Pero, la boca ancha facilitaba una recarga rápida. Además, tenía un efecto psicológico; como escribió el historiador de armas de fuego Richard Akehurst: «la gran boca acampanada era muy intimidante; aquellos a los que apuntaba estaban convencidos de que no podrían evitar el temible estallido». Akehurst también señala que algunos ingleses propietarios de trabucos aumentaban el nivel de intimidación haciendo que se inscribiera «Feliz aquel que escapa de mí» en el cañón.

El segundo mito es que el trabuco a menudo era cargado no con munición convencional sino con desechos de metal, clavos, piedras, grava e incluso cristales rotos para obtener un efecto especialmente devastador. Esto puede haber sucedido en alguna ocasión, pero estas cargas estropearían rápidamente el cañón del arma.

EN EL CAMINO Y FUERA DE ÉL

Los días de gloria del trabuco llegaron en el siglo XVIII, cuando cada vez más gente viajaba por los primitivos caminos de Europa, y el peligro de ser atracado a punta de pistola por bandoleros estaba siempre presente. El cañón del trabuco solía estar hecho de latón inoxidable, lo que era una necesidad, pues a menudo era portado por conductores de diligencias y guardias que se sentaban expuestos a la intemperie.

Además de su uso en el mar (tanto por fuerzas navales regulares como por piratas y corsarios), el trabuco entró en servicio militar en tierra. Los ejércitos austriaco, británico y prusiano del siglo XVIII emplearon unidades equipadas con esta arma, y, según algunas fuentes, el Ejército Continental Americano[53] consideró adoptar el trabuco en lugar de la carabina como arma para sus tropas montadas durante la guerra de Independencia de los Estados Unidos (1776-1783). Pero el muy corto alcance del trabuco limitaba su efectividad en un combate convencional.

El trabuco siguió siendo popular en las primeras décadas del siglo XIX, hasta que fue sustituido por la escopeta como arma defensiva preferida a corto alcance.

ARMA-TRAMPA
Hecha para la caza, más que para el ataque o la defensa contra blancos humanos, esta arma-trampa europea del siglo XIX con cápsula de percusión tiene un cañón tipo trabuco. Las armas-trampa estaban conectadas a una trampa con cebo por un cordel o un alambre; cuando el animal cogía el cebo, el cordel o el alambre accionaba el gatillo y disparaba el arma.

---

[53] El Ejército Continental era el nombre de las fuerzas armadas de las Trece Colonias (que no serían Estados Unidos hasta 1783) en la Revolución americana o guerra de Independencia de los Estados Unidos.

PISTOLA-TRABUCO FRANCESA

Aunque la mayor parte de los trabucos tenían culatas como las de los fusiles, los armeros de los siglos XVIII y XIX también producían pistolas-trabuco, como el arma francesa mostrada aquí. A menudo eran llevadas por oficiales navales, y también fueron muy utilizadas en las luchas callejeras durante la Revolución francesa.

TRABUCO INDIO

Este trabuco indio del siglo XVIII se diferencia de sus equivalentes europeos en que tiene un cañón de acero y no de latón, y en que usa una llave de mecha, un sistema obsoleto en Europa y las Américas desde hacía mucho tiempo. El cañón de 28 cm está decorado con un dibujo de escamas de pez. El objeto en forma de aguja unido al arma es un punzón para el oído, utilizado para limpiar residuos de pólvora del conducto que comunica la llama de la mecha con la carga de pólvora[54].

TRABUCO AMERICANO

El arsenal del Gobierno estadunidense en Harper's Ferry, Virginia[55], produjo este trabuco en 1814. Al igual que otras naciones, los Estados Unidos produjeron trabucos para ser utilizados por los marineros y marines, y también como arma de baluarte en los fuertes en tierra. Meriwether Lewis y William Clark también llevaron un par de trabucos con ellos en su famosa expedición de exploración del Oeste americano (1804-1806)[56].

TRABUCO TURCO

Este trabuco bellamente decorado fue regalado al general francés Aimable-Jean-Jacques Pélissier, más tarde duque de Malakoff, por parte de su esposa. Puede que lo tuviese con él en el sitio de Sebastopol, durante la guerra de Crimea (1854-1855).

TRABUCO EUROPEO

Un ejemplar de trabuco de cañón particularmente corto, probablemente hecho a comienzos del siglo XIX. Algunos de los mejores armeros de la época, como Henry Nock (1741-1804) de Birmingham y Londres, producían trabucos.

---

[54] En realidad, el oído comunica el fogón con la recámara.

[55] La ciudad de Harpers Ferry (o Harper's Ferry) se encuentra en la actualidad en el estado de Virginia Occidental, que se separó del estado de Virginia durante la guerra de Secesión americana [N. del T.].

[56] La expedición de Lewis y Clark constituye uno de los pilares de la historia y del folclore estadounidenses. La expedición buscaba el famoso «Paso del Noroeste» que comunicase el océano Atlántico con el Pacífico. Lewis y Clark partieron del río Ohio, exploraron el curso del río Missouri y fueron los primeros en llegar por tierra desde la costa atlántica de los Estados Unidos hasta la del Pacífico. Si bien no encontraron el famoso paso (porque no existía), constituye todo un logro en la exploración del continente americano: se realizaron importantes descubrimientos científicos y afianzó la reclamación estadounidense del Territorio de Oregón.

ARMAS NAVALES

Desde la Antigüedad hasta bien entrado el siglo XVI, la guerra naval en el mundo occidental era una extensión de la lucha en tierra. Las batallas navales normalmente tenían lugar cerca de la costa y en ellas combatían galeras propulsadas a remo. El objetivo era embestir al enemigo con el espolón de la galera, o acercarse lo bastante para engarfiar el barco enemigo. Entonces los soldados, pertrechados con armas convencionales de infantería (lanzas, espadas y arcos), abordaban la galera enemiga para luchar en cubierta. Pero a mediados del siglo XVII, el buque de vela había evolucionado hasta ser una plataforma estable para cañones pesados. En la Edad de la Vela resultante y que duró hasta la llegada de los barcos de vapor 200 años más tarde, las batallas navales a gran escala veían cómo columnas de navíos se machacaban unos a otros a cañonazos a distancias de 122 m o menos, mientras cada bando esperaba romper la línea enemiga y desarbolar[57] sus barcos.

LA ANDANADA

Ya en el siglo XIV se habían instalado cañones pesados en los barcos europeos, pero los colocaban en «castillos» en la cubierta principal, lo que limitaba su número y utilidad. Durante el reinado de Enrique VIII de Inglaterra (1491-1547; reinó de 1509 a 1547), los barcos de guerra ingleses comenzaron a instalar cañones en las cubiertas inferiores, disparando a través de portas que podían ser cerradas cuando no se estaba en combate. Así comenzó una evolución que llevó finalmente a los masivos «navíos de línea» de las guerras napoleónicas (vid. pp. 106-109). Estos navíos podían llevar hasta 136 cañones entre dos y cuatro cubiertas[58].

Los cañones navales de la época, que se cargaban por la boca y estaban hechos de latón o hierro, se clasificaban por el peso de las balas que disparaban, siendo 11 kg y 15 kg los calibres más habituales. El proyectil habitual era la bala redonda de hierro, pero también se utilizaban proyectiles especializados, como las balas encadenadas (dos balas pequeñas o medias balas unidas por una cadena, destinadas a desgarrar la arboladura enemiga). Además de estos «cañones largos», los navíos de la época también llevaban carronadas, cañones más cortos que disparaban munición del mismo calibre y que se usaban a corto alcance.

El efecto de una andanada (la descarga de todos los cañones de un costado de un barco de una sola vez) era devastador. El peso de la andanada del HMS *Victory* de la Armada británica (el buque insignia del almirante Horatio Nelson en la batalla de Trafalgar) era de 522 kg.

¡AL ABORDAJE!

Los buques de guerra de la Edad de la Vela normalmente llevaban también un destacamento de infantes de Marina; en la batalla estos «soldados del mar» subían a las cofas (plataformas en los mástiles) para disparar con fusiles a los marineros enemigos y, si la distancia era lo bastante corta, para lanzar granadas a la cubierta del barco enemigo. Si el barco se ponía junto al de su oponente, tanto infantes de Marina como marineros constituían una partida de abordaje, armados con armas que podían incluir picas[59] (*vid.* pp. 36-39), sables de abordaje (espadas curvas relativamente cortas), trabucos (*vid.* pp. 98-99), mosquetones (fusiles de cañón corto) y pistolas. Como era prácticamente imposible recargar un arma de avancarga en mitad de una pelea en cubierta después de dispararlas, se daba la vuelta a las armas y se las utilizaba como mazas.

FUEGO GRIEGO

Un arma naval devastadora se ha perdido: el fuego griego. Desarrollado en el Imperio bizantino en el siglo VII, era un componente inflamable que quemaba todo (o a todos) lo que golpeaba y era casi imposible de apagar. No hace falta decir que era un arma terrible. El fuego griego fue utilizado en batallas terrestres, pero resultó ser especialmente adecuado para la guerra naval, pues ardía incluso sobre el agua. Descargando el líquido en llamas desde tubos montados en la proa del barco, la Armada bizantina lo utilizó con éxito para repeler varios intentos de invasiones navales enemigas entre los siglos VIII y XI. La composición de esta precoz «superarma» era un secreto guardado tan celosamente, que al final los bizantinos descubrieron que nadie recordaba cómo fabricarla. Los historiadores modernos aún debaten qué componía exactamente el fuego griego, pero probablemente era una mezcla de productos químicos con algún tipo de aceite.

---

[57] Desarbolar un barco consiste en inutilizarlo destruyendo sus aparejos.

[58] En realidad, pocos navíos tenían más de un centenar de cañones, y el único con cuatro cubiertas (y 140 cañones) fue el navío español *Santísima Trinidad*, el barco más grande de su época.

[59] Estas picas eran algo más cortas que las que se utilizaban en tierra, para que no se enredasen en los aparejos, y se llamaban «medias picas».

SABLE DE ABORDAJE

El sale de abordaje, una espada de corte de hoja corta y ancha, era uno de los pilares de las partidas de abordaje de la Edad de la Vela. Su tamaño relativamente compacto lo hacía fácilmente maniobrable en la caótica y abarrotada lucha cuerpo a cuerpo en la cubierta de un barco. La mayoría de los sables de abordaje (como el modelo británico aquí mostrado) tenía un guardamano robusto, tanto para proteger la mano del usuario como para golpear a un enemigo.

LANZAGRANADAS

Una interesante arma naval británica del siglo XVIII, este mortero de mano era utilizado para lanzar un tipo de granada incendiaria. Se introducía en el cañón un proyectil de madera con un extremo empapado en brea (una resina inflamable) y rematado en un paño ardiendo. Entonces se disparaba el arma, lanzando el proyectil en llamas a la cubierta o aparejos del barco enemigo con la esperanza de prenderle fuego.

DIRK

Tradicionalmente, los guardiamarinas (cadetes navales) llevaban un *dirk* (*vid*. p. 48) como el mostrado aquí[60], que data del reinado de Jorge III (1738-1820; rey de Inglaterra e Irlanda de 1760 a 1820). Normalmente tenía una hoja de hasta 61 cm y se llevaba en el cinto.

PISTOLA BELGA

Una pistola naval belga del calibre .74 manufacturada hacia 1810, según las marcas de prueba del cañón (llamadas habitualmente «punzones»).

HACHA DE ABORDAJE BRITÁNICA

El hacha con cabeza en forma de media luna y el pincho curvado de la parte de atrás es típica del modelo naval europeo de comienzos del siglo XIX. Un hacha como esta era ideal para cortar cuerdas y destrozar los palos con el fin de inmovilizar un barco enemigo.

ÓRGANO DE BORDA

Un singular órgano de borda de un buque de.guerra austriaco. El arma consistía en una sección de 168 cm de la borda de un barco con diez cañones de pistola montados verticalmente[61] (faltan tres cañones). Cada cañón era cargado individualmente con pólvora de cebo distribuida a todos en un canal dentro de la borda. La idea era encender la carga y disparar todos los cañones en el momento en que una partida de abordaje enemiga intentase abordar. Se desconoce su efectividad.

---

[60] Aunque no lo especifica, se supone que el autor se refiere a los guardiamarinas británicos.
[61] Pero aquí parece que están montados horizontalmente.

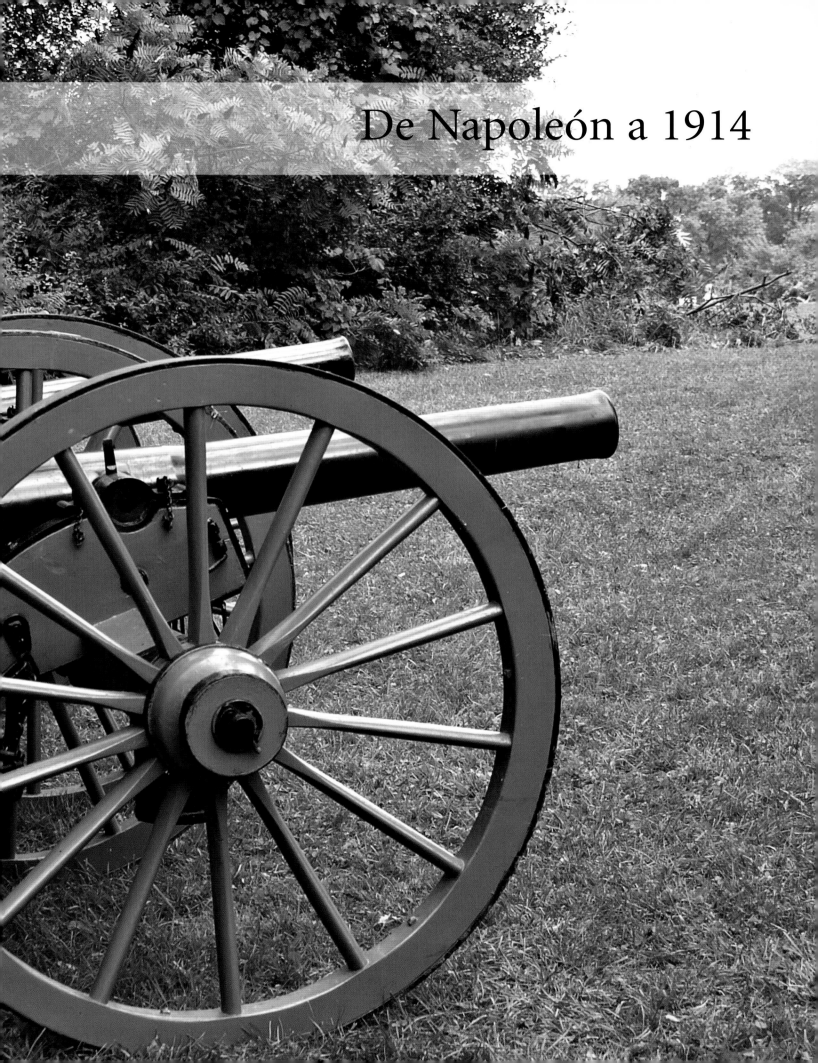

De Napoleón a 1914

«A la izquierda y a la derecha os encierran dos mares, sin siquiera un solo barco para escapar; […] los Alpes detrás, que apenas pudisteis cruzar cuando estabais frescos y vigorosos, os cortan el paso. Aquí, soldados, donde os habéis enfrentado al enemigo por primera vez, debéis vencer o morir».

—Aníbal arengando a sus tropas, 218 a.C.

El periodo que va de la batalla de Waterloo en 1815 al estallido de la Primera Guerra Mundial, casi un siglo más tarde, vio progresar la tecnología armamentística a grandes saltos. A mediados del siglo XIX, el fusil de ánima lisa había sido remplazado por el rifle, un arma de mucho más alcance y precisión. El mecanismo de la llave de pedernal fue sustituido, primero por la cápsula de percusión, luego por armas que disparaban cartuchos de vaina metálica.

La introducción de estos cartuchos hizo viables las armas de repetición, que podían disparar varias balas sin recargar; y a finales del siglo XIX, la mayoría de los ejércitos estaba equipada con fusiles de cerrojo con cargador interno. El revólver, popularizado por Samuel Colt a mediados de siglo, proporcionaba a los individuos una pistola potente, y los inventores habían desarrollado pistolas semiautomáticas a finales de la centuria. Los últimos años del siglo XIX presenciaron también la invención de la ametralladora de Hiram Maxim, un arma que disparaba continuamente mientras se apretase el gatillo. Ahora que las armas de fuego dominaban completamente el campo de batalla, las armas de filo como las espadas fueron relegadas cada vez más a un papel ceremonial, salvo en aquellas partes del mundo que permanecían relativamente aisladas de la tecnología occidental.

ARMAS DE LAS GUERRAS NAPOLEÓNICAS

El 14 de julio de 1789 una multitud parisina asaltó la prisión de la Bastilla, símbolo infame del poder real, provocando el estallido de la Revolución francesa y comenzando una serie de acontecimientos que llevaron a Europa y, con el tiempo, a gran parte del mundo, a la guerra[62]. Del caos de la Francia revolucionaria surgió un líder, Napoleón Bonaparte, cuyo asombroso éxito como comandante militar estableció los cimientos de su poder político[63]. Las guerras napoleónicas, que duraron desde 1799 hasta la derrota definitiva del Bonaparte en Waterloo en 1815[64], no vieron ningún avance extraordinario en el armamento, pero Napoleón aprovechó magistralmente las armas existentes en su época para conquistar gran parte de Europa.

ARMAS DE INFANTERÍA

El arma más común de la infantería en las guerras napoleónicas era el fusil de avancarga, de ánima lisa y llave de pedernal (*vid.* p. 74). La infantería de Napoleón solía llevar el fusil Charleville del calibre .69, llamado así por el arsenal de las Ardenas donde se produjo el arma por primera vez en 1777. Entre los enemigos de Napoleón, los británicos utilizaban el venerable fusil Land Pattern («diseño de tierra») del calibre .75, conocido popularmente como «Brown Bess»; el Ejército prusiano fue equipado después de 1809 con un fusil del calibre .75, inspirado en gran medida en el Charleville francés; mientras que el Ejército ruso utilizaba una gran variedad de fusiles de varios calibres, importados y fabricados en Rusia, antes de establecer como reglamentario en 1809 un arma de 17,78 mm.

El fusil de ánima lisa era inherentemente impreciso, con un alcance efectivo no superior a 90 m. Pero la precisión no era un factor en las tácticas de la época, que se basaban en formaciones masivas de infantería disparándose descargas cerradas para enviar un «muro de plomo» contra el enemigo. Si el enemigo rompía la formación ante este fue-go intenso, seguía normalmente una carga a la bayoneta, aunque el efecto de la bayoneta era sobre todo psicológico[65].

Todos los ejércitos de la época tenían unidades que llevaban el rifle, mucho más preciso, pero como tardaban aún más en cargarse que los fusiles de ánima lisa, su uso estaba muy limitado a estas tropas especializadas y a menudo de élite. El rifle más conocido de la época era el rifle Baker, diseñado por el armero londinense Ezekiel Baker e incorporado al Ejército británico hacia 1800. En 1809, en España, un tirador británico mató a un general francés utilizando un Baker a una distancia que pudo haber llegado a ser de hasta 550 m.

ARMAS DE CABALLERÍA

Las tropas montadas de los ejércitos de la época napoleónica estaban divididas en caballería ligera y pesada. Ambas llevaban espadas, normalmente sables diseñados para cortar, aunque los franceses mantenían una preferencia por atravesar a sus oponentes con la punta de sus espadas. La caballería ligera a menudo combatía desmontada utilizando carabinas o pistolas. La caballería pesada, como los coraceros del Ejército francés, normalmente combatía a caballo y estaba armada con espadas pesadas y rectas.

SABLE PARA JÓVENES
Un sable «para jóvenes», a escala reducida, del periodo revolucionario, cuando el Gobierno francés reclutó ejércitos masivos para repeler las invasiones de otras potencias europeas.

El Ejército francés también utilizaba lanceros (tropas montadas armadas con lanzas), como hacían sus oponentes en las fuerzas rusas, prusianas y austriacas. Los lanceros eran a menudo empleados contra las formaciones de infantería, ya que sus lanzas podían golpear desde más allá del alcance de una bayoneta.

Las armas de filo no estaban limitadas a las tropas montadas. Los oficiales de todas las ramas militares seguían usando espadas, y los suboficiales en muchos ejércitos aún llevaban armas de asta (*vid.* pp. 36-39).

---

[62] En realidad, la Revolución había comenzado 24 días antes, el 20 de junio, cuando los diputados del Tercer Estado pronunciaron el famoso «Juramento del Juego de Pelota», por el que se comprometían a no cejar hasta darle a Francia una Constitución.

[63] Napoleón Bonaparte (1769-1821) fue un extraordinario general francés que aprovechó la inestabilidad política de la Francia revolucionaria para tomar el poder en 1799, proclamándose Primer Cónsul de Francia. En 1802 se proclamó Cónsul Vitalicio y en 1804, Emperador de los Franceses. Su agresiva política exterior le llevó a estar en guerra con la mayor parte de los países europeos y, a pesar de obtener grandes victorias, su desastrosa invasión de Rusia y su derrota en Leipzig (1813) provocaron su caída. En 1814 se vio obligado a abdicar y, aunque volvió al poder en 1815, su derrota en Waterloo pocos meses más tarde provocó su exilio a la isla de Santa Elena, donde murió. Además de por su extraordinario talento militar, Bonaparte destacó como legislador (estableció el famoso Código Napoleónico, que es la base del derecho civil y penal actuales en muchos países europeos) y como monarca ilustrado.

ARTILLERÍA NAPOLEÓNICA

Napoleón comenzó su carrera militar como artillero y, durante su reinado, la artillería del Ejército francés ganó una reputación de excelencia. Esto era particularmente cierto para las unidades de artillería a caballo, equipadas con cañones relativamente ligeros y móviles (como la pieza de cañón de latón aquí mostrada) que podían ser colocados rápidamente en posición y utilizados para apoyar directamente a la infantería. Estas armas podían disparar balas redondas (de hierro sólido) o, a distancias más cortas, metralla, que consistía en un montón de pequeñas bolas metálicas que salían disparadas de la boca del cañón como una explosión. Los historiadores debaten la efectividad de la artillería napoleónica. Algunos afirman que en muchas batallas era el arma más mortífera de todas; otros afirman que, al igual que la bayoneta, el fuego de artillería servía sobre todo para desmoralizar al enemigo.

CAÑÓN DE ARTILLERÍA DE BRONCE
Con los avances en la construcción y en el uso del bronce, los franceses fueron capaces de hacer cañones como este ejemplar[66], que pesaba la mitad que los modelos de 30 años antes. Esto aumentaba enormemente la movilidad de esta arma, lo que permitía que se utilizase con mayor frecuencia.

BASTÓN-ESPADA DE NAPOLEÓN
Una admiradora regaló este bastón-espada a Napoleón en 1799, año en que se proclamó Primer Cónsul de Francia. El mango tiene un escudo con la letra N de madreperla incrustada. La vaina de madera que cubre la hoja de 76 cm está enmarcada en latón y cobre.

UNA NACIÓN EN ARMAS

El éxito de Napoleón Bonaparte en el campo de batalla no se debe a ninguna gran innovación en armamento, sino más bien a su excelencia como comandante, además de su explotación sin escrúpulos de los recursos humanos disponibles. Durante la Revolución francesa, el relativamente pequeño ejército profesional del régimen borbónico fue remplazado por un ejército de leva, la famosa *Levée en Masse* (reclutamiento masivo). Napoleón se apropió de la innovación de la leva para sus propios fines dictatoriales, reclutando a dos millones y medio de franceses para el servicio militar entre 1804 y 1813. La prodigalidad del Emperador con las vidas de sus soldados era legendaria; como dijo al conde Metternich[67] de Austria: «No puede usted detenerme. Gasto 30.000 hombres al mes».

---

[64] El autor tiene razón cuando afirma que las guerras napoleónicas comenzaron en 1799, pues esa es la fecha en que Napoleón se proclamó Primer Cónsul y asumió el poder político en Francia. Pero las guerras entre Francia y los demás países europeos (y en las que el propio Napoleón había tenido un papel cada vez más importante) comenzaron en 1792, cuando la Asamblea Nacional francesa declaró la guerra a Austria y Prusia; por eso los franceses utilizan la expresión «guerras de la Revolución y el Imperio».

[65] En realidad, la carga a la bayoneta era la base de las tácticas francesas en estas guerras, y todos los ejércitos las empleaban en mayor o menor medida. De hecho, hasta mediados del siglo XIX aún morían más soldados por efecto de las armas blancas que de los disparos.

[66] Aunque, como el mismo autor indica en el texto, en este caso es de latón.

[67] Klemens von Metternich (1773-1859), conde y luego príncipe de Metternich-Vinneburg, fue un destacado diplomático austriaco que dirigió en gran medida la política exterior de su país en la primera mitad del siglo XIX. Fue uno de los enemigos más tenaces de Napoleón Bonaparte y organizó numerosas coaliciones militares contra él.

PISTOLAS BRITÁNICAS

En 1796 el Ejército británico adoptó la pistola de arzón New Land Pattern (Nuevo Diseño de Tierra), del calibre .65, para que fuese usada por la caballería, aunque la pistola no fue fabricada en grandes cantidades hasta 1802. El arma incorporaba un atacador rotatorio (visible en la pistola superior en esta fotografía), lo que simplificaba la recarga a caballo. La pistola de abajo es una versión modificada.

RIFLE DE TAMBORILERO

Recogido en el campo de combate tras la batalla de Waterloo, este fusil era portado por un tamborilero del ejército de Napoleón. El arma tiene una longitud total de 88 cm, en lugar de los 152 cm del fusil francés estándar del modelo Charleville, con una bayoneta igualmente reducida. Más tarde la llave de pedernal fue adaptada al mecanismo de percusión de cápsula fulminante (vid. pp. 114-115).

RIFLE DE AIRE COMPRIMIDO

Una de las armas más inusuales utilizadas durante las guerras napoleónicas fueron los rifles de aire comprimido utilizados por el Ejército austriaco en 1808-1809. Las armas de aire comprimido para disparar un proyectil (similares a la mostrada arriba) fueron introducidas en el siglo XVII y tenían ventajas obvias sobre la pólvora: el aire comprimido hace poco ruido y no produce humo ni una llamarada que delate la posición del tirador. Estas cualidades los hacían ideales para los francotiradores. El arma austriaca conocida como *windbüchse* («rifle de viento» en alemán) fue elaborada por primera vez por Bartolomeo Girandoni alrededor de 1780. Los informes sobre las especificaciones del arma varían, pero aparentemente podía disparar una bala del calibre .51 o .52 a velocidades de hasta 305 m por segundo, y podía disparar hasta 20 tiros de una sola carga de aire comprimido. Al principio el *windbüchse* fue destinado a las unidades de infantería convencional, pero finalmente los austriacos formaron una unidad armada exclusivamente con esta arma. Aunque el uso del *windbüchse* no fue suficiente por sí solo para derrotar a las tropas francesas, se dice que el miedo que inspiraba era tal que el propio Napoleón autorizó la ejecución sumaria de cualquier soldado austriaco al que se le encontrase llevando uno. A pesar de su efectividad, el rifle de aire comprimido nunca llegó a consolidarse como arma militar, probablemente por el tiempo que exigía el bombeo necesario para producir suficiente aire a presión, además de su reputación como «arma de terror».

ESPADA DE CABALLERÍA BRITÁNICA

El sable de caballería ligera británica modelo 1796 era al mismo tiempo un arma hermosa y efectiva, tan efectiva que el Ejército prusiano, aliado de los británicos en la lucha contra Napoleón, lo adoptó también como arma reglamentaria. Su diseño probablemente está inspirado en el *tulwar* indio (*vid*. p. 88). Diseñado como arma de corte, la hoja de 84 cm de este sable infligía heridas tan terribles que, según algunas fuentes, los oficiales franceses protestaron por su uso.

ESPADA DE LA GUARDIA

Tras la abdicación como emperador de Napoleón en abril de 1814 se restauró en Francia el régimen monárquico bajo Luis XVIII, una restauración interrumpida temporalmente por la huida de Napoleón de la isla de Elba en 1815. Un miembro de la Guardia de Corps del Rey llevaba este sable modelo 1814, con una guarnición de media cazoleta de latón decorada con el escudo real llevando las tres lises, una flor que había simbolizado la monarquía francesa desde el siglo XIV. La hoja también muestra lises alrededor de las letras grabadas que identifican la espada como la de la Guardia Real.

DE LA LLAVE DE PEDERNAL AL PERCUTOR

A comienzos del siglo XIX, la llave de pedernal (*vid.* pp. 68-73) llevaba dos siglos siendo el mecanismo de disparo habitual de las armas de fuego. Las desventajas de la llave de pedernal: su vulnerabilidad a una meteorología inclemente y el retraso entre la ignición de la pólvora (cebo) en la cazoleta y la de la carga principal llevó a varios inventores a desarrollar sistemas de disparo que utilizaban el golpeo de un martillo sobre componentes químicos, como el fulminato de mercurio, en tanto medio de ignición. Aplicado primero a las armas de caza, el sistema de percusión (llamado a veces llave de percusión) se extendió al uso militar a mediados del siglo XIX.

PRIMERAS ARMAS DE PERCUSIÓN

El sistema de percusión fue inspirado por la frustración de un cazador. Un clérigo escocés, el reverendo Alexander Forsyth, se dio cuenta de que el intervalo entre apretar el gatillo y el disparo en sí de su arma de caza daba a los pájaros suficiente tiempo de advertencia para escapar. Hacia 1805, Forsyth desarrolló un nuevo sistema de disparo por el cual un martillo (llamado «percutor») golpeaba una aguja insertada en una pequeña botella que contenía una mínima carga detonadora, que a su vez disparaba la carga de pólvora en el cañón del arma. El mecanismo de «frasco de perfume» de Forsyth, como se lo llamó por su forma, fue un gran avance, aunque las armas basadas en este sistema tenían sus inconvenientes, como la posibilidad de que explotase el «frasco» entero. Pero inspiró a varios armeros (incluyendo algunos notables, como Joseph Manton) a trabajar en sistemas alternativos, especialmente cuando la patente británica de Forsyth expiró en 1821. En palabras del historiador de armas Richard Akehurst, comenzaron a usarse una plétora de «cajitas, envoltorios, tubos y cápsulas» conteniendo detonantes disparados por percusión.

LA CÁPSULA DE PERCUSIÓN

La variedad que finalmente consiguió aceptación unánime fue la cápsula metálica (primero de acero, más tarde de cobre) llena de un compuesto basado en el fulminante de mercurio. La cápsula era colocada en una chimenea sobre la recámara y golpeada por el percutor cuando el tirador apretaba el gatillo.

Hay cierta discusión sobre cómo y cuándo se desarrolló la cápsula metálica de percusión, pero se concede el mérito al artista americano nacido en territorio inglés Joshua Shaw (1776-1860), quien lo desarrolló hacia 1814, pero no lo patentó hasta varios años más tarde. Aunque llegaron a utilizarse algunos otros sistemas de percusión (como el sistema de cinta enrollada con fulminantes inventado en la década de 1840 por el inventor americano Edward Maynard [1813-1891], que funcionaba de forma muy parecida a una pistola de pistones de juguete contemporánea), la cápsula metálica destacó y se volvió estándar desde la década de 1820. La popularidad del sistema de percusión se vio beneficiada por la relativa facilidad con la que las armas de llave de pedernal podían ser adaptadas al nuevo mecanismo.

Las ventajas del sistema de percusión sobre la llave de pedernal eran considerables. Era fiable con cualquier clima y mucho menos proclive a fallos de funcionamiento. El sistema también facilitaba la aparición de armas de repetición fiables, especialmente el revólver (*vid.* pp. 126-133). Aun así, hicieron falta varias décadas para que el sistema de percusión fuese aceptado en los círculos militares. (Se dice que Napoleón Bonaparte estaba interesado en desarrollar armas ba-

sadas en el sistema Forsyth, pero que el patriótico reverendo rechazó las ofertas del dictador francés). No fue hasta comienzos de la década de 1840, cuando el Ejército británico comenzó a adaptar los fusiles que ya tenía al sistema de percusión, cuando este sistema se volvió la norma en los ejércitos de la época.

Los días de gloria de la cápsula fulminante fueron relativamente breves. Las armas de percusión aún tenían los defectos de las armas de avancarga, pero después de la aparición del cartucho metálico autónomo en la década de 1850 (*vid.* p. 130), dieron paso a las armas que disparaban con cartuchos.

HARPER'S FERRY

En 1841 el otro gran arsenal de los Estados Unidos (en Harper's Ferry, Virginia) comenzó a producir un nuevo fusil de percusión de ánima lisa. Los arsenales de Springfield y de Harper's Ferry juntos fabricaron más de 175.000 fusiles modelo 1842 (como el mostrado aquí) antes de 1855, cuando se introdujo una versión de ánima rayada. Muchos fusiles del modelo 1842 fueron devueltos a los arsenales para rayar sus ánimas y que pudiesen aceptar la nueva munición con la bala Minié (*vid.* p. 135).

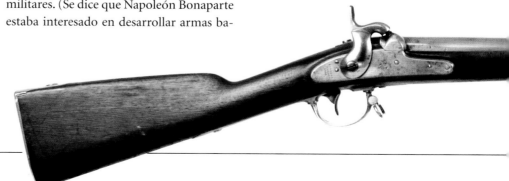

SPRINGFIELD

El fusil estadounidense de calibre .69 modelo 1835, fabricado en el arsenal del Gobierno en Springfield, Massachusetts, fue una de las últimas armas largas oficiales de ánima lisa en servicio oficial en Estados Unidos. Se hicieron unos 30.000 entre 1835 y 1844. Aunque originalmente eran de pedernal, estos fusiles fueron adaptados al sistema de percusión a partir de finales de la década de 1840. En detalle (arriba) se muestra el mecanismo con el percutor en la chimenea en la que se colocaba la cápsula fulminante.

PISTOLA ESPAÑOLA

La incompatibilidad entre los sistemas de percusión desarrollados a comienzos del siglo XIX llevó al desarrollo de armas de «ignición dual». Esta singular pistola con cañón de latón tiene un mecanismo de disparo que podía usar tanto el sistema de ignición Forsyth como la más tardía cápsula fulminante.

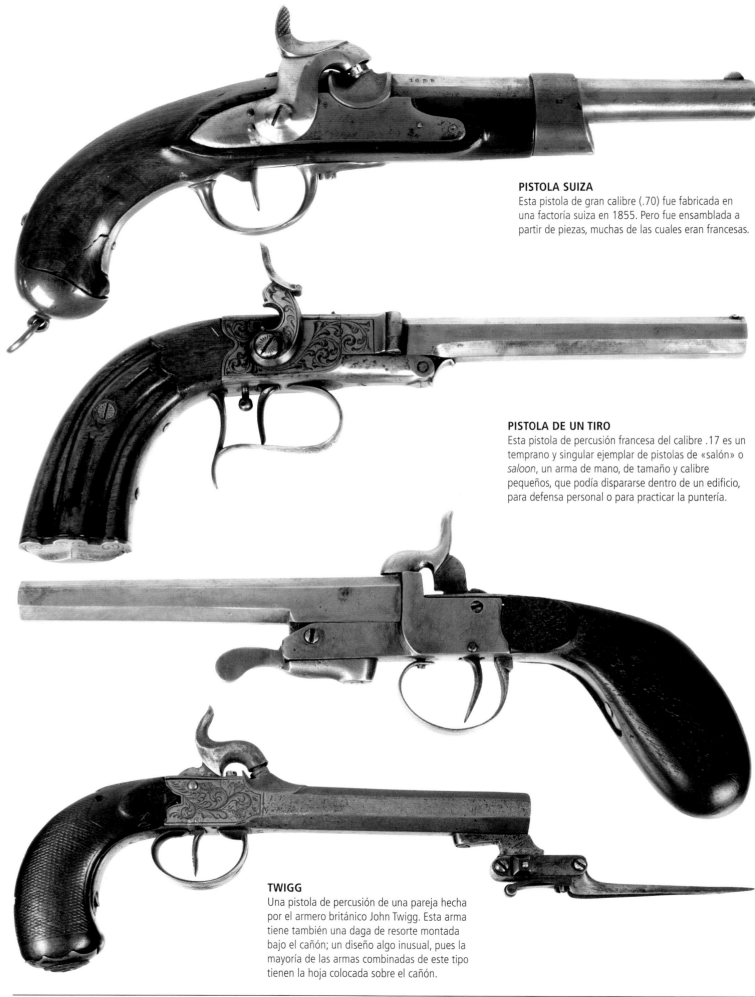

PISTOLA SUIZA
Esta pistola de gran calibre (.70) fue fabricada en
una factoría suiza en 1855. Pero fue ensamblada a
partir de piezas, muchas de las cuales eran francesas.

PISTOLA DE UN TIRO
Esta pistola de percusión francesa del calibre .17 es un
temprano y singular ejemplar de pistolas de «salón» o
saloon, un arma de mano, de tamaño y calibre
pequeños, que podía dispararse dentro de un edificio,
para defensa personal o para practicar la puntería.

TWIGG
Una pistola de percusión de una pareja hecha
por el armero británico John Twigg. Esta arma
tiene también una daga de resorte montada
bajo el cañón; un diseño algo inusual, pues la
mayoría de las armas combinadas de este tipo
tienen la hoja colocada sobre el cañón.

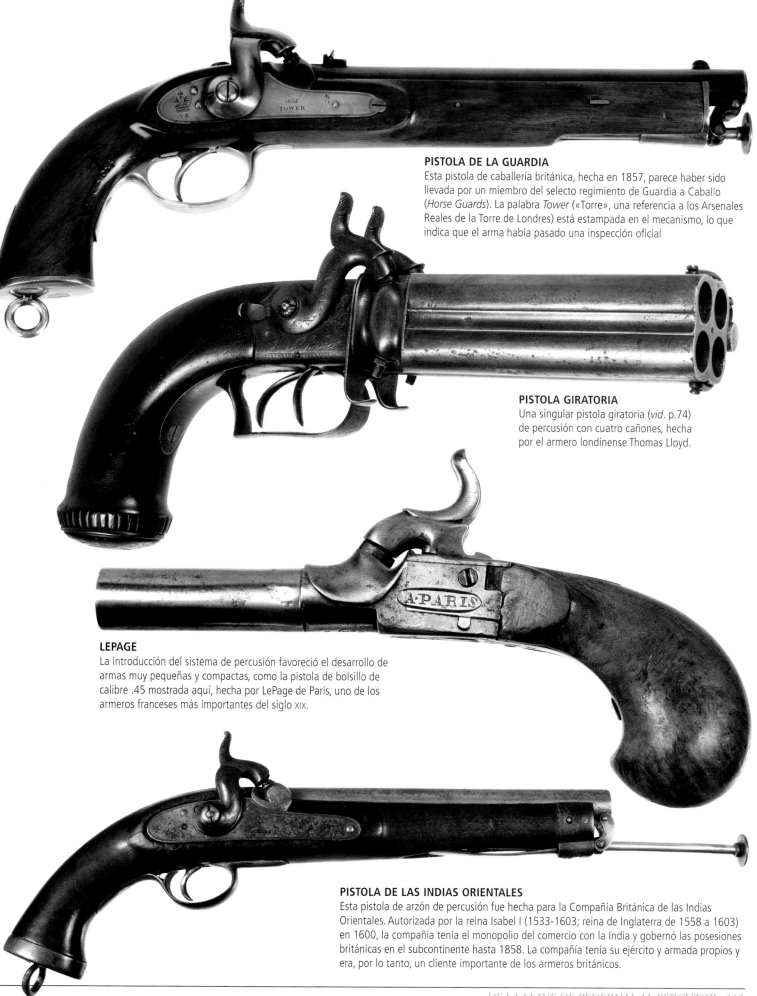

PISTOLA DE LA GUARDIA

Esta pistola de caballería británica, hecha en 1857, parece haber sido llevada por un miembro del selecto regimiento de Guardia a Caballo (*Horse Guards*). La palabra *Tower* («Torre», una referencia a los Arsenales Reales de la Torre de Londres) está estampada en el mecanismo, lo que indica que el arma había pasado una inspección oficial

PISTOLA GIRATORIA

Una singular pistola giratoria (*vid.* p.74) de percusión con cuatro cañones, hecha por el armero londinense Thomas Lloyd.

LEPAGE

La introducción del sistema de percusión favoreció el desarrollo de armas muy pequeñas y compactas, como la pistola de bolsillo de calibre .45 mostrada aquí, hecha por LePage de París, uno de los armeros franceses más importantes del siglo XIX.

PISTOLA DE LAS INDIAS ORIENTALES

Esta pistola de arzón de percusión fue hecha para la Compañía Británica de las Indias Orientales. Autorizada por la reina Isabel I (1533-1603; reina de Inglaterra de 1558 a 1603) en 1600, la compañía tenía el monopolio del comercio con la India y gobernó las posesiones británicas en el subcontinente hasta 1858. La compañía tenía su ejército y armada propios y era, por lo tanto, un cliente importante de los armeros británicos.

ADAPTACIONES DE LA LLAVE DE PEDERNAL AL SISTEMA DE PERCUSIÓN

Adaptar un arma de pedernal al sistema de percusión era un proceso bastante fácil; los armeros solo tenían que remplazar el fogón por una chimenea para el fulminante y cambiar la patilla por un percutor. Por este motivo, muchos fusiles de pedernal y otras armas de fuego fueron adaptados conforme el sistema de percusión ganaba popularidad. Aquí se muestran algunos ejemplos interesantes e inusuales de adaptaciones.

PISTOLA-TRABUCO ESPAÑOLA
Esta pistola-trabuco española (*vid*. 98-99) fue adaptada de la llave de pedernal a la de percusión. También tiene una daga de resorte montada sobre el cañón.

RIFLE INDIO

Una desventaja del sistema de percusión era que el arma solo podía disparar mientras el tirador tuviese fulminantes. Algunos armeros solventaron este problema creando armas que utilizaban tanto el sistema de percusión como la llave de pedernal. El ingenioso rifle aquí mostrado tiene un fogón rotatorio (para encender la pólvora en el sistema de llave de pedernal) y una chimenea (para las cápsulas fulminantes); la parte de debajo de la patilla de la llave de pedernal funciona también como percutor.

FUSIL CHINO

Un armero chino adaptó lo que era originalmente un arma de llave de mecha (*vid*. pp. 66-67), probablemente hecha en el siglo XVIII, en un arma de fuego de percusión. Pero, en este caso, el mecanismo de mecha original fue modificado en lugar de ser remplazado por completo. El tirador tenía que sujetar un gancho en la parte de atrás del percutor, que caía para golpear la cápsula fulminante cuando se apretaba el gatillo.

PISTOLA DE IGNICIÓN DUAL

Hecha probablemente en Suiza hacia 1840, esta pistola cuenta tanto con el mecanismo de llave de pedernal como con el de percusión.

BOUTET

Un oficial del Ejército francés poseía esta pistola, hecha originalmente por Nicholas Boutet, director del Arsenal de Versalles, a comienzos del siglo XIX.

LA ESPADA DEL SIGLO XIX

Ya antes del fin de las guerras napoleónicas en 1815, el papel de la espada como verdadera arma de combate estaba en declive en el mundo occidental. Las espadas, especialmente los sables, continuaron siendo usados por las tropas a caballo, pero conforme avanzaba el siglo XIX, el desarrollo de los revólveres (*vid.* pp. 126-121) y de las carabinas de repetición (*vid.* pp. 136-137) apartó en gran medida a las espadas del combate real de caballería. Sin embargo, en todas las ramas de los ejércitos, la espada mantenía su papel ancestral como símbolo de la autoridad de los oficiales; aunque ahora, con la pistola como arma en combate del oficial, las espadas se llevaban cada vez más solo con uniformes de gala en ocasiones ceremoniales. En el mundo civil, el duelo con espadas continuó durante el siglo XIX, evolucionando al deporte moderno de la esgrima, mientras que el aumento de las hermandades en Europa y Estados Unidos creó una demanda de espadas puramente decorativas para ser llevadas en desfiles o usadas en ceremonias.

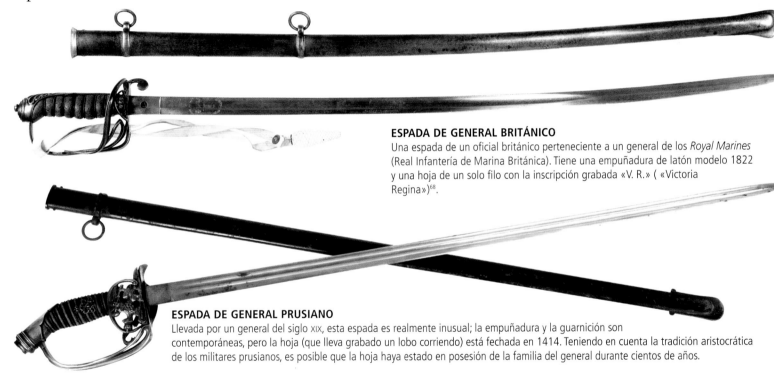

ESPADA DE GENERAL BRITÁNICO
Una espada de un oficial británico perteneciente a un general de los *Royal Marines* (Real Infantería de Marina Británica). Tiene una empuñadura de latón modelo 1822 y una hoja de un solo filo con la inscripción grabada «V. R.» («Victoria Regina»)[68].

ESPADA DE GENERAL PRUSIANO
Llevada por un general del siglo XIX, esta espada es realmente inusual; la empuñadura y la guarnición son contemporáneas, pero la hoja (que lleva grabado un lobo corriendo) está fechada en 1414. Teniendo en cuenta la tradición aristocrática de los militares prusianos, es posible que la hoja haya estado en posesión de la familia del general durante cientos de años.

LA COMPAÑÍA DE ESPADAS WILKINSON

Aunque el nombre de Wilkinson lleva mucho tiempo asociado a la fabricación de espadas, la compañía comenzó cuando el fabricante de pistolas Henry Nock abrió una tienda en la calle Ludgate, en Londres. Nock se convirtió en uno de los fabricantes de pistolas más famosos de su época, y, más tarde (1804) recibió una Comisión Real para fabricar pistolas para el rey Jorge III (1738-1820; rey de Inglaterra e Irlanda de 1760 a 1820). La compañía también hacía bayonetas para fusiles, y tras la muerte de Henry Nock en 1805, su yerno, Henry Wilkinson, diversificó la producción incluyendo espadas. Wilkinson trasladó las instalaciones de producción a Pall Mall, y la *Wilkinson Sword Company* (Compañía de Espadas Wilkinson) pronto ganó una reputación internacional por la gran calidad de sus espadas y otras armas de filo. Más avanzado el siglo XIX, la compañía comenzó a fabricar otros productos de metal, desde máquinas de escribir a herramientas de jardinería. La compañía Wilkinson también se convirtió en líder en la fabricación de navajas y cuchillas de afeitar tras inventar en 1898 la primera «cuchilla de seguridad», posición que aún mantiene.

[68] Una popular referencia en latín a la reina Victoria (1819-1901; reina de Inglaterra e Irlanda de 1837 a 1901 y emperatriz de la India de 1877 a 1901).

SABLE DE ARTILLERO FRANCÉS
Este sable francés modelo 1829 fue portado por un artillero a caballo. Su diseño influyó en los sables del Ejército estadounidense aparecidos alrededor de 1840.

ESPADA CORTA DE LOS ESTADOS UNIDOS
Con un diseño no muy diferente del de las espadas cortas de la Antigüedad (*vid*. p. 81)[69], esta arma está diseñada según el modelo 1832 de espada de los Estados Unidos para los soldados de la artillería a pie. Algunas fuentes dicen que no fue concebida como arma, sino como herramienta, sobre todo como machete para cortar matorrales y despejar el campo de tiro de las piezas de artillería.

SABLE BRITÁNICO DE 1831
El diseño de la espada modelo 1831 para generales británicos estaba inspirado en una espada india regalada a Arthur Wellesley, futuro duque de Wellington (1769-1852), cuando servía en el subcontinente. La hoja curvada similar a una cimitarra se apartaba de los modelos tradicionales británicos de espadas, al igual que la llamada empuñadura «mameluca», mostrada en detalle.

[69] Aunque en la página 81 se menciona una espada corta de la Antigüedad, la falcata (*vid*. nota 45), en realidad esta espada estadounidense se parece mucho más a otra espada corta ibera de la misma época: el gladius *hispaniensis* o *hispanicus*, de hoja recta y no curvada, y sin acanaladuras.

SABLE FRANCÉS DE 1845-1855

La espada francesa modelo 1855 tenía una guarnición de latón y una empuñadura forrada de tiras de zapa (una especie de cuero sin curtir hecho con piel de tiburones o de peces selacios). Al igual que el modelo 1829 francés mostrado en la página anterior, el diseño de esta espada influyó en el desarrollo de espadas del Ejército y la Armada estadounidenses de la misma época.

SABLE DE DRAGÓN

Espada de un oficial británico de dragones, con una empuñadura de zapa y una hoja de un solo filo y punta afilada. La hoja está damasquinada con emblemas de batallas, conmemorando Sebastopol (guerra de Crimea, 1854-1855) y Delhi (Motín de la India, 1857).

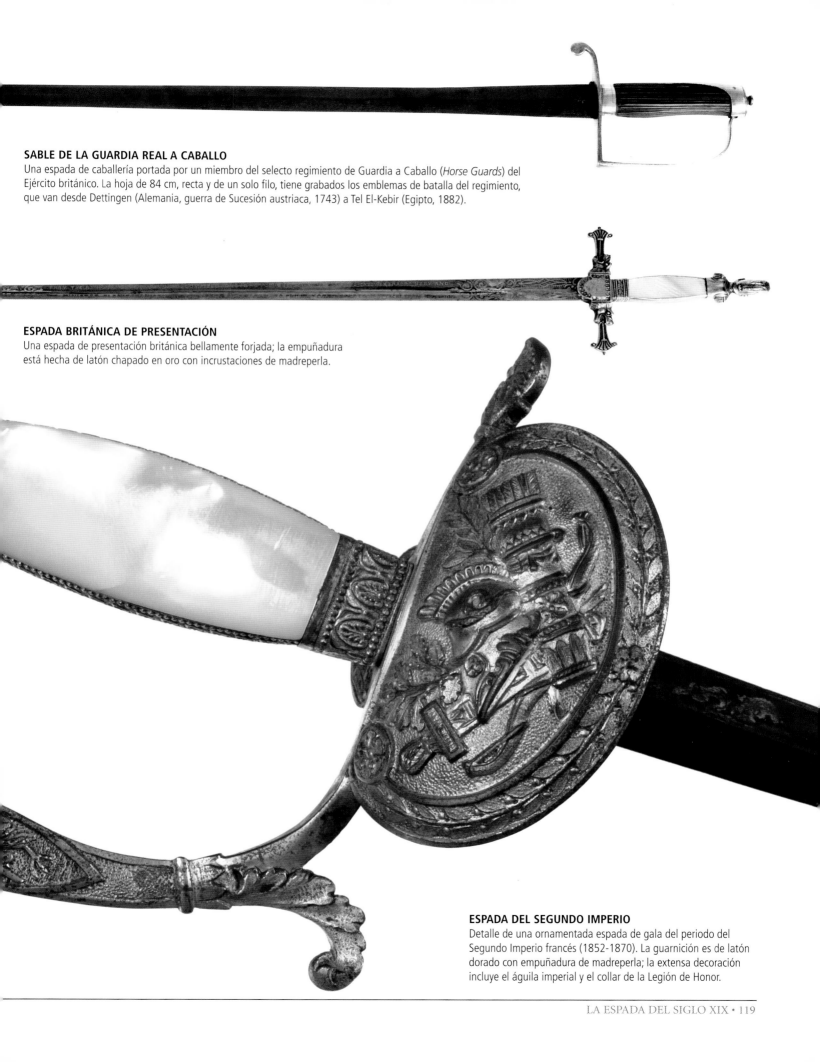

SABLE DE LA GUARDIA REAL A CABALLO
Una espada de caballería portada por un miembro del selecto regimiento de Guardia a Caballo (*Horse Guards*) del Ejército británico. La hoja de 84 cm, recta y de un solo filo, tiene grabados los emblemas de batalla del regimiento, que van desde Dettingen (Alemania, guerra de Sucesión austriaca, 1743) a Tel El-Kebir (Egipto, 1882).

ESPADA BRITÁNICA DE PRESENTACIÓN
Una espada de presentación británica bellamente forjada; la empuñadura está hecha de latón chapado en oro con incrustaciones de madreperla.

ESPADA DEL SEGUNDO IMPERIO
Detalle de una ornamentada espada de gala del periodo del Segundo Imperio francés (1852-1870). La guarnición es de latón dorado con empuñadura de madreperla; la extensa decoración incluye el águila imperial y el collar de la Legión de Honor.

LA CAÍDA DE PRUSIA

Parafraseando las palabras de un historiador, el Estado alemán de Prusia era un ejército con una nación adjuntada. La reputación de Prusia por proezas militares comenzó durante el reinado del rey Federico II (1712-1786, rey de Prusia de 1740 a 1786), a menudo llamado Federico el Grande, quien utilizó con gran éxito el ejército que su padre había creado en varias guerras contra los vecinos de Prusia. Tras las guerras contra Dinamarca (1864), Austria (1866) y Francia (1870-1871), Alemania se convirtió en una nación unificada, con el káiser (emperador) de la dinastía prusiana de los Hohenzollern como jefe de Estado. En 1888, Guillermo II (en la foto, a la derecha), un sobrino de la reina Victoria, se convirtió en káiser tras el breve reinado de su padre. Guillermo era un militarista ferviente, que mantuvo un gran ejército (de recluta forzosa) y expandió enormemente la Armada alemana. En 1914, Guillermo fue a la guerra contra Francia, Inglaterra y otras naciones aliadas[70]. A pesar de la excelencia del Ejército alemán (equipado, por ejemplo, con los cañones de tecnología punta Krupp), Alemania pidió la paz en noviembre de 1918. Guillermo abdicó de su trono y marchó al exilio a Holanda, donde murió en 1941.

ESPADA DE CAZA

Los cazadores europeos llevaban mucho tiempo utilizando espadas para cazar jabalíes salvajes, pero en el siglo XIX se hicieron muchas espadas de caza, sobre todo para uso ceremonial o como regalo. Esta espada alemana, hecha por la conocida firma WKC (Weyersberg, Kirschbaum, & Co.) de Solingen, pertenecía al káiser Guillermo II (1859-1940; reinó de 1888 a 1918) y lleva su escudo de armas.

---

[70] En realidad, la Primera Guerra Mundial (1914-1918) comenzó cuando Austria declaró la guerra a Serbia. El sistema de alianzas europeo llevó a Rusia a declararle la guerra a Austria, y a Alemania a declarársela a su vez a Francia y Rusia. Alemania invadió Bélgica para atacar Francia y esto llevó a Inglaterra a declararle la guerra a Alemania. Posteriormente se incorporarían a la guerra otros Estados europeos. Si bien Guillermo II no hizo nada por detener la guerra, estrictamente hablando no fue él quien la comenzó.

ESPADA DEL REY DE SIAM

En 1898, la compañía Wilkinson (*vid*. p. 116) hizo esta hermosa espada de presentación para el rey de Siam (ahora Tailandia) Chulalongkorn (1853-1910; reinó de 1868 a 1910). El mango es de plata de ley, con una empuñadura de marfil; la hoja, ligeramente curvada, tiene una longitud de 81 cm. Su decoración incluye un pomo de plata en forma de cabeza de elefante y el escudo de la familia real de Siam en el guardamano.

ESPADA BRITÁNICA DE 1897

Esta inusual espada de oficial de finales de la década de 1890 está diseñada siguiendo el modelo en forma de hoz del *shotel*, la espada tradicional de Etiopía.

ESPADA DE DESFILE

Las espadas de gala, como este modelo americano del siglo XIX, eran llevadas por miembros de organizaciones, como los masones, los Caballeros de Colón y el Gran Ejército de la República (una asociación de veteranos del Ejército de la Unión).

BAYONETA-ESPADA MODELO CHASSEPOT 1886

La bayoneta-espada modelo *chassepot* fue manufacturada en la Fábrica de Châtellerault, y el modelo inicial de bayoneta fue creado para el fusil de cerrojo del mismo nombre. La hoja de esta espada está hecha a mano, como se hizo con las bayonetas *chassepot* hasta 1916. La empuñadura, acanalada, tiene un gavilán curvado.

Avisperos y derringers

Antes de que los revólveres de Samuel Colt (*vid.* 126-129) consiguieran numerosos seguidores en la década de 1850, la pistola de disparo múltiple más popular era el «avispero». A diferencia del revólver, que se carga desde un tambor que rota alrededor de un único cañón[71], el avispero tiene múltiples cañones rotatorios, normalmente de cuatro a seis. Más o menos al mismo tiempo, las pistolas compactas pero poderosas, conocidas como «derringers», también se volvieron populares, mientras que los armeros de todo el mundo desarrollaban pistolas adecuadas a los requisitos locales, como las pistolas «howdah» utilizadas en la India bajo gobierno británico, y las armas hechas por los armeros indígenas de Darra, en lo que era, en el siglo XIX, la frontera entre India y Afganistán.

EL AVISPERO

El avispero fue inventado por el armero de Massachusetts Ethan Allen (1806-1871; sin relación aparente con el héroe del mismo nombre de la Revolución americana), quien patentó el arma en 1837 (algunas fuentes dicen 1834) y la fabricó primero en Grafton, Massachusetts, luego en Norwich, Connecticut, y finalmente en Worcester, Massachusetts, la mayor parte del tiempo en sociedad con su cuñado y bajo el nombre comercial de Allen & Thurber. El arma era llamada también «pimentero» (*pepper-box*, en inglés) porque el sistema de percusión a veces descargaba por accidente todos los cañones de una vez, «sazonando» cualquier cosa (o a cualquiera) que estuviese delante[72].

El avispero era capaz de disparar rápidamente gracias a su sistema de disparo de doble acción (*vid.* pp. 130-133), en el que al apretar el gatillo, se hacía rotar los cañones en posición y disparar el arma; y estaba dispuesto a disparar otra vez inmediatamente con apretar el gatillo de nuevo. Pero los avisperos nunca fueron conocidos por su precisión. En *Pasando fatigas*, la exitosa narración de Mark Twain (1835-1910) de sus aventuras en el Oeste, el autor cita la experiencia con el arma de un conductor de diligencias: «Si ella [el arma] no conseguía lo que buscaba, atraparía otra cosa. Y así lo hizo. Iba a por un dos de picas clavado a un árbol, y atrapó una mula que estaba a 27 m a la izquierda».

El avispero fue víctima de la creciente popularidad del revólver, y Allen & Thurber dejaron de producir el arma a mediados de la década de 1860.

EL DERRINGER

«Derringer» es el nombre general que se le da a todas las pistolas pequeñas, de cañón corto y fáciles de esconder que aparecieron en la década de 1830. El nombre viene de un armero de Filadelfia, Henry Deringer (1786-1878). (Generalmente los historiadores se refieren a las armas hechas por el propio Deringer como «deringers» y a las hechas por sus imitadores como «derringers».)[73] Los derringers originales eran armas de avancarga, de mecanismo de percusión y de un solo tiro, normalmente del calibre .41 y con un cañón de solo 38 mm. El actor John Wilkes Booth (1838-1865) utilizó una de estas armas para asesinar al presidente Abraham Lincoln (1809-1865) en el Teatro Ford en Washington D.C. la tarde del sábado del 15 de agosto de 1865.

Muchos otros fabricantes hicieron armas de este tipo más tarde, incluyendo a Colt y Remington. Normalmente disparaban cartuchos y a menudo tenían dos cañones en configuración vertical. Los derringers tuvieron mucha aceptación como armas de defensa personal, pues proporcionaban mucho «poder de detención» (al menos a corto alcance) en un arma que podía llevarse disimuladamente en el bolsillo de un abrigo, una bota o sujeta al liguero de una «dama».

ALLEN & THURBER
Un avispero clásico de Allen & Thurber. Este modelo de seis tiros del calibre .36 fue hecho algún tiempo después de 1857. Las pistolas de Allen & Thurber eran famosas por su excelente fabricación; por ejemplo, los cañones se troquelaban a máquina a partir de un único trozo de acero.

---

[71] En realidad, en los revólveres, el tambor no gira en torno al cañón, sino por debajo de este, de manera que el cilindro superior del tambor (y, por lo tanto, la bala que hay dentro de él) queda alineado con el cañón.

[72] Otra versión dice que el nombre se debía al parecido del arma con un molinillo para moler pimienta.

[73] Esta disparidad de nombres viene ya del siglo XIX. Henry Deringer fabricó las primeras pistolas de este tipo, que enseguida fueron conocidas por el público como «deringers», pero pronto le surgieron imitadores. Por motivos legales, estos no podían utilizar el nombre de Deringer para denominar sus armas, pero sí podían usar un nombre similar, aunque técnicamente diferente, por lo que las llamaron «derringers», término que ha llegado a ser más popular que el original.

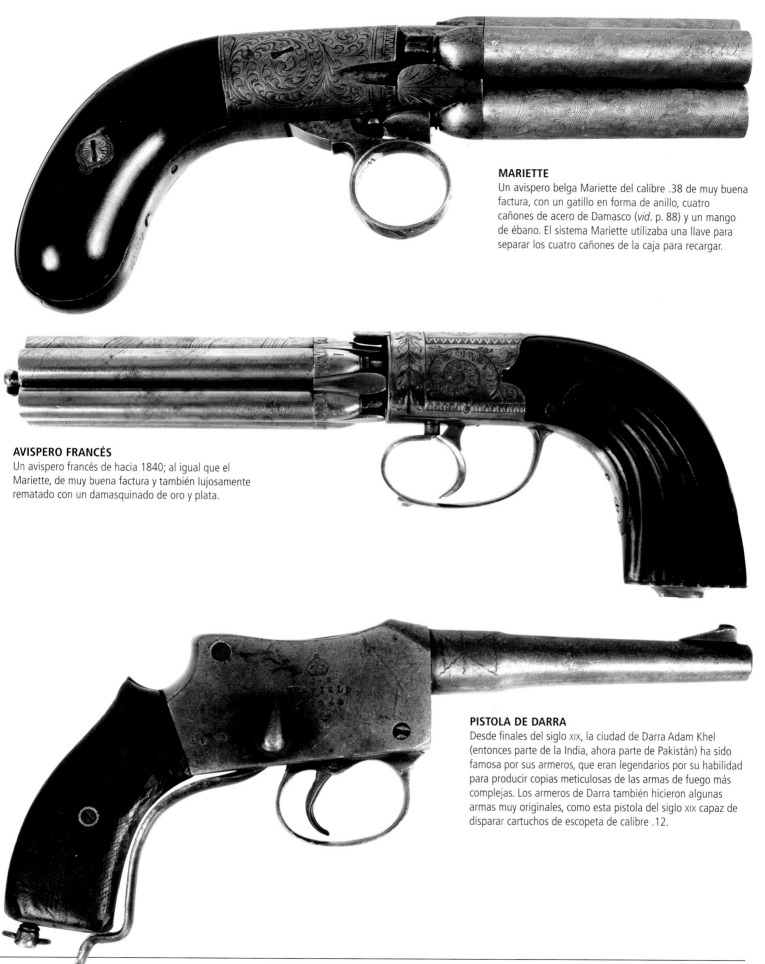

MARIETTE

Un avispero belga Mariette del calibre .38 de muy buena factura, con un gatillo en forma de anillo, cuatro cañones de acero de Damasco (*vid*. p. 88) y un mango de ébano. El sistema Mariette utilizaba una llave para separar los cuatro cañones de la caja para recargar.

AVISPERO FRANCÉS

Un avispero francés de hacia 1840; al igual que el Mariette, de muy buena factura y también lujosamente rematado con un damasquinado de oro y plata.

PISTOLA DE DARRA

Desde finales del siglo XIX, la ciudad de Darra Adam Khel (entonces parte de la India, ahora parte de Pakistán) ha sido famosa por sus armeros, que eran legendarios por su habilidad para producir copias meticulosas de las armas de fuego más complejas. Los armeros de Darra también hicieron algunas armas muy originales, como esta pistola del siglo XIX capaz de disparar cartuchos de escopeta de calibre .12.

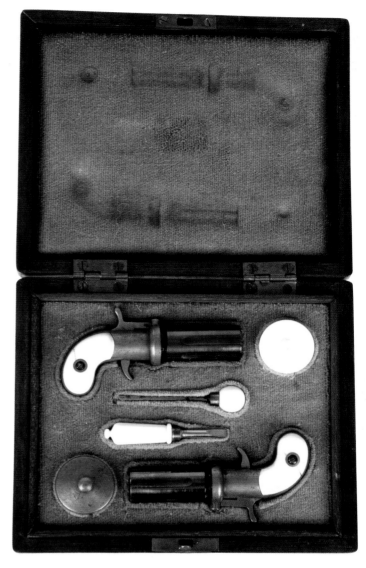

ESTUCHE PARA DAMAS CON COMPARTIMENTO PARA PISTOLAS

El pequeño tamaño del derringer lo hizo muy popular como arma de defensa personal para las mujeres, ya fuesen «respetables», según los baremos del siglo XIX, o no. Este estuche de viaje, hecho por Halstaffe de la calle Regent, en Londres, tenía una bandeja para el maquillaje, un compartimento escondido para el dinero y un cajón oculto a medida para dos derringers Colt modelo n.º 3, de un tiro, del calibre .44. El modelo n.º 3 fue fabricado entre 1875 y 1912.

MINIATURAS INGLESAS

El armero británico John Maycock produjo este juego de avisperos en miniatura y su caja. Las pistolas, de seis tiros y del calibre 2 mm, tienen cañones de 2,5 cm de acero pavonado, mangos de marfil y estructura de latón. La caja, de caoba, contiene una caja de marfil para cartuchos, un destornillador, un atacador de mango de marfil y un frasco de latón de aceite lubricante. Estas minúsculas pistolas eran de acción simple (es decir, que había que rotar los cañones en posición manualmente), pues un mecanismo de doble acción habría sido imposible de incorporar a armas de un tamaño tan diminuto.

REMINGTON

Aunque quizás no sea estrictamente un derringer, la pistola de cargador interno Remington-Rider, fabricada entre 1871 y 1888, satisface el criterio de los derringer de pequeño tamaño (tenía un cañón de 7,6 cm), pero disparaba un cartucho del calibre .32 especial corto. Además, tenía un mecanismo de repetición poco corriente, con cinco cartuchos en un cargador interno tubular bajo el cañón. El tirador presionaba una proyección hacia abajo para bajar el cierre, expulsando el cartucho gastado y metiendo uno nuevo en la recámara.

HOWDAH

Las «howdah» eran una categoría poco corriente de pistolas del siglo XIX utilizadas por los oficiales y mandatarios coloniales británicos en la India. «Howdah» era el nombre de las plataformas para pasajeros montadas sobre el lomo de los elefantes, que eran una forma de transporte común en las cacerías o las inspecciones administrativas en las áreas rurales del subcontinente. Los viajeros necesitaban un arma de mucho impacto para defenderse de los tigres, así que los armeros británicos produjeron pistolas de gran calibre (normalmente .50, como la mostrada aquí, o .60) que eran a menudo de dos cañones para dar al tirador una segunda oportunidad si fallaba el primer disparo.

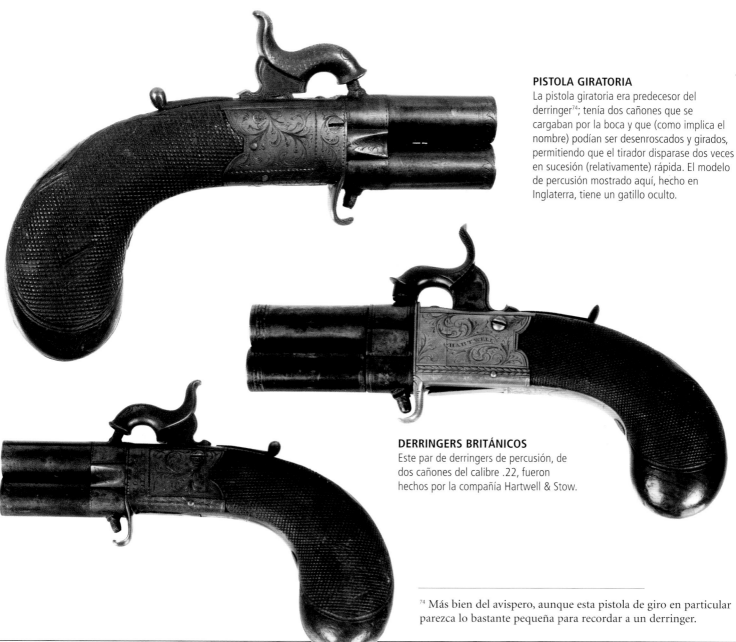

PISTOLA GIRATORIA

La pistola giratoria era predecesor del derringer[74]; tenía dos cañones que se cargaban por la boca y que (como implica el nombre) podían ser desenroscados y girados, permitiendo que el tirador disparase dos veces en sucesión (relativamente) rápida. El modelo de percusión mostrado aquí, hecho en Inglaterra, tiene un gatillo oculto.

DERRINGERS BRITÁNICOS

Este par de derringers de percusión, de dos cañones del calibre .22, fueron hechos por la compañía Hartwell & Stow.

---

[74] Más bien del avispero, aunque esta pistola de giro en particular parezca lo bastante pequeña para recordar a un derringer.

Los revólveres de Colt

Aunque Samuel Colt no inventó el revólver, su nombre es ahora sinónimo del arma, y con motivo. En primer lugar, aunque los avances mecánicos que Colt patentó en 1835-1836 no eran un gran salto en materia de innovación, juntos hicieron del revólver un arma práctica tanto para uso militar como civil. Segundo, aunque a Colt le llevó años conseguir una aceptación generalizada para sus revólveres, su habilidad para promocionar el arma estableció el revólver Colt como el baremo con el que se juzgaba las demás pistolas similares. Finalmente, la importancia de Colt en la historia de las armas va más allá de sus diseños: su factoría situada en Hartford, Connecticut (EE.UU.), fue la primera en dominar los avances de la Revolución Industrial (producción en masa utilizando partes intercambiables) y aplicarlos a la fabricación de armas de fuego a gran escala.

LA EVOLUCIÓN DEL REVÓLVER

La idea de un arma de repetición que disparaba tiros sucesivos desde un tambor que rotaba alrededor de un único cañón (lo opuesto al sistema de los avisperos, *vid.* pp. 122-123) no era nuevo a comienzos del siglo XIX. En Inglaterra se habían hecho revólveres de llave de pedernal ya a mediados del siglo XVII. El problema era que cada una de las recámaras necesitaba su propio fogón y cebo, y disparar una bala a menudo encendía la pólvora en las demás cazoletas, disparando todas las balas a la vez.

A comienzos del siglo XIX, un inventor americano, Elisha Collier, diseñó un revólver de llave de pedernal muy mejorado que utilizaba un único fogón. Se fabricaron unos cuantos en Inglaterra a partir de 1810. A pesar de los avances de Collier, hizo falta la invención de la cápsula fulminante (y el diseño básico de Colt, que conectaba el tambor al mecanismo de disparo, eliminando la necesidad de rotar los tambores manualmente) para hacer un revólver realmente seguro y práctico.

Los revólveres de Colt se ganaron su gran reputación porque eran poderosos, bien hechos y fiables. Su fiabilidad venía en parte de su relativa simplicidad mecánica. Hasta mediados de la década de 1870, todos los modelos Colt eran de acción simple. Para disparar, el tirador debía tirar del percutor hacia atrás (amartillar el arma), lo que hacía rotar el tambor y alineaba la recámara con el cañón. Entonces el tirador solo tenía que apretar el gatillo para disparar el arma. Esto

requería un mecanismo con menos partes móviles que los revólveres de doble acción (*vid.* pp. 130-133) desarrollados a comienzos de la década de 1850. Por el mismo motivo, los Colt eran más precisos que sus equivalentes de doble acción, aunque tuvieran una cadencia de tiro más lenta. (Pero un tirador experimentado podía descargar su Colt rápidamente amartillando el arma con la palma de la mano que no disparaba, una técnica familiar gracias a innumerables *westerns* y series de televisión).

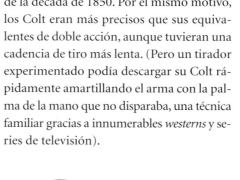

PATERSON Y CARGADOR

Se muestra aquí el mayor de los tres primeros revólveres Colt: el Texas Paterson de cinco tiros del calibre .36. Como todos los revólveres anteriores a la introducción del cartucho metálico, era un arma de «fulminante y bala». Cada recámara tenía que ser cargada individualmente con pólvora y una bala por delante, y entonces se colocaba una cápsula fulminante en una chimenea en la parte de atrás de la recámara. El Texas Paterson fue probablemente el primer revólver utilizado en combate, durante una de las varias guerras del Ejército de los Estados Unidos contra los nativos americanos semínolas de Florida entre 1835-1842.

COLT DE BOLSILLO

Un Colt «modelo de bolsillo» de 1849, del calibre .31, de cinco tiros y de cañón octogonal. Según la inscripción grabada en el pomo, este revólver en particular fue regalado a un oficial de la Unión por «las damas de Bristol [Pensilvania]» en mayo de 1861, poco después del estallido de la guerra de Secesión americana. Al destinatario lo mataron en la Segunda Batalla de Bull Run unos 15 meses después. El mecanismo bajo el cañón es una palanca de ajuste, utilizada para presionar y colocar firmemente cada bala en cada recámara, para que el tambor y el cañón estén sellados estancamente al disparar.

MODELO NAVY

Uno de los revólveres más efectivos de Colt fue el de seis tiros de calibre .44 de la serie *Navy* («Armada»), el primero de los cuales apareció en 1851. (Los Colt Navy no habían sido diseñados específicamente para ser usados en el mar; su nombre les viene de la escena naval grabada en sus cañones.) Al igual que con otros diseños, Colt produjo un «modelo de bolsillo» más pequeño, en este caso del calibre .36. El revólver Navy «de bolsillo» mostrado aquí fue adaptado de su sistema de percusión original para disparar cartuchos de fuego central. (Los propietarios de revólveres Colt de «fulminante y bala» podían reenviar sus pistolas a la factoría de Hartford para ser adaptadas desde que Colt comenzó a hacer pistolas de cartuchos a comienzos de la década de 1870.)

«Puede que Dios crease iguales a todos los hombres, pero Sam Colt los igualó».

—Dicho popular del «Salvaje Oeste»

SAMUEL COLT

Nacido en Hartford, Connecticut (EE.UU.), en 1814, Samuel L. Colt fue (como la mayoría de los grandes fabricantes de armas de fuego) un prodigioso mecánico: de niño le gustaba desmontar y volver a montar relojes, armas de fuego y otros artilugios. Aburrido de trabajar en la fábrica textil de su padre, se hizo a la mar con 15 años como aprendiz de marinero. Fue en este viaje cuando concibió su diseño inicial. El origen de la inspiración de Colt está envuelto en la leyenda; ha sido atribuido a su observación del timón del barco, o del cabrestante utilizado para izar el ancla, o a las ruedas de paletas de un barco de vapor o, más prosaicamente, pudo haber visto revólveres de pedernal de Collier en la India, donde eran utilizados por las tropas británicas. En cualquier caso, para cuando volvió a los Estados Unidos, había tallado un modelo de madera que funcionaba.

Para conseguir producir su pistola, Colt necesitaba dinero. Haciéndose llamar «Dr. S. Coult», se convirtió en un «conferenciante» itinerante cuya especialidad era mostrar los efectos del óxido nitroso (el gas de la risa) a los habitantes locales curiosos. Con las ganancias hizo que dos armeros, Anton Chase y John Pearson, hicieran modelos experimentales. Tras recibir su patente estadounidense en 1836, Colt estableció la Compañía Patentada de Fabricación de Armas (*Patent Arms Manufacturing Company*) en Paterson, Nueva Jersey, para fabricar su nueva arma. Pero los tres revólveres modelo Paterson que aparecieron ese año encontraron poca demanda. En 1842, Colt se declaró en bancarrota. Esta experiencia, y los años de litigio que siguieron, habrían llevado a una personalidad menor a un retiro desesperado. Colt, tan decidido como ambicioso, reapareció asombrosamente unos años más tarde.

Algunos de los primeros Colt habían acabado en manos de soldados y hombres de la frontera, incluyendo al capitán Samuel Walker de los Rangers de Texas. En 1844, Walker y 15 *rangers*, armados con revólveres Colt, derrotaron a una partida de guerra de unos 80 nativos americanos comanches. Cuando estalló la guerra mexicano-americana de 1846, Walker (ahora un oficial del Ejército) y Colt colaboraron en un diseño para un nuevo revólver. El resultado fue el enorme (2,2 kg) y poderoso (del calibre .41) «Colt Walker». Un pedido del Gobierno de un millar de ejemplares devolvió a Colt al negocio. Como ya no tenía su propia fábrica, Colt acordó con Eli Whitney Jr. (hijo del famoso inventor) fabricarlos en Whitneyville, Connecticut.

El éxito de los revólveres de Colt en la guerra mexicano-americana aumentó enormemente el prestigio del arma. Comenzaron a llegar pedidos internacionales cuando Colt mostró su arma en la Gran Exposición de Londres de 1851, y también cuando demostraron su valía en la guerra de Crimea (1854-1855). En 1855, Colt tenía tanto éxito que pudo construir una fábrica enorme y muy avanzada en Hartford, Connecticut, que pronto se convertiría en la mayor fábrica no gubernamental del mundo. Colt murió en 1862, 11 años antes de que el revólver más exitoso de su compañía, el modelo *Army* («Ejército») de acción sencilla, y sus variantes civiles, saliesen a la luz. Este era el legendario «Pacificador» y «Seis-tiros» del Oeste americano, fabricado en muchos calibres (incluidos el .44 y el .45).

RIFLE
Colt fabricó carabinas, rifles e incluso escopetas, así como pistolas, desde sus comienzos en Paterson, Nueva Jersey. La mayoría de las primeras armas largas de Colt (como la carabina del calibre .56, modelo 1855, mostrada aquí) utilizaba un tambor rotatorio, pero más tarde la compañía las hizo también con mecanismo de palanca y de corredera (*vid*. p. 141). Aunque las armas largas de Colt del siglo XIX tuvieron cierto éxito tanto en el ámbito militar como el civil, su popularidad nunca alcanzó el nivel del que disfrutaban las pistolas de la compañía. En algún momento de la historia del rifle le recortaron el cañón.

MODELO NEW NAVY

Aparecido en 1892 y producido hasta 1898, el Colt de doble acción del modelo *New Navy* («Nueva Armada») era representativo de los revólveres hechos por la compañía Colt desde finales de la década de 1880 hasta la de 1910. Estas armas, a diferencia de los primeros Colt Navy, sí fueron compradas por la Armada estadounidense y fueron el arma corta reglamentaria durante la guerra de Cuba. Los revólveres Colt de esta época estaban disponibles con cañones de diferentes longitudes y acomodaban varios calibres distintos. La serie New Navy fue fabricada con los calibres .38 y .41; aquí se muestra una versión de este último.

NUEVO REVÓLVER DE DOBLE ACCIÓN

A mediados de la década de 1870, la compañía Colt comenzó a hacer por fin pistolas de doble acción, empezando con el modelo *Lightning* («Relámpago»). La pistola mostrada aquí, que utiliza un expulsor automático y apertura basculante para sacar los cartuchos gastados del tambor, es un modelo del calibre .38 fabricado para su exportación a Inglaterra.

LOS COMPETIDORES DE COLT

Aunque los revólveres de Colt (*vid.* pp. 126-129) dominaban el mercado gracias a una combinación de patentes, marketing y excelencia general, los armeros a ambos lados del Atlántico crearon gran cantidad de diseños rivales de revólveres, muchos de los cuales fueron probados en combate en campos de batalla que iban desde Crimea (1854-1855), la India (el «Motín» de 1857) y los propios Estados Unidos, en la guerra de Secesión de 1861-1865 (*vid.* pp. 134-139), en la que una sorprendente variedad de revólveres fue utilizada por ambos bandos. Las décadas de 1850 y 1860 vieron también una especie de guerra civil entre los propios fabricantes de armas sobre violaciones de patentes reales e imaginadas. Pero en la década de 1870 ya estaba claro que el vencedor sobre los demás era el revólver que disparaba cartuchos (ya fuera de acción simple o de doble acción).

ACCIÓN DOBLE CONTRA SIMPLE

En la Gran Exposición de Londres de 1851, la misma «feria mundial» en la que Samuel Colt mostraba orgullosamente sus revólveres, el armero británico Robert Adams (1809-1870) exhibía un nuevo tipo de revólver. En lugar de necesitar que lo amartillasen manualmente antes de apretar el gatillo, el revólver de «doble acción» de Adams podía ser amartillado y disparado apretando el gatillo una sola vez. Esto le permitía disparar más rápido que los revólveres de acción simple, pero también lo volvía menos preciso debido a la fuerte presión que el tirador tenía que ejercer sobre el gatillo. Los primeros revólveres de Adams padecían varios problemas técnicos, pero en 1855 sacó una versión mejorada, la Beaumont-Adams, basada en las experiencias de combate de la guerra de Crimea.

Este tipo de revólveres, que se podían disparar utilizando la acción simple o doble, pronto se convirtieron en el arma corta estándar del Ejército británico, más o menos expulsando a Colt del mercado británico. Aunque los revólveres de Adams fueron comprados y usados tanto por los ejércitos de la Unión como por los confederados durante la guerra de Secesión, Colt mantuvo su dominio en ambos campos durante esta época. A diferencia de Colt, que fabricaba sus pistolas en serie, los revólveres Adams estaban hechos a mano y, por tanto, eran más caros. Los revólveres Colt, más simples, eran también más adecuados para las rigurosas condiciones americanas, ya fuese en los campos de batalla de la guerra de Secesión o en los desiertos de la frontera de la posguerra.

LA PISTOLA DE CARTUCHOS

Otro desafío potencial para Colt vino con la llegada de los cartuchos de vaina metálica. A mediados de la década de 1850, los americanos Horace Smith y Daniel Wesson (*vid.* p. 132), pioneros tanto del cartucho metálico como del rifle de repetición, desarrollaron un revólver que disparaba cartuchos de fuego anular basados en un diseño cilíndrico comprado a un antiguo empleado de Colt, Rollin White. (Según algunas fuentes, White ofreció primero su diseño a Colt, pero, en un fallo poco característico de previsión, Colt no creyó que los cartuchos metálicos tuviesen ningún potencial.) Smith & Wesson sacaron al mercado su pistola, de un modelo del calibre .22, en 1857 después de que expirasen las patentes de Colt.

Las ventajas en combate de un revólver que cargaba cartuchos rápidamente, a diferencia de la lenta carga del sistema de fulminante y bala (*vid.* pp. 126-129) utilizado por Colt y otros, eran obvias, y una versión del calibre .32 se volvió bastante popular entre las fuerzas de la Unión durante la guerra de Secesión. Pero una vez más, el dominio de Colt no se vio amenazado seriamente, pues la producción de S&W no podía satisfacer la demanda, tanto de pistolas como de munición. En los últimos años del conflicto, los revólveres de Colt sí hicieron frente a un competidor serio en el revólver Remington del Ejército, modelo 1863. Aunque fuera un arma de fulminante y bala, muchos soldados lo encontraban más fácil de cargar que sus equivalentes de Colt. Cuando expiró la patente de S&W en 1872, Colt y un sinnúmero de otros fabricantes de pistolas se apresuraron a sacar al mercado revólveres de cartuchos.

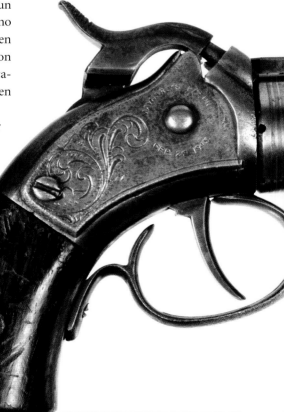

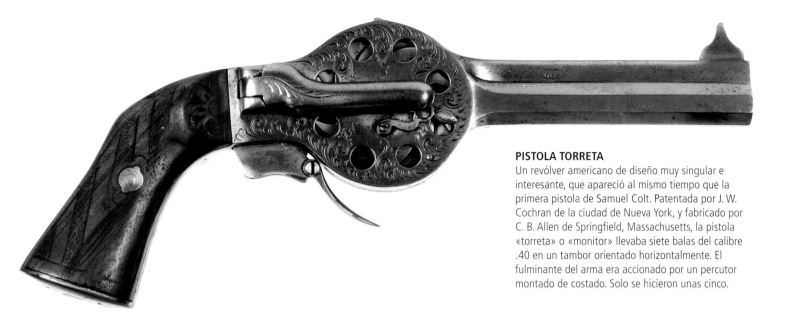

PISTOLA TORRETA

Un revólver americano de diseño muy singular e interesante, que apareció al mismo tiempo que la primera pistola de Samuel Colt. Patentada por J. W. Cochran de la ciudad de Nueva York, y fabricado por C. B. Allen de Springfield, Massachusetts, la pistola «torreta» o «monitor» llevaba siete balas del calibre .40 en un tambor orientado horizontalmente. El fulminante del arma era accionado por un percutor montado de costado. Solo se hicieron unas cinco.

PISTOLA DE TRANSICIÓN DE COGSWELL

Los armeros londinenses Cogswell y Harrison, importantes fabricantes de avisperos (*vid*. pp. 122-123), produjeron también este revólver, conocido por los historiadores de armas de fuego como una «pistola de transición», a comienzos de la década de 1850. Esta arma de acción simple tenía un tambor de seis tiros que disparaba balas del calibre .44.

ESTUCHE CON JUEGO DE REVÓLVERES DE MASSACHUSETTS ARMS

Entre 1849 y 1851, Massachusets Arms también fabricó revólveres Wesson & Leavitt, como el modelo de seis tiros del calibre .31 que se muestra aquí en un estuche con sus accesorios.

REVÓLVER DEL CALIBRE .28 DE LA COMPAÑÍA MASSACHUSETTS ARMS

En 1851, Colt demandó a la *Massachusetts Arms Company* (Compañía de Armas de Massachusetts) de Chicopee, Massachusetts, por violación de patente. La compañía Massachusetts argumentó que sus revólveres, que utilizaban un sistema de engranajes cónicos en lugar del sistema de trinquetes utilizado por Colt, eran significativamente diferentes de los Colt, pero el tribunal falló a favor de Colt. Sin embargo, la Massachusetts Arms Company se mantuvo en el negocio y produjo algunas pistolas populares, como el revólver de seis tiros del calibre .28 aquí mostrado, que era inusual, pues podía utilizar cápsulas fulminantes individuales o el sistema de cinta enrollada de Maynard.

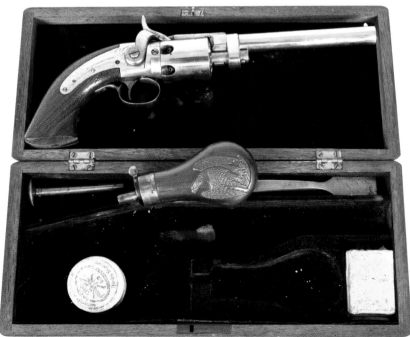

SMITH & WESSON

Tanto Horace Smith (1808-1893; nacido en Cheshire, Massachusetts) como Daniel Wesson (1825-1896; nacido en Worcester, Massachusetts) entraron en el negocio de la fabricación de armas de fuego en su juventud: Smith como un empleado en el arsenal federal de Springfield, Massachusetts, y Wesson como aprendiz de su hermano mayor Edwin, un importante armero de Nueva Inglaterra. Los dos unieron fuerzas por primera vez en Norwich, Connecticut, a comienzos de la década de 1850, cuando colaboraron para producir un rifle de repetición que podía disparar cartuchos metálicos. Al igual que le pasó a Samuel Colt, al principio, sus innovaciones tecnológicas no tuvieron éxito comercial, y debieron vender la compañía a Oliver Winchester (*vid*. p. 143). Pero al igual que Colt, ellos perseveraron, patentando un revólver que disparaba un cartucho de fuego anular (1854) y reconstituyendo su compañía (1856). El éxito de sus diseños durante la guerra de Secesión y los años que siguieron (especialmente el revólver modelo 3, aparecido en 1870) sentaron las bases de una compañía que sigue siendo una de las fabricantes de armas más importantes del siglo XXI. Aunque Smith & Wesson hoy fabrica pistolas semiautomáticas, los revólveres siguen siendo el producto estrella de la marca; y mucho después de la muerte de sus fundadores, su tradición de innovación continúa con armas como el revólver *Military & Police* («Militar y Policía») modelo 1910 del calibre .38 (aparecido en 1899 y sigue en producción en innumerables variantes, y probablemente la pistola más popular jamás hecha para uso policial), los magnums calibre .357 (1935) y .44 (1956) amados por Hollywood (el personaje de Clint Eastwood, Harry *el Sucio* empuñaba el último) y el modelo 60 (1965) que dio paso a la era de la pistola de acero inoxidable.

SLOCUM
En 1863, la *Brooklyn Arms Company* (Compañía de Armas Brooklyn) de Nueva York introdujo un revólver de cinco tiros del calibre .32, el «Slocum», aparentemente llamado así por Henry Warner Slocum (1827-1894), un general neoyorquino de la guerra de Secesión. La pistola se cargaba por delante; las recámaras eran en realidad tubos que se deslizaban hacia delante sobre un sistema de disparo fijo.

REMINGTON NEW ARMY
El revólver *New Army* («Nuevo Ejército») de seis tiros y calibre .44 fue (después del Colt modelo 1860) quizás el segundo revólver más difundido por las tropas de la Unión durante la guerra de Secesión americana (1861-1865; *vid* pp. 134-135). Al menos 130.000 fueron fabricados en la fábrica de Remington en Illion, Nueva York.

SMITH & WESSON

El revólver n.º 2 de Smith & Wesson, de seis tiros y
calibre .32, con mucho uso en la guerra de Secesión y en la frontera del Oeste
americano fue, al igual que sus primeros modelos, conocido como un revólver «de
punta hacia arriba», por el sistema que utilizaba para cargar y extraer cartuchos. Manipular un
dispositivo posibilitaba girar el cañón hacia arriba, permitiendo extraer el tambor de la caja;
entonces el tirador usaba el punzón bajo el cañón para empujar los casquillos vacíos; después se
recolocaba el tambor, cargado, y se bajaba el cañón a la posición de disparo. Más tarde, los
revólveres de Smith & Wesson fueron pioneros en incorporar el sistema de apertura central, en el
que el cañón giraba hacia abajo y un mecanismo extractor en el tambor (que seguía unido a la
caja) expulsaba todos los cartuchos gastados de una sola vez.

TRANTER

El armero británico William Tranter (1816-1890), establecido en
Birmingham, Inglaterra, produjo varios diseños de revólveres a lo
largo de su dilatada carrera. Sus pistolas tenían reputación de gran
calidad, y el Gobierno confederado compró grandes cantidades
para sus fuerzas en la guerra de Secesión americana (1861-1865),
mientras que otros (como la pistola de cinco tiros y calibre .54 aquí
mostrada) fueron comprados sobre todo por oficiales británicos. El
modelo utilizaba un sistema de disparo de doble gatillo: el inferior
amartillaba el arma y el superior la disparaba. Es una pistola de
fulminante y bala, pero tras la guerra de Secesión, Tranter fabricó
muchos modelos que disparaban cartuchos.

ALLEN & WHEELOCK

Otra interesante y temprana pistola de cartuchos era el revólver del calibre .32
«fuego de labios», fabricado por la compañía Allen & Wheelock de Worcester,
Massachusetts. Introducidas en 1858, estas pistolas no solo disparaban un cartucho
de modelo único, sino que utilizaban un sistema de expulsión de piñón y cremallera.

MOORE

La *Moore's Patent Firearms Company* (Compañía de Armas Patentadas de
Moore) de Brooklyn (Nueva York), en un esfuerzo por burlar la patente de
Smith & Wesson sobre los revólveres de cartuchos, fabricó una serie de
revólveres basados en un diseño de Daniel Moore y Daniel Wilson en la década
de 1860. En lugar de cargar el tambor por atrás, estos revólveres se cargaban
por delante; la carga fulminante del cartucho se contenía en una protuberancia
en la base, por lo que estos revólveres fueron llamados pistolas «de tetón» o
«de muñón». Finalmente, los tribunales fallaron a favor de Smith & Wesson.

La guerra de Secesión americana

La guerra de Secesión (1861-1865) ha sido descrita a menudo, con mucha justificación, como la primera guerra moderna. El conflicto vio la introducción (o al menos, el primer uso extendido) de innovaciones como la fotografía, el telégrafo, la aerostación (globos para observar al enemigo)[75], submarinos, barcos acorazados, artillería y armas de infantería de retrocarga, rifles de repetición y armas de fuego de disparo rápido. Siglo y medio después, la guerra de Secesión sigue siendo la mayor guerra disputada en el mundo occidental y el conflicto más mortífero de la historia de los Estados Unidos, con una mortandad estimada en 700.000 muertos, más que en todas las demás guerras mantenidas por los EE.UU. juntas. Aunque las enfermedades mataron al doble de gente que las armas, el alto número de bajas debe mucho a los avances técnicos en armamento.

---

[75] En realidad, la aerostación militar apareció en 1794, en las guerras de la República Francesa contra las demás naciones europeas (en este caso contra Austria). Los franceses utilizaron globos cautivos para observar las posiciones enemigas con bastante éxito. Pero Napoleón disolvió las Compañías de Aerostación en 1799, y la aerostación militar no volvió a tener importancia hasta la guerra de Secesión.

TÁCTICAS Y TECNOLOGÍA

La guerra de Secesión fue un ejemplo clásico de cómo la tecnología superaba a la táctica. Al comienzo, los generales de ambos bandos pensaban que la guerra podía ser llevada a cabo a la manera tradicional, con grandes masas de hombres maniobrando en campo abierto y combatiendo de pie, con la infantería intercambiando descargas y cargando a la bayoneta contra las líneas enemigas, con la artillería de apoyo y la caballería esperando para explotar cualquier brecha.

Estas tácticas funcionaron en el siglo XVIII y en las guerras napoleónicas (*vid*. pp. 97-99)[76], cuando los ejércitos luchaban con fusiles de ánima lisa que solo eran precisos a muy corto alcance. Pero los años anteriores a la guerra de Secesión vieron una revolución en las armas de infantería. El fusil de ánima lisa había dado paso al rifle o fusil de ánima rayada, que fue el arma reglamentaria para los soldados de infantería de ambos bandos. Estos fusiles disparaban una bala pesada de plomo (normalmente del calibre .58) a un alcance efectivo de hasta 450 m. Aunque aún eran armas de avancarga, estos fusiles utilizaban un nuevo tipo de bala: la bala Minié (llamada así por un oficial del Ejército francés, Claude Minié, quien la inventó en 1847). La bala Minié se expandía al disparar, acomodándose a las estrías del ánima, aumentando enormemente la precisión.

El resultado de estas innovaciones, cuando se trasladó al impacto sobre la carne humana, fue horripilante. Si no moría inmediatamente, un soldado de la guerra de Secesión herido en el abdomen probablemente moriría de la infección, dado el rudimentario tratamiento médico de la época. Si era herido en un miembro, la amputación era el resultado habitual. Por lo general, las heridas en la cabeza eran letales inmediatamente.

La introducción del rifle hizo que la ventaja en el campo de batalla pasase de la ofensiva a la defensiva. Los fusileros atrincherados o protegidos de una u otra manera, disparando varias veces por minuto, podían diezmar a una fuerza muy superior en número que atacase en campo abierto.

Los generales confederados, especialmente Robert E. Lee[77], fueron más rápidos que sus equivalentes de la Unión en percibir que las reglas de la guerra habían cambiado. Pero incluso Lee cometió el error de enviar a la infantería a través de campo abierto contra posiciones defensivas preparadas en la batalla de Malvern Hill (1 de julio de 1862) durante la Campaña Peninsular[78] y de nuevo en la «Carga de Pickett», durante la batalla de Gettysburg; esta última fue un error que probablemente condenó a la Confederación a la derrota final.

EXPERIMENTACIÓN E INNOVACIÓN

La guerra de Secesión vio la introducción de armas que fueron «alta tecnología» en su momento. Como era prácticamente imposible cargar un arma de avancarga a caballo, la caballería de la Unión cabalgaba a la batalla provista con armas de retrocarga, como las carabinas Burnside y Sharps (*vid*. p. 136). La carabina Spencer, que tenía un cargador interno de siete balas, era especialmente efectiva (los soldados confederados la llamaban «esa maldita arma yanqui que puedes cargar el domingo y disparar toda la semana»). Como la Confederación era prácticamente incapaz de fabricar armas similares, las armas de retrocarga y de repetición capturadas eran muy codiciadas por los soldados sureños.

Ambos bandos también crearon unidades de tiradores de élite que constituían lo que ahora se conoce como francotiradores. La mejor conocida de estas unidades eran los *Berdan's Sharpshooters* (Tiradores de élite de Berdan) del Ejército de la Unión, mandados por Hiram Berdan (1823-1893), quien ya era conocido como campeón civil de tiro al blanco. Los francotiradores de la Unión solían utilizar el rifle de retrocarga Sharps; los de la Confederación solían utilizar el rifle Whitworth, de diseño británico.

Aunque la tecnología de la época no estaba bastante avanzada para permitir el desarrollo de ametralladoras en el sentido moderno, ambos bandos experimentaron con armas de disparo rápido de funcionamiento manual. La Confederación aparentemente utilizó un cañón ligero que funcionaba con manivela en la Campaña Peninsular; y la Unión desplegó un arma de cañón múltiple y disparo rápido, el cañón múltiple Requa-Billinghurst, sobre todo para defender puentes y otras posiciones. La más conocida de estas armas es la ametralladora Gatling (*vid*. p. 137), aunque solo tuvo algo de servicio al final de la guerra.

---

[76] No hace falta remontarse tanto; esas mismas tácticas habían sido utilizadas con éxito en guerras mucho más recientes, como la guerra mexicano-americana, de 1846-1848, o la guerra de Crimea, de 1854-1855.
[77] Robert Edward Lee (1807-1870) fue el principal general sudista de la guerra de Secesión y quizás el de más talento. Ya antes, Lee había participado en la guerra mexicano-americana (1846-1848), y en la derrota y captura de John Brown en Harpers Ferry (1859). En 1861 se le ofreció el mando de los ejércitos de la Unión, pero lo rechazó y, cuando Virginia se unió a la Confederación, Lee hizo lo mismo. Fue comandante general de las fuerzas terrestres y navales de Virginia, asesor militar del presidente de los Estados Confederados de América, Jefferson Davies, y finalmente comandante general de todos los ejércitos confederados. Fue el propio Lee quien firmó la rendición de los ejércitos de la Confederación al final de la guerra.
[78] Así llamada porque tuvo lugar en la península de Chesapeake.

Armas de la Unión en la guerra de Secesión americana

En términos de producción de armas, la Unión era mucho más afortunada que la Confederación (*vid.* pp. 138-139): los estados del Norte no solo albergaban la mayoría de los arsenales del Gobierno, sino que su región estaba mucho más industrializada que el Sur. Aunque al comienzo de la guerra, la Unión, como la Confederación, tuvo que sacar armas de donde fuese, en 1862 la Unión ya había establecido como reglamentarias una serie de armas que podían ser fabricadas bajo contrato por firmas privadas. En 1864, la Unión ya era autosuficiente en la producción de armas, mientras que la Confederación aún necesitaba importar muchas de sus armas de fuego.

EL FUSIL RAYADO SPRINGFIELD

Lo más parecido que tuvo la Unión a un arma larga de infantería estandarizada fue el fusil rayado Springfield. Esta arma debía su nombre al arsenal del Gobierno federal de Springfield, Massachusetts, fundado en 1794, donde muchos de estos fusiles fueron fabricados (aunque durante la guerra, más de 30 compañías fabricaron fusiles Springfield bajo contrato; más de un millón y medio en total). La versión más común del arma era el modelo 1861, pero la primera serie de Springfield del calibre .58 apareció en la década de 1840, cuando el Ejército estadounidense decidió remplazar los fusiles de llave de pedernal del calibre .69 con armas de percusión, que a partir de 1855 pasaron a tener el ánima rayada. La mayor precisión del rifle respecto a sus predecesores de ánima lisa llevó a la introducción de un alza regulable en el punto de mira posterior; y venía también con una bayoneta de pincho. El Springfield era un arma pesada, de 4,2 kg, con una longitud total de unos 147 cm, lo que significaba que con la bayoneta calada el Springfield venía a medir lo mismo que el soldado de la Unión medio.

Los Springfield también fueron usados ampliamente por la Confederación; algunos fueron capturados cuando el arsenal federal de Harper's Ferry, Virginia, cayó ante las tropas de Stonewall Jackson[79] durante la campaña que culminó en la batalla de Antietam (septiembre de 1862), y muchos otros fueron obtenidos de los despojos de los campos de batalla.

CARABINAS Y PISTOLAS

La Unión también fue afortunada por poder beneficiarse de los diseños de fabricantes de armas de fuego como Christian Sharps, Christopher Spencer y Benjamin Tyler Henry, quienes fabricaron rifles y carabinas innovadores, de retrocarga (y, en el caso de Spencer y Henry, de repetición). Pero estas armas no fueron encargadas en gran número por el Departamento de Intendencia de la Unión; muchas fueron compradas por los gobiernos de los estados para que los utilizasen sus regimientos[80], o fueron adquiridas individualmente por los propios soldados. Según algunos historiadores, la Unión habría derrotado a la Confederación más rápido si hubiese sido menos conservadora al adoptar este tipo de armas.

En cuanto a las pistolas del Ejército de la Unión, estas también eran una mezcla de armas proporcionadas por el Gobierno y compradas de forma privada. El Colt modelo 1860, del calibre .44, fue probablemente el revólver más popular entre los oficiales de la Unión; pero se utilizó una gran variedad de revólveres, incluido el Starr (también del calibre .44), revólveres de fabricación británica Adams y el Savage-North modelo Navy («Armada») del calibre .36 mostrado debajo.

REVÓLVER SAVAGE-NORTH
Fabricado por la *Savage Revolving Arms Co.* (Compañía de Revólveres Savage) de Middletown, Connecticut, el revólver *Navy Model* («Modelo Armada»), un arma de seis tiros, del calibre .36, tenía un sistema de disparo inusual. El guardamonte no protegía uno sino dos gatillos; el gatillo inferior, de anilla, rotaba el tambor y amartillaba el arma, mientras que el gatillo superior, convencional, la disparaba. A pesar de su designación como revólver «de la Armada», la Armada de la Unión solo compró unos mil, mientras que el Ejército de la Unión compro diez veces más.

---

[79] Thomas Jonathan Jackson (1824-1863) fue un destacado general sudista en la guerra de Secesión. Al igual que Lee y el presidente Jefferson Davis, Jackson luchó en la guerra mexicano-americana (1846-1848). Recibió su sobrenombre, *Stonewall* («muro de piedra») en la primera batalla de Bull Run; lo que para algunos historiadores era un comentario elogioso, por la resistencia de las tropas que mandaba, para otros era un comentario despectivo, por su inactividad.

[80] Conviene aclarar que en el Ejército de la Unión había regimientos de tropas federales (que dependían directamente del Gobierno de Washington) y regimientos de milicias de los estados, que dependían de sus gobiernos respectivos, aunque estuviesen luchando por la Unión. Hay que decir que en el campo de batalla, las milicias mostraban por lo general una calidad, disciplina y entrenamiento bastante similares a los de las tropas federales.

FUSIL SPRINGFIELD

Durante más o menos el primer año de la guerra, muchas tropas de la Unión fueron equipadas con una versión del antiguo fusil de pedernal del calibre .69, adaptado al sistema de percusión, como el fusil mostrado aquí, aunque este ha sido recortado a dos bandas en lugar de las tres habituales. El fusil rayado Springfield remplazaría con el tiempo la mayoría de estas armas obsoletas, aunque muchas de las conversiones siguieron en servicio activo en las milicias estatales.

CARABINA SPENCER

El fusil Spencer, modelo 1860, tiene la distinción de ser el primer fusil de repetición de cargador interno adoptado oficialmente por un ejército importante. El arma, diseñada por Christopher Spencer (1833-1922), utilizaba una recámara de cierre ascendente, manejada por una palanca que funcionaba también de gatillo y estaba abastecida por un cargador tubular interno situado en la caja, con siete cartuchos del calibre .56 y vaina de cobre. Cuando empezó la guerra, tanto el Ejército como la Armada de la Unión hicieron pedidos del arma, pero la compañía de Spencer contaba con una fecha límite de entrega imposible, y accidentes lamentables durante las pruebas hicieron que el Gobierno reconsiderase los pedidos. Spencer visitó personalmente al presidente Abraham Lincoln en agosto de 1863 y este probó el arma hasta quedar satisfecho. Al final, la Unión compró más de 100.000 Spencers, incluyendo el modelo de carabina mostrado aquí.

AMETRALLADORA GATLING

La ametralladora Gatling original de 1861 tenía seis cañones abastecidos por una tolva que contenía cartuchos de papel; un modelo más tardío usaba cartuchos metálicos, lo que mejoraba enormemente su cadencia de tiro, y los modelos posteriores a la guerra de Secesión (como el mostrado aquí) tenían diez cañones y utilizaban un cargador interno en forma de tambor. A menudo se describe la Gatling como la primera ametralladora, aunque en realidad no es un arma automática, pues el arma era manejada manualmente (por medio de una manivela) en lugar de funcionar mediante el retroceso o la salida de gases. Aun así, las Gatling podían conseguir una cadencia de tiro superior a 1.000 disparos por minuto.

RICHARD GATLING

Irónicamente Richard Jordan Gatling (1818-1903), el inventor de la ametralladora Gatling, que entró en acción por primera vez en el sitio de Petersburg, Virginia, en 1864, había nacido en Carolina del Norte y (según algunos historiadores) era un simpatizante de la Confederación. Es también irónico que Gatling (formado como doctor) afirmaba que su inspiración al desarrollar el arma (considerada la primera arma de tiro rápido con éxito) era el deseo de disminuir el número de hombres necesarios para combatir en las batallas y así reducir la extensión de enfermedades: «Se me ocurrió que si pudiese inventar una máquina, un arma, que por su rapidez de disparo permitiese que un hombre hiciese la labor de cien en el campo de batalla, esto podría eliminar en gran medida la necesidad de grandes ejércitos y, en consecuencia, la exposición a la batalla y las enfermedades sería mucho menor». En 1861, Gatling diseñó un arma de cañón múltiple manejada por una manivela, que probó ante el Departamento de Intendencia de los Estados Unidos un año más tarde. El arma fue rechazada en 1862 por ser demasiado complicada y pesada, y no fue adoptada oficialmente hasta 1866, tras el final de la guerra; aunque, como en otros casos ya mencionados, algunos comandantes compraron Gatlings por iniciativa propia, y estas entraron en servicio al final del conflicto. En las décadas siguientes, la Armada británica adoptó algunas ametralladoras basadas en el diseño Gatling, y las Gatlings fueron usadas con acierto por el Ejército estadounidense en Cuba durante la guerra de Cuba (1898). Tras la Segunda Guerra Mundial, el concepto de cañón múltiple de Gatling fue resucitado por los militares estadounidenses (con un sistema eléctrico) en armas para la aviación, como el cañón M1961 Vulcan de 20 mm y la ametralladora «miniarma» de 7,62 mm.

Armas de la Confederación en la guerra de Secesión americana

Tanto «Johnny Reb» como «Billy Yank»[81], los soldados de infantería corrientes de la guerra de Secesión americana (1861-1865), llevaban esencialmente la misma arma: un fusil rayado de avancarga, normalmente del calibre .58 o .577. Mientras que los talleres y factorías del Norte mantenían a los ejércitos de la Unión relativamente bien avituallados de armas (pese a cierta escasez al comienzo de la guerra), el Sur carecía de industria y tenía que importar la mayor parte de sus armas de Europa, algo que se volvió cada vez más difícil a medida que la guerra avanzaba y el bloqueo de la Armada de la Unión a los puertos sureños aislaba a la Confederación de sus fuentes de suministro.

EMPEZAR DE CERO

A comienzos de la guerra, la severa escasez de armas del Sur hizo que muchos soldados confederados se armasen ellos mismos con escopetas y rifles de caza sacados de sus propias casas.

El historiador contemporáneo Andrew Leckie escribe que «cuando el 27.º [Regimiento] de Alabama marchaba a la guerra, se decía que sus hombres llevaban un millar de escopetas de dos cañones y un millar de cuchillos Bowie hechos en casa». La situación mejoró un poco cuando comenzaron a llegar armas de ultramar y cuando las fuerzas confederadas capturaron el arsenal de Harper's Ferry, Virginia, en 1861. Parte de la maquinaria de Harper's Ferry fue utilizada para establecer fábricas de armas por todo el Sur, pero estas pequeñas factorías solo podían fabricar una fracción de los fusiles, piezas de artillería y otras armas precisadas por la Confederación.

IMPORTACIONES E IMITACIONES

Lo más parecido a un arma de infantería estándar en los ejércitos confederados fue el fusil rayado Enfield, del calibre .577, de fabricación británica. A pesar del nombre, los Enfields utilizados en la guerra de Secesión no habían sido fabricados en realidad en el Arsenal Real de Enfield, Inglaterra, sino que fabricantes privados produjeron fusiles del modelo Enfield para su exportación, porque dicho país era oficialmente neutral en el conflicto. El Gobierno confederado compró

JEFFERSON DAVIS

A diferencia de Abraham Lincoln, cuya única experiencia militar fue un breve periodo en la milicia de Illinois, Jefferson Davis fue militar profesional muchos años antes de asumir la presidencia de los Estados Confederados de América en febrero de 1861. Davis, nacido en Kentucky en 1808, se graduó en West Point y sirvió en la frontera antes de licenciarse en 1835. Más tarde se distinguió luchando en la guerra mexicano-americana (1846-1848), en la que fue herido. Tras entrar en política como Secretario de Guerra en el gabinete del presidente Franklin Pierce, impulsó reformas significativas, como la adopción del fusil rayado. Davis era senador de los Estados Unidos por Misisipí cuando estalló la guerra. Tras la derrota de la Confederación en la primavera de 1865, Davis fue encarcelado dos años. Murió en Luisiana en 1869.

ADAPTACIÓN CONFEDERADA
Al comienzo de la guerra, la Confederación consiguió obtener unos cuantos fusiles de avancarga adaptados, hechos por la *Massachusetts Arms Company* (Compañía de Armas de Massachusetts), como el que se muestra aquí. Esta carabina utilizaba el sistema de percusión de cinta de fulminantes de Maynard en lugar del más habitual, de cápsula fulminante.

unos 400.000 Enfields durante el transcurso de la guerra, y el fusil también fue ampliamente utilizado por las fuerzas de la Unión. Además de los Enfields, la Confederación compró unos 50.000 *Infanteriegewehr* («fusil de infantería» en alemán) modelo 1854 a Austria.

A lo largo de la guerra, la caballería sudista careció de un arma de retrocarga efectiva para usar a caballo, como la carabina Sharps (*vid.* p. 144) utilizada por los jinetes de la Unión. Los armeros confederados intentaron copiar el Sharps, pero el resultado, los llamados «Sharps de Richmond» (llamados así por la capital de la Confederación, donde eran fabricados) dieron tan mal resultado, que el general confederado Robert E. Lee describió el arma como «tan defectuosa que desmoraliza a nuestros propios hombres». Solo se hicieron unos 5.000.

[81] «Johnny Reb» es un apodo por el que se conoce de forma familiar a los soldados sudistas; «Billy Yank» es un apodo similar dado a los soldados nordistas.

CUCHILLOS CASEROS

Los soldados confederados llevaban estos cuchillos rudimentarios, posiblemente hechos por ellos mismos a con una sierra o un utensilio de granja. El diseño de estos y otros cuchillos sureños similares se inspiraba en el famoso cuchillo Bowie, el arma de hoja larga popularizada por los hombres de la frontera Jim y Rezin Bowie en la década de 1830.

PISTOLA LEMAT

Un arma corta favorita entre los oficiales confederados, la pistola LeMat tenía dos cañones: el de arriba disparaba balas del calibre .40 de un tambor de nueve balas, mientras que el de abajo disparaba una sola carga de perdigones. Este poderoso híbrido de revólver y escopeta fue producido por primera vez en Nueva Orleáns en 1856 por un doctor nacido en Francia, Jean Alexander François LeMat, quien más tarde trasladó la producción a Europa cuando estalló la guerra.

PISTOLAS DE JEFFERSON DAVIS

Este magnífico juego de pistolas en su estuche fue hecho en Bélgica en 1861 como regalo para el recién nombrado presidente de los Estados Confederados de América. Tienen cañones de acero de Damasco (*vid*. p. 88), empuñaduras de marfil estriado y damasquinado en la caja y otras partes de las armas. Pero Davis nunca consiguió disfrutar de este regalo; el barco que lo llevaba a la Confederación fue capturado cuando intentaba burlar el bloqueo de la Unión.

ACERO AUSTRIACO

Esta bayoneta de cubo encaja en el *Infanteriegewehr* modelo 1854 austriaco, también conocido como fusil rayado Lorenz. A pesar de que ambos bandos lo compraron en grandes cantidades, el Lorenz era, según un historiador, «odiado universalmente por muchos de los soldados que lo utilizaron». El Gobierno de la Unión compró miles de estas armas simplemente para impedir que fuesen adquiridas por la Confederación.

ARMAS DEL OESTE AMERICANO

Pocas eras en la historia están más identificadas con el uso extendido de armas de fuego como la colonización del Oeste de los Estados Unidos en el siglo XIX. La expresión «el Salvaje Oeste» evoca inmediatamente imágenes de vaqueos, forajidos y agentes de la ley empuñando «seis-tiros»; exploradores y cazadores de bisontes[82] con fusiles de repetición de palanca y potentes rifles de un único tiro; soldados de la caballería y nativos americanos luchando con carabinas y revólveres contra flechas y lanzas. Innumerables libros y películas han asentado este periodo romántico en la imaginación popular (no siempre correctamente), pero el hecho es que en la frontera tener un arma fiable que manejar (o dos, o tres) marcaba a menudo la diferencia entre la vida y la muerte.

A TRAVÉS DE LAS MONTAÑAS

A comienzos del siglo XIX, la frontera estaba justo detrás de los montes Apalaches; los pioneros que iban al oeste desde los estados de la costa Este llevaban con ellos sus largos rifles de Kentucky (*vid.* p. 69), tanto para cazar algo que comer como para combatir a los nativos americanos que resistían ante la marea de la colonización. Cuando la compra de Luisiana (1803) llevó la frontera a las Montañas Rocosas y más allá, los legendarios «montañeses» iban a las tierras salvajes en busca de pieles, a menudo armados con rifles de gran calibre manufacturados por los hermanos Samuel y Jacob Hawken de San Luis.

En la década de 1850, durante el calentamiento previo a la guerra de Secesión americana, en el Oeste, el territorio de Kansas se convirtió en un campo de batalla donde colonos antiesclavistas del Norte luchaban contra colonos esclavistas del Sur, cada bando esperando hacerse con la mayoría cuando llegase el momento de que el territorio se convirtiese en un estado[83]. Muchos de los colonos del Norte estaban armados con un arma nueva y tecnológicamente avanzada: la carabina diseñada por Christian Sharps (1811-1874) en 1848. La carabina Sharps, de retrocarga, tenía una recámara de cierre ascendente: una palanca (que también hacía de guardamonte) bajaba el cierre de la recámara para cargarla. Los fusiles y las carabinas basadas en el diseño Sharps siguieron siendo populares en los Estados Unidos durante décadas.

EN LA FRONTERA

El Sharps original era un arma de un solo tiro, pero en 1860 Christopher Spencer (1832-1922) desarrolló un rifle de cierre ascendente con un cargador interno de siete tiros bajo el cañón, un auténtico fusil de repetición, que también fue muy utilizado en el Oeste. Más o menos en la misma época, la *Winchester Repeating Arms Co.* (Compañía de Armas de Repetición Winchester) estaba desarrollando un rifle de palanca de cargador interno, que sacaron al mercado en 1866; su sucesor, el modelo 1873, resultó ser inmensamente popular y se ha llamado a menudo «el arma que conquistó el Oeste». Desde el fin de la guerra de Secesión hasta el «fin de la frontera» en 1890, la tarea principal del Ejército de los Estados Unidos era combatir contra los nativos americanos. Aunque las armas de repetición habían probado su valía en la guerra de Secesión, el Ejército tenía tantos fusiles de avancarga Springfield sobrantes de ese conflicto que lucharon gran parte de las guerras indias con Springfields «de trampilla», así llamados porque habían sido adaptados a armas de retrocarga de un tiro.

Los rifles de alta potencia (normalmente del calibre .50) utilizados por los cazadores profesionales de bisontes entraban en otra categoría de armas occidentales. Muertos por sus pieles, o para impedir que bloqueasen la construcción de líneas de ferrocarril, o simplemente por deporte, los bisontes, cuyos rebaños de cientos de miles habían pastado por las llanuras en otro tiempo, casi se habían extinguido a mediados de la década de 1880.

En cuanto a las pistolas, quienes estaban a un lado u otro de la ley utilizaron una gran variedad de ellas, pero los Colt, especialmente el modelo *Army* («Ejército») de acción sencilla, eran los favoritos.

WINCHESTER 66
El Winchester modelo 1866 fue apodado «el chico amarillo» por el color de su cajón de mecanismos. El arma, descendiente directa del rifle Henry, disparaba el mismo cartucho del calibre .44 de fuego anular, pero su cargador interno tubular tenía más del doble de capacidad que el de un Henry (pasaba de siete a quince cartuchos). Este modelo en particular (adaptado a cartuchos de fuego central) fue propiedad del zar Alejandro II de Rusia (1818-1881), y lleva grabados el anagrama imperial del Zar y otros símbolos de la monarquía rusa.

[82] Llamado muy a menudo «búfalo», especialmente por los propios estadounidenses, aunque el término es erróneo.
[83] Cuando un territorio se convertía en estado, sus ciudadanos decidían, mediante un referéndum, si este iba a ser esclavista o no. En el caso de Kansas, esto llevó a más de un tiroteo, quema de granjas, etc., entre los partidarios de la esclavitud y sus detractores. Finalmente vencieron los abolicionistas (enemigos de la esclavitud), sobre todo porque el clima de Kansas era más propicio a cultivos que no necesitaban mano de obra esclava.

OLIVER WINCHESTER

Oliver Fisher Winchester, nacido en Boston en 1810, hizo su primera fortuna como fabricante de camisas para hombre en Baltimore, Nueva York y New Haven. A medida que su negocio textil prosperaba, invertía en la *Volcanic Repeating Arms Company* (Compañía de Armas de Repetición Volcánicas), haciéndose con el control de la empresa en 1856 y rebautizándola como *New Haven Arms Co* (Compañía de Armas de New Haven) y, más tarde, *Winchester Repeating Arms Co.* (Compañía de Armas de Repetición Winchester). La *Volcanic Company* había producido un rifle de repetición que fue popular por poco tiempo, y Winchester contrató al armero Benjamin Tyler Henry (1821-1898) para redefinir el diseño. El resultado, en 1860, fue el llamado rifle Henry, un fusil de repetición de palanca, que entró en servicio en la guerra de Secesión americana (1861-1865; *vid.* pp. 134-139), pese a que el Ejército de la Unión nunca lo adoptó oficialmente. Tras la guerra, Winchester produjo el modelo 1866, el modelo 1873 y sus sucesores. Winchester era también político y sirvió como segundo del gobernador de Connecticut. Oliver Winchester murió en 1881 y el control de la compañía pasó a su hijo, William Winchester. William murió al año siguiente, pero la compañía siguió adelante, y todavía es de los grandes fabricantes de armas americanos, produciendo una gran variedad de rifles y escopetas para el mercado deportivo. En una curiosa anécdota de la historia de los Winchester, se dice que un médium espiritualista dijo a la viuda de Winchester, Sarah Pardee Winchester, que debía construir una casa para las almas de aquellos muertos por las armas Winchester, o si no, la familia estaría maldita para siempre. Aún se debate si esto es cierto o no, pero en 1884 Sarah se mudó a San José, California, donde compró una casa modesta, que amplió, a un coste enorme, hasta su muerte en 1922. Para entonces la vivienda tenía 160 habitaciones y un montón de rasgos extraños, como escaleras que no subían a ninguna parte y puertas que daban a paredes. La «casa misteriosa» Winchester es hoy una gran atracción turística.

RIFLE COLT LIGHTNING

A comienzos de la década de 1880 Colt sacó su serie de rifles *Lightning* («Relámpago»), basada en una patente de William Elliot. Los rifles utilizaban un mecanismo de corredera, algo inusual en la época, y nunca fueron tan populares como sus competidores de palanca (Winchester). Los modelos de la serie tenían como calibres .32, .38 y .44.

CARABINA DE LA MASSACHUSETTS ARMS COMPANY

Una carabina de retrocarga de percusión del calibre .50 hecha por *la Massachusetts Arms Company* (Compañía de Armas de Massachusetts); este tipo de rifle, preciso hasta 549 m, era conocido como carabina Maynard porque utilizaba una cinta de fulminantes Maynard para encender la pólvora. La carabina fue popular entre los militares y los deportistas. Fue patentada en 1851 y más tarde fue muy usada por el Ejército de la Confederación durante la guerra de Secesión. Pero este rifle en particular, con su cartela de plata y el emblema napoleónico, era en realidad posesión de Napoleón III (1808-1873, emperador de Francia de 1852 a 1870), sobrino de Napoleón Bonaparte.

RIFLE WINCHESTER MODELO 1866 DE MAXIMILIANO I

Este rifle modelo 1866 fue creado por la Winchester Arms Company como regalo para el emperador Maximiliano, gobernante de México nombrado por los españoles[84]. El arma de Maximiliano tiene una caja de marfil macizo, un cajón de mecanismos chapado en oro y lleva grabada el águila mexicana.

---

[84] Maximiliano I (1832-1867; emperador de México de 1864 a 1867) era en realidad un príncipe austriaco, de la casa de Habsburgo, nombrado emperador de México por los franceses, no por los españoles. En 1861, Francia, España e Inglaterra habían decidido invadir México después de que este país anunciase la suspensión del pago de su deuda externa. Las tropas europeas tomaron Veracruz y el Gobierno mexicano tuvo que negociar con ellos, aceptando dar marcha atrás en sus planes y pagar la deuda. España e Inglaterra retiraron sus tropas, pero Francia decidió ir más allá e instalar en México un gobierno satélite, para lo que buscaron el apoyo de los conservadores mexicanos e invadieron el país. Pero la mayoría de los mexicanos seguía resistiendo frente a la invasión francesa, liderados por su presidente Benito Juárez. Finalmente, en 1863, Francia decidió instalar en México una monarquía, y se ofreció la corona a Maximiliano de Habsburgo, quien la aceptó en 1864. Aunque al principio le fue bien, a partir de 1865 comenzaron a cambiar las tornas; hasta ese momento los Estados Unidos habían estado muy ocupados con la guerra de Secesión para intervenir en México, pero a partir de entonces apoyaron a las fuerzas juaristas, aprovechando para venderles sus excedentes militares tras su propia guerra. Además, el ascenso militar de Prusia obligó a Francia a retirar sus tropas de México, lo que dejó a Maximiliano sin sus principales aliados. Finalmente, Maximiliano fue capturado por las tropas juaristas en Querétaro, condenado a muerte y fusilado.

WINCHESTER 73

En 1873, Winchester produjo una versión mejorada del modelo 1866 que disparaba una versión nueva del cartucho del calibre .44 de fuego central. El Winchester 73 se convirtió en el más famoso de los fusiles Winchester y sin duda en una de las armas más famosas del Oeste. El arma mostrada aquí pertenecía a Alberto Eduardo, príncipe de Gales, más tarde Eduardo VII (1841-1910; rey de Inglaterra e Irlanda y emperador de la India de 1901 a 1910); el medallón de plata insertado en la caja está grabado con símbolos imperiales, incluyendo la estrella de la India. El armero James Kerr tiñó de azulado el arma en la *London Armoury Co.* (Compañía del Arsenal de Londres).

SHARPS 1859

Los fusiles y carabinas con recámara de cierre rotatorio diseñados por Christian Sharps (1811-1874) eran populares entre cazadores, exploradores y otros habitantes del Oeste. Aquí se muestra la carabina Sharps Nuevo Modelo 1859, con un par de «gafas de francotirador» coloreadas, utilizadas para no deslumbrarse. El rifle del calibre .50 (conocido como «el Gran Cincuenta»), que fue muy utilizado por los cazadores de bisontes, era quizás el más famoso de los modelos Sharps. Se decía que el arma podía tumbar a un bisonte de un solo tiro a 183 m.

DAGA DE PUÑO

Descrita como una «daga de puño de tahúr», esta arma pequeña y cruel, hecha en San Francisco en 1870, era presumiblemente útil a la hora de resolver discusiones sobre de dónde había salido ese quinto as. Tiene un mango de hueso y una hoja de 12,5 cm.

REVÓLVER ADAMS

Los revólveres hechos por el armero británico Robert Adams (1809-1870) fueron un serio competidor para los productos de Colt tanto durante la guerra de Secesión como en la frontera del Oeste. Al ser revólveres de doble acción, disparaban más rápido, pero por lo general los Colt eran más precisos y poderosos. Los revólveres Adams, hechos a mano y de buena calidad, eran también más caros. Se dice que el coronel George Armstrong Custer[85] del Séptimo Regimiento de Caballería, que fue barrido por los guerreros sioux y cheyennes en la famosa batalla de Little Big Horn en 1876, tenía una pistola Adams similar a la mostrada aquí, aunque en esa fatídica batalla, aparentemente, Custer halló la muerte disparando un par de revólveres Schofield[86].

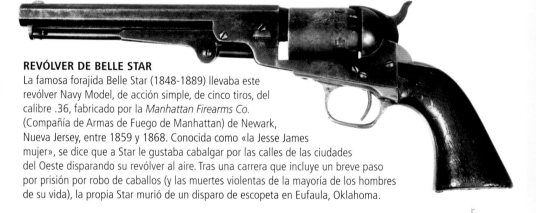

REVÓLVER DE BELLE STAR

La famosa forajida Belle Star (1848-1889) llevaba este revólver Navy Model, de acción simple, de cinco tiros, del calibre .36, fabricado por la *Manhattan Firearms Co.* (Compañía de Armas de Fuego de Manhattan) de Newark, Nueva Jersey, entre 1859 y 1868. Conocida como «la Jesse James mujer», se dice que a Star le gustaba cabalgar por las calles de las ciudades del Oeste disparando su revólver al aire. Tras una carrera que incluye un breve paso por prisión por robo de caballos (y las muertes violentas de la mayoría de los hombres de su vida), la propia Star murió de un disparo de escopeta en Eufaula, Oklahoma.

ELIPHALET REMINGTON

Nacido en Connecticut en 1793, Eliphalet Remington, como muchos habitantes de Nueva Inglaterra de su época, se mudó al interior del estado de Nueva York, donde trabajó de herrero junto a su padre. Con poco más de 20 años decidió que podía hacer un arma de fuego mejor que las que había a la venta. El arma resultante impresionó tanto a los usuarios locales, que se dedicó por entero a la fabricación de armas de fuego, estableciendo la que sería la *E. Remington & Sons* (E. Remington e Hijos), más tarde *Remington Arms Co.* (Compañía de Armas Remington), en Ilion, Nueva York. Cuando Remington murió en 1861, la pequeña empresa iba camino de convertirse en uno de los líderes de la nación en la fabricación de armas, un estatus que, como Winchester, mantiene actualmente. Aunque Remington diversificó su producción, incluyendo productos que van desde las máquinas de escribir a las bicicletas, se dice que Remington Arms Co. es la compañía americana más antigua que aún fabrica su producto original.

RIFLE REMINGTON

Los rifles Remington de cierre rotatorio de un solo tiro de las décadas de 1860 y 1870 eran de fabricación extremadamente robusta. En América eran sobre todo un arma para civiles, aunque el Ejército y la Armada de los Estados Unidos compraron algunos rifles y carabinas en pequeñas cantidades. Pero Remington vendió cientos de miles de estas armas a gobiernos extranjeros, algunas de las cuales seguían en servicio bien entrado el siglo xx.

---

[85] George Armstrong Custer (1839-1876) fue un famoso (y polémico) oficial de caballería estadounidense. Luchó en la guerra de Secesión, donde alcanzó el grado de general de división de las milicias estatales, aunque su rango en el Ejército regular al terminar la guerra era de capitán. Luchó también en las guerras indias, y fue ascendiendo hasta el rango de teniente coronel, que ostentaba cuando murió. Custer era un comandante de fuerzas de caballería enérgico, valiente y capaz, lo que le granjeó la admiración de muchos, pero su áspera personalidad y su ego desmesurado le granjearon muchas antipatías, tanto entre sus superiores como entre sus subordinados.
[86] Este no fue el único detalle poco característico de Custer en esa famosa batalla. Aunque Custer era conocido por llevar el pelo largo (los indios lo llamaban «el general de cabellos largos») y una chaqueta de ante, se sabe que en esa batalla vestía su uniforme reglamentario y que se había cortado el pelo.

FUSILES DE CERROJO

El fusil de cerrojo de cargador interno, que disparaba cartuchos de vaina metálica de calibre y potencia significativos, fue el arma principal de la infantería de los ejércitos modernos durante unos 75 años, desde la década de 1860 hasta la época de la Segunda Guerra Mundial, cuando fue remplazada por los fusiles semiautomáticos (*vid.* pp. 176-179) y más tarde por los fusiles de asalto de tiro selectivo (*vid.* pp. 212-215). Simple, robusto y fiable, este tipo de rifle se sigue utilizando en el siglo XXI por los civiles para cazar y practicar la puntería.

EL FUSIL DE AGUJA Y EL «CHASSEPOT»

Aunque la guerra de Secesión americana (1861-1865; *vid.* pp. 134-139) demostró la efectividad de los fusiles y carabinas de retrocarga de tiro rápido, el poderoso Estado alemán de Prusia ya había adoptado un arma así para su ejército en 1848. Se trataba del famoso «fusil de aguja», desarrollado por Nikolaus von Dreyse (1787-1867). Esta arma del calibre 15,4 mm recibió su nombre porque utilizaba una aguja percutora para detonar una cápsula fulminante encapsulada en un cartucho de papel que también contenía la carga de pólvora y la bala.

La gran innovación del fusil de aguja, además del cartucho autónomo, era la aparición de un mecanismo de disparo de cerrojo. Juntos, estos avances permitían una carga y disparo más rápidos de lo que era posible con los fusiles y rifles de avancarga de percusión utilizados en la época. Las principales desventajas del arma eran que la explosión del fulminante tendía a debilitar y finalmente corroer la aguja percutora, y el diseño de la recámara permitía que escapase mucho gas propulsor al disparar.

El fusil de aguja entró en acción por primera vez contra las turbas revolucionarias en 1848-1849 y después en las guerras de Prusia contra Dinamarca (1864), Austria (1866) y Francia (1870-1871). En la guerra francoprusiana, las tropas prusianas con fusiles de aguja se enfrentaron a la infantería francesa, armada con un fusil similar, el *chassepot*, llamado así por su inventor, Antoine Chassepot (1833-1905), que fue adoptado por el Ejército francés en 1866. El *chassepot*, con un calibre de 11 mm, era superior técnicamente al fusil de aguja en varios aspectos, y tenía un alcance mayor, pero la superioridad prusiana en artillería y tácticas contrarrestó las ventajas del *chassepot*.

LLEGA EL CARGADOR INTERNO

El éxito del fusil de aguja y el *chassepot* llevó a otros ejércitos occidentales a adoptar el fusil de cerrojo. Pero el fusil de aguja y el *chassepot* eran armas de un solo tiro; el avance siguiente fue desarrollar armas de disparo múltiple con cargador que utilizasen el nuevo sistema de disparo. Por ejemplo, en 1868 el Ejército suizo adoptó un fusil desarrollado por Freidrich Vetterli (1822-1882) que se abastecía de un cargador interno tubular bajo el cañón.

Pero la mayoría de los fusiles de esta nueva generación utilizaban un cargador fijo o extraíble, que contenía cinco o más cartuchos, ya fueran cargados individualmente o con un peine, el cual contenía varios cartuchos en una estructura de metal que se insertaba en el cargador desde arriba o desde abajo.

El Ejército británico adoptó el Lee-Metford, su primer fusil de cerrojo con cargador, en 1877. En 1889 Dinamarca adoptó el Krag Jorgensen, que luego fue adoptado por Noruega y los Estados Unidos. Pero el más exitoso de los fusiles del nuevo estilo fue el diseño producido por los hermanos alemanes Wilhelm y Paul Mauser (*vid.* cuadro en la página siguiente).

CARABINA DE LA POLICÍA BELGA
Esta carabina de la Policía belga es un arma de percusión fabricada en 1858.

LOS MAUSER

Wilhelm (1834-1882) y Paul Mauser (1838-1914) siguieron los pasos de su padre como armeros en el arsenal real del reino alemán de Wurttemberg. Cuando el Gobierno del recientemente unificado Estado alemán buscó un fusil mejorado como respuesta al rendimiento del *chassepot* francés en la guerra franco-prusiana, los hermanos desarrollaron un arma de cerrojo de un tiro, el *Gewehr* (fusil) modelo 1871, que Alemania adoptó ese mismo año. Tras la muerte de Wilhelm, Paul inventó un nuevo diseño del calibre 7 mm basado en el recién desarrollado cargador. Los modelos 1893, 1894 y 1895 del fusil resultaron extremadamente exitosos y llovieron pedidos de todo el mundo. Aunque el cierre de acción normal del Mauser no permitía una cadencia de tiro tan rápida como la del SMLE británico, de cerrojo en línea, por poner un ejemplo, el Mauser era un fusil fuerte, seguro y efectivo[87]. En 1898, Mauser introdujo el *Gewehr* 98 de 7,92 mm, en opinión de muchos historiadores de armas el mejor fusil de cerrojo jamás fabricado. El G98 siguió siendo el fusil reglamentario del Ejército alemán hasta mediados de los años treinta, cuando fue remplazado por una versión más corta, la *Karabiner* (carabina) 98 o KAR 98. Las tres principales fábricas de Mauser fueron destruidas durante la Segunda Guerra Mundial; hoy la compañía, propiedad de la firma *Rheinmetall* (Metal del Rin), hace sobre todo rifles de caza. Pero algunos antiguos ingenieros de la Mauser fueron decisivos a la hora de fundar Heckler & Koch, el mayor fabricante de armas alemán de la posguerra.

KRAG

Desarrollado en la década de 1880 por dos noruegos, el oficial del Ejército Ole Krag y el diseñador de armas Erik Jorgensen, el Krag-Jorgensen es inusual, pues utiliza un cargador lateral «en cápsula» de cinco balas. El Krag-Jorgensen existió en gran variedad de modelos y calibres al servicio de Dinamarca y Noruega. El Ejército estadounidense lo adoptó en 1892, con el calibre 30-40 Krag, aunque pocos de ellos llegaron a las unidades del Ejército hasta bien entrada la década. Pero el mayor rendimiento de los Mauser utilizados por las fuerzas españolas en Cuba durante la guerra de Cuba llevó a los Estados Unidos a adoptar un fusil de tipo Mauser, el Springfield modelo 1903, cinco años más tarde. Mientras tanto el Krag también fue muy usado por las fuerzas estadounidenses en las Filipinas durante la «insurrección» independentista que siguió a la toma de las islas de la colonia española por parte de los EE.UU.

CARABINA BELGA

Esta carabina belga de retrocarga de un solo tiro, que dispara un cartucho de fuego central del calibre .45, es representativa de las armas de caballería desarrolladas en las décadas de 1860 y 1870. Tras la introducción de los fusiles de cerrojo de cargador, los diseñadores de armas buscaron llegar a un término medio entre las carabinas y los fusiles de infantería, con armas multiusos como el SMLE (*Short Magazine Lee Enfield*; es decir, Lee Enfield corto con cargador) británico y el Springfield modelo 1903 estadounidense.

MOSQUETÓN BEAUMONT

A comienzos de la década de 1870 el ingeniero holandés Beaumont desarrolló un fusil de cerrojo de acción normal de un tiro basado en el *chassepot* francés. El fusil era inusual, pues su sistema de disparo utilizaba un muelle en forma de V dentro de una manija del cerrojo de dos piezas, en lugar de la bobina de resorte usada en otros fusiles de cerrojo. Este modelo en particular, una carabina experimental utilizada por los artilleros, fue fabricado en el arsenal francés de St. Etienne en 1874.

---

[87] Los fusiles de cerrojo de acción normal requieren cuatro movimientos del tirador para expulsar el cartucho vacío, cargar el nuevo cartucho y amartillar el arma: girar el cerrojo, tirar de él, empujarlo y volver a girarlo. Los de cerrojo en línea solo requieren dos: tirar del cerrojo y empujarlo, por lo que su cadencia de tiro es más rápida.

«TORINO»

En 1887 el Ejército italiano comenzó a adaptar el fusil de cerrojo Vetterli 1870 de un solo tiro para añadirle un cargador diseñado por el oficial de artillería G. Vitali. El resultado fue un Vetterli-Vitali del calibre 10,4 mm, que entró en servicio en las guerras coloniales italianas en África durante el final del siglo XIX y el comienzo del XX.

GEWEHR 1888

El Ejército alemán, temeroso de ser sobrepasado por los franceses en el desarrollo de fusiles, creó una comisión en 1888 para impulsar la innovación. Uno de los resultados fue el *Gewehr* modelo 1888, también llamado el «fusil de la comisión», del calibre 7,92 mm, que incorporaba elementos de los diseños tanto de Mauser como del austriaco Mannlicher. Un rasgo inusual es que el cañón estaba rodeado por una cubierta de metal en lugar de por el guardamano habitual de madera: se creía que sería una manera más efectiva de impedir que el cañón se recalentase al hacer fuego rápido.

SMLE

Durante la guerra de los bóeres (1899-1902) el Ejército británico decidió que las condiciones del combate moderno exigían un fusil de infantería más corto que funcionase también como carabina, reduciendo así las complicaciones logísticas de tener que suministrar dos tipos diferentes de piezas y munición. El resultado, aparecido en 1907, fue el SMLE (*Short Magazine Lee Enfield*; es decir, Lee Enfield corto con cargador), que seguiría en servicio, en varios modelos, durante casi medio siglo. Se muestra aquí el modelo Mark III, con su bayoneta de tipo espada, de 746 cm. El SMLE tenía un cargador con capacidad para diez cartuchos, en una época en la que la mayoría de los demás fusiles con cargador no admitían más de cinco.

MOSIN

Pocos fusiles reglamentarios han tenido una vida activa más larga que el fusil ruso Mosin-Nagant modelo 1891, del calibre 7,62 mm; con variaciones, ha servido con las fuerzas rusas y soviéticas hasta finales de los cuarenta. Antes de la Revolución rusa muchos Mosin-Nagant fueron fabricados en los Estados Unidos, incluyendo este, mostrado con su bayoneta de pincho, que fue realizado por la corporación Westinghouse en la década de 1890.

VETTERLI

El fusil de infantería suizo Vetterli modelo 1869 del calibre .41, anterior al famoso Mauser en varios años, fue el primer fusil de cerrojo de disparo múltiple adoptado por un ejército importante. Aunque se abastecía de un cargador tubular interno con capacidad para una docena de cartuchos, de forma similar a los fusiles de tipo Winchester y Henry, y no de un cargador externo. El modelo mostrado aquí es la versión italiana de 1878.

UNA MULTITUD DE MAUSERS

Muchas naciones diferentes adoptaron los diseños Mauser para sus fuerzas armadas; según la compañía unos cien millones de fusiles Mauser fueron fabricados en todo el mundo desde finales del siglo XIX hasta la Segunda Guerra Mundial. Aquí solo se muestran unas pocas de las muchas variantes de Mauser de todo el mundo.

MAUSER TURCO
Un modelo turco de 1890, que utilizaba una versión ligeramente diferente del cartucho de 7,65 mm estándar.

MAUSER PERSA
Un Mauser del calibre 8 mm del Ejército persa (más tarde iraní) con bayoneta. Muchos de estos fueron fabricados por la Fábrica de Armas Brno, en Checoslovaquia.

MAUSER ARGENTINO CON BAYONETA Y VAINA
En 1891 el Ejército argentino remplazó su anticuado fusil Remington del calibre .43, de cierre rotatorio, por el Mauser del calibre 7,55 mm mostrado aquí, junto a su bayoneta y su vaina.

MAUSER SUECO CON BAYONETA Y VAINA
Suecia adoptó el Mauser en 1893, aunque para cartuchos de 6,65 mm, un calibre pequeño para los fusiles militares de la época. Los suecos también insistieron en que, aunque hechos en Alemania, sus Mausers tenían que estar fabricados con acero sueco.

La pistola automática

La pistola automática puede ser considerada la hijastra de la ametralladora. Después de que Hiram Maxim (*vid*. p. 181) averiguase cómo utilizar el retroceso de un arma para cargar, disparar, expulsar y recargar un cartucho en la década de 1880, los diseñadores de armas de varios países trabajaron para reducir el diseño al nivel del arma corta. Estrictamente hablando, las pistolas automáticas son en realidad armas semiautomáticas, pues disparan una vez cuando se aprieta el gatillo, y no continuamente, como una ametralladora; aunque se han desarrollado pistolas completamente automáticas. Las primeras pistolas semiautomáticas tenían algunos problemas iniciales, especialmente respecto al tamaño de los cartuchos, pero diseñadores como John Browning (*vid*. cuadro página siguiente) hicieron viable el arma.

BORCHARDT, BERGMANN Y LUGER

La primera pistola semiautomática con éxito fue obra de un inventor americano nacido en Alemania, Hugo Borchardt (1844-1924), quien trabajó para varios fabricantes de armas estadounidenses, incluidos Colt y Winchester. En 1893 Borchardt diseñó una pistola que utilizaba el principio de retroceso de Maxim para impulsar hacia atrás y hacia arriba una palanca que expulsaba los casquillos vacíos e introducía un cartucho nuevo, abastecido por un cargador en el mango. (Se dice que el diseño de Borchardt estaba inspirado en el movimiento de la rodilla humana.) Borchardt no encontró compradores para su pistola en América, por lo que se trasladó a Alemania, donde la firma Ludwig Loewe & Compañía llevó al mercado su avanzada pistola.

También en Alemania, en la misma época, el empresario de origen austriaco Theodor Bergmann (1850-1931) y el diseñador alemán Louis Schmeisser (1848-1917; padre de Hugo Schmeisser) comenzaron a desarrollar una serie de semiautomáticas de sistema *blowback* o «de carro», aunque estas se abastecían de un cargador situado delante del guardamonte en lugar de ir en el mango, como la Mauser «de Mango de Escoba», desarrollada más o menos en la misma época.

Deutsch Waffen & Munitions Fabriken (DWM; Fábrica Alemana de Armas y Municiones), la empresa sucesora de Ludwig Loewe & Cía., no pudo vender la pistola Bordchardt al Ejército de los Estados Unidos en la década de 1890, pero uno de sus empleados, Georg Luger, mejoró su diseño y finalmente desarrolló la primera versión de la famosa pistola que lleva su nombre. La adopción de la Luger por el Ejército suizo en 1900 significó un gran paso adelante en la aceptación militar de la pistola semiautomática. Pero el Ejército alemán consideraba la Luger original, con un calibre de 7,65 mm, demasiado débil. Luger desarrolló entonces un cartucho de 9 mm (el *parabellum*, «para la guerra» en latín). Alemania adoptó la versión de 9 mm en 1908.

LLEGA JOHN BROWNING

La principal objeción que los clientes militares planteaban a las primeras semiautomáticas era la aparente falta de «poder de detención» de sus cartuchos. (Los mecanismos automáticos no podían funcionar utilizando los pesados cartuchos de revólver de la época.) Pero a comienzos del siglo XX, el Ejército de los Estados Unidos descubrió que incluso su revólver del calibre .38 era insuficiente cuando se usaba contra determinados insurgentes musulmanes en Filipinas (entonces una colonia estadounidense). John Browning hizo frente al reto con una pistola que, aunque fuese una semiautomática, disparaba una bala extremadamente potente del calibre .45; el cartucho fue denominado .45 ACP (*Automatic Colt Pistol*; Pistola Colt Semiautomática). La semiautomática Colt M1911, adoptada oficialmente por el Ejército de los Estados Unidos en 1911, se convirtió en una de las pistolas más exitosas y duraderas del mundo.

BORCHARDT

Hugo Borchardt esencialmente diseñó su pistola, la primera semiautomática con éxito, en base al nuevo cartucho 7,65 mm, que con el tiempo sería conocido como 7,65 Mauser. El sistema de disparo se basaba en una recámara cerrada; al disparar, el cañón retrocedía, abriendo el cierre de la recámara y activando una palanca que apartaba el cañón del cierre de la recámara, expulsando el casquillo vacío y cargando un cartucho nuevo del cargador de ocho balas en el mango. Pero el incómodo diseño del Borchardt hacía que fuese difícil de disparar con una mano, así que (como varias de las otras primeras semiautomáticas) iba equipado con un culatín desmontable.

BERGMANN

Las semiautomáticas Bergmann de sistema de carro, desarrolladas a mediados de la década de 1890 (se muestra aquí el modelo 1894) eran inusuales, pues no incorporaban un sistema de expulsión de los casquillos vacíos, sino que estos eran expedidos por la presión de los gases del disparo. El llamado «sistema de extracción de gas» hacía que estas pistolas fuesen un poco proclives a encasquillarse. La serie Bergmann aceptaba varios calibres y tenía un mango estilo revólver, con cartuchos que llegaban a la recámara desde un cargador delante del guardamonte. Los modelos Bergmann más tardíos incluían las semiautomáticas modelo *Mars* («Marte») y Simplex, que tuvieron un uso militar muy extenso antes y durante la Primera Guerra Mundial.

JOHN M. BROWNING

Browning fue sin duda el fabricante de armas más influyente y versátil de todos los tiempos. Su trabajo englobaba armas tanto civiles como militares, e incluye escopetas, fusiles automáticos, ametralladoras y pistolas semiautomáticas. Muchos de sus diseños siguen siendo fabricados hoy en día. John Moses Browning nació en Ogden, Utah (EE.UU.), en 1855. El padre de Browning, un armero, era uno de los pioneros mormones que habían viajado al Oeste hasta Utah, y fue en el taller de su padre donde produjo su primera arma de fuego a los 13 años. En 1883 Browning se fue a trabajar para Winchester, donde diseñó varias escopetas y rifles legendarios en la década de 1890 y comienzo del siglo xx. Su interés por las armas automáticas llevó al desarrollo de una ametralladora en 1895 y varias pistolas semiautomáticas, que al final incluían el Colt modelo M1911A1. Sus ametralladoras de calibre .30 y .50 fueron estándar en el Ejército estadounidense, al igual que el Fusil Automático Browning (*Browning Automatic Rifle* o BAR) (*vid.* pp. 202-203). Murió en Bélgica en 1926 mientras trabajaba en una pistola automática del calibre 9 mm que finalmente sería producida como la Browning de Alta Potencia.

LUGER

El modelo Luger adoptado por el Ejército suizo (como el ejemplar mostrado aquí, con la cruz suiza estampada en el cajón de mecanismos) era del calibre 7,65 mm; el modelo P08 alemán, adoptado en 1908, disparaba balas del calibre 9 mm *parabellum*, que, casi un siglo más tarde, sigue siendo el calibre más popular para pistolas semiautomáticas y subfusiles. Aunque la Luger era sin duda un arma excelente, su estatus legendario (era un recuerdo codiciado por las tropas aliadas en ambas guerras mundiales) exagera su rendimiento real.

GLISENTI

Producida por primera vez en 1910, la Glisenti de 9 mm (llamada así por su fabricante, *Real Fabbrica d'Armi Glisenti* o Real Fábrica de Armas Glisenti) era el arma corta estándar del Ejército italiano en la Primera Guerra Mundial. Un sistema de disparo excesivamente complejo combinado con un mecanismo del gatillo inusual reducía su efectividad.

LUGER DE ARTILLERÍA

Hacia el final de la Primera Guerra Mundial, el Ejército alemán introdujo una interesante variante de la Luger, el llamado modelo de artillería. La Luger de artillería tenía un cañón de 20 cm en lugar del cañón de 10 cm del modelo estándar, y se esperaba que fuese utilizada como carabina con un culatín de madera desmontable y un cargador redondo de 32 cartuchos (*vid.* p. 193). Como el nombre indica, originalmente fue entregada a las dotaciones de artillería como arma defensiva, pero resultó útil en manos de las unidades de infantería que luchaban en las trincheras.

COLT .45

En las palabras del historiador de armas de fuego Craig Philip: «Duros, fiables y capaces de dar un buen puñetazo, [los Colt .45] se han hecho querer por soldados de todas las naciones». Al menos tres millones de estas pistolas han sido fabricadas en los Estados Unidos, y un número desconocido ha sido fabricado bajo licencia (o simplemente copiadas) por todo el mundo desde su aparición en 1911. El modelo original «gubernamental» fue modificado ligeramente, basándose en la experiencia de combate de la Primera Guerra Mundial, para convertirse en el M1911A1, que siguió siendo reglamentario en las fuerzas armadas estadounidenses hasta mediados de los ochenta. Los principales defectos del arma eran su gran peso (1,1 kg) y que, al ser un arma de doble acción, tenía que ser llevada amartillada (tirando del carro o corredera hacia atrás) si se quería disparar el primer tiro rápidamente, algo que podía provocar un disparo accidental en manos de un tirador inexperto.

MAUSER DE MANGO DE ESCOBA

El primer intento de Mauser de producir una pistola semiautomática llegó en 1896, con la introducción de un modelo del calibre 7,63 mm, que (al igual que su sucesor, el modelo 1898) era conocido popularmente como la Mauser «de Mango de Escoba», por la característica forma de su empuñadura. Al igual que la Borchardt y la Luger de artillería, la «Mango de Escoba», hacía también las veces de carabina, y venía con un culatín de madera desmontable que también servía de funda. Una de las innovaciones del arma era que el cierre de la recámara se quedaba abierto tras disparar el último de los cartuchos del cargador, lo que facilitaba cargarlo con un peine. Las «Mango de Escoba» eran una elección popular como compra privada para los oficiales de muchos ejércitos, entre ellos, un joven oficial de caballería del Ejército británico llamado Wiston Churchill, que usó una de ellas en combate en la batalla de Omdurman en Sudán, en 1898.

SCHWARZLOSE

La semiautomática Schwarzlose modelo 1908 de 9 mm, llamada así por su diseñador, el alemán Andreas Schwarzlose, es prácticamente única, pues utiliza un sistema en el que la presión de los gases de los disparos empujaban el carro hacia delante y no hacia atrás para cargar y expulsar cada cartucho. Era un sistema efectivo, pero hacía falta tiempo para acostumbrarse a un arma cuyo «retroceso» tiraba del usuario en lugar de empujarle. Schwarzlose era también el nombre de una ametralladora refrigerada por agua que fue utilizada por el Ejército austrohúngaro en la Primera Guerra Mundial.

ARMAS DE DEFENSA PERSONAL

A pesar de las mejoras en seguridad pública, como la introducción de fuerzas policiales organizadas, el crimen seguía siendo un problema importante en Europa y América en el siglo XIX. El auge de la industrialización provocó el crecimiento masivo de las ciudades, y también el auge de una clase criminal urbana que actuaba individualmente o en bandas, mientras que los bandidos aún eran una amenaza en las zonas rurales aisladas. El resultado fue que algunas personas se equiparon con armas de fuego pequeñas y fáciles de esconder, para defenderse de atracadores y gente similar, aunque a menudo los criminales usaban el mismo tipo de armas. Como el «control de armas» era prácticamente inexistente en aquella época, estas armas estaban disponibles fácilmente para aquella persona, en cualquier lado de la ley, que se las pudiese permitir.

LA PISTOLA PERSONAL

Estas armas se dividen en varias categorías. Además de los derringers (*vid.* pp. 124-125), existían las llamadas «pistolas de bolsillo», que, como implica el nombre, estaban diseñadas para llevarlas encima de forma clandestina. Normalmente eran revólveres de cañón corto, que disparaban cartuchos de calibre muy pequeño, a menudo fabricados especialmente para un tipo determinado de pistola. Para hacerlas lo más compactas posible, estas pistolas a menudo tenían el gatillo plegable y/o un percutor completamente tapado, a fin de evitar el peligro de un disparo accidental. El concepto de pistola de bolsillo continuó en el siglo XX con la llegada de las semiautomáticas compactas de pequeño calibre (*vid.* pp. 208-209).

Una subcategoría dentro de estas armas eran las «pistolas de dama» o «pistolas de manguito», armas muy pequeñas, fabricadas para mujeres, que podían ser escondidas en un bolso o en los manguitos de pieles que muchas damas de la época llevaban para calentarse las manos.

Una categoría aún más inusual eran las pistolas «de puño» o «de apretón», que aparecieron a finales del siglo XIX. Estas desechaban el diseño convencional a favor de un arma orientada horizontalmente que podía ser escondida en la palma de usuario, con un mecanismo de disparo «de apretón» en lugar del gatillo convencional. Los modelos mejor conocidos incluyen la serie belga/francesa le *Merveilleux* («el Maravilloso») y *Gauloise* («Gala»), y el *Chicago Protector* («Protector de Chicago») americano.

ARMAS ANDANTES

Aunque los bastones que escondían hojas de daga o de espada eran habituales en el siglo XIX, la aparición del sistema de disparo de cápsula fulminante en las décadas de 1810 y 1820 convirtieron los «bastones-pistola» en un arma práctica. En 1823, el armero británico John Day patentó un mecanismo en el cual un tirón hacia abajo en un percutor, escondido en el bastón, dejaba caer un gatillo; desde entonces la «patente de Day» se convirtió en el mecanismo estándar para la fabricación de bastones-pistola.

Según el historiador de armas de fuego Charles Edward Chapel, en el siglo XIX los bastones-pistola eran fabricados en grandes cantidades para naturalistas, guardas forestales y cazadores furtivos. A medida que avanzó el siglo, aparecieron los bastones-pistola que disparaban los nuevos cartuchos de vaina metálica y, aunque la mayoría de bastones-pistola de un sistema u otro eran de un solo tiro, se dice que se hicieron algunos bastones-revólveres.

PISTOLA DE DAMA
Otro ejemplo de las llamadas «pistolas de dama»; este revólver del .22 tiene un gatillo plegable y cachas chapadas en perla.

PISTOLA DE PUÑO BELGA

Este singular revólver belga de cinco tiros tiene un mango diseñado para encajar entre el pulgar y el índice como una cuña. Además del excéntrico diseño, el gatillo plegable y el percutor de doble acción están hechos de oro.

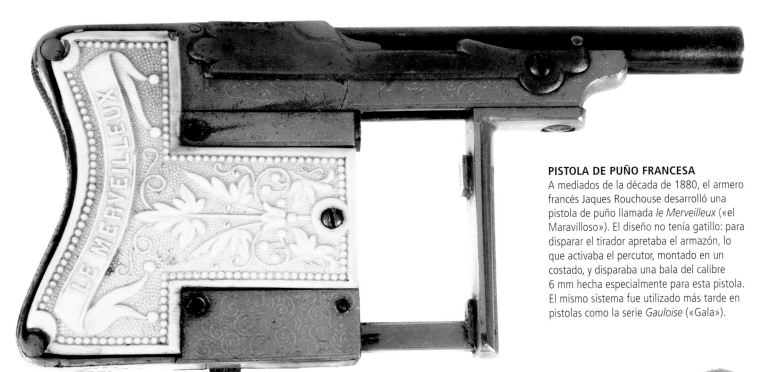

PISTOLA DE PUÑO FRANCESA

A mediados de la década de 1880, el armero francés Jaques Rouchouse desarrolló una pistola de puño llamada *le Merveilleux* («el Maravilloso»). El diseño no tenía gatillo: para disparar el tirador apretaba el armazón, lo que activaba el percutor, montado en un costado, y disparaba una bala del calibre 6 mm hecha especialmente para esta pistola. El mismo sistema fue utilizado más tarde en pistolas como la serie *Gauloise* («Gala»).

PISTOLA DE PUÑO PROTECTOR

En 1882 el armero francés Jacques Turbiaux patentó una pistola diseñada para caber cómodamente en la palma de la mano; los cartuchos (o bien diez del calibre 6 mm, o siete del calibre 8 mm) estaban contenidos en un tambor radial horizontal. La licencia del diseño en los Estados Unidos fue concedida primero a la *Minneapolis Arms Company* (Compañía de Armas de Mineápolis) y, más tarde, a la *Chicago Firearms Company* (Compañía de Armas de Fuego de Chicago), que la sacó al mercado como el «Protector de Chicago».

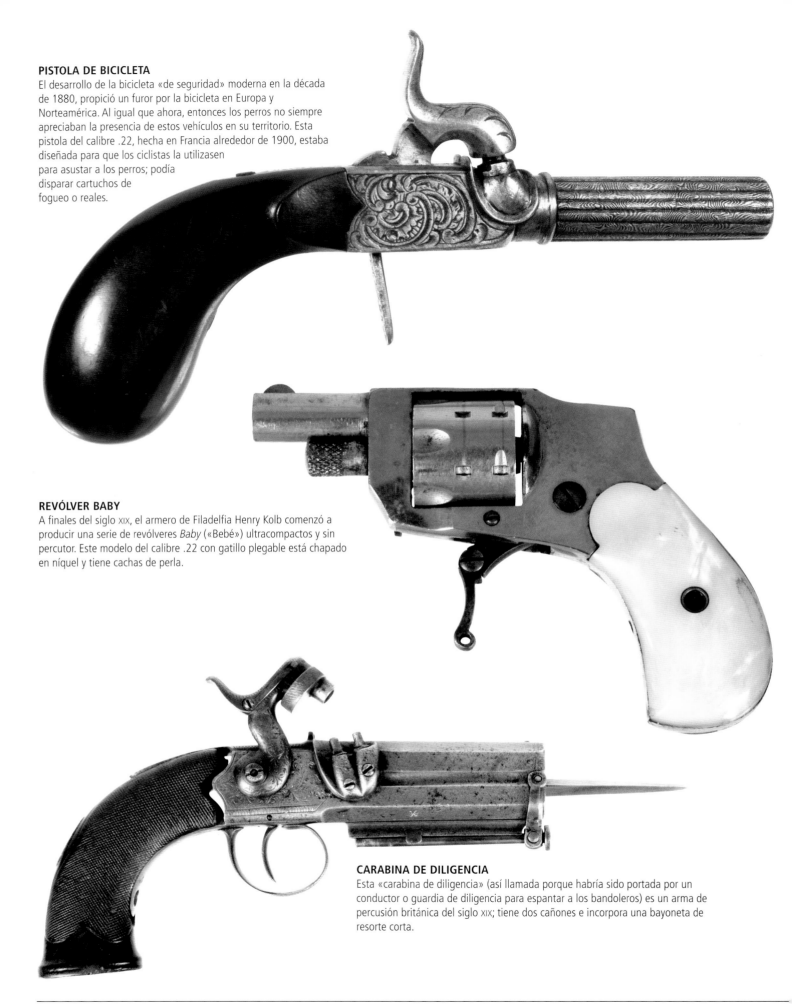

PISTOLA DE BICICLETA

El desarrollo de la bicicleta «de seguridad» moderna en la década de 1880, propició un furor por la bicicleta en Europa y Norteamérica. Al igual que ahora, entonces los perros no siempre apreciaban la presencia de estos vehículos en su territorio. Esta pistola del calibre .22, hecha en Francia alrededor de 1900, estaba diseñada para que los ciclistas la utilizasen para asustar a los perros; podía disparar cartuchos de fogueo o reales.

REVÓLVER BABY

A finales del siglo XIX, el armero de Filadelfia Henry Kolb comenzó a producir una serie de revólveres *Baby* («Bebé») ultracompactos y sin percutor. Este modelo del calibre .22 con gatillo plegable está chapado en níquel y tiene cachas de perla.

CARABINA DE DILIGENCIA

Esta «carabina de diligencia» (así llamada porque habría sido portada por un conductor o guardia de diligencia para espantar a los bandoleros) es un arma de percusión británica del siglo XIX; tiene dos cañones e incorpora una bayoneta de resorte corta.

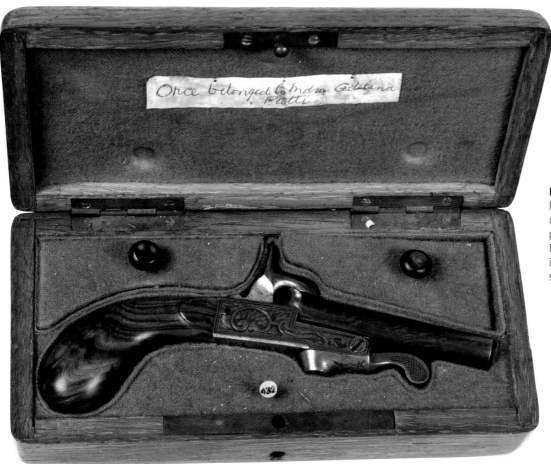

PISTOLA DE ALFILER DE PATTI

Esta pistola de mecanismo de alfiler[88] de un solo tiro con un gatillo plegable fue propiedad de Adelina Patti (1843-1919). Nacida en España, aunque de padres italianos, Patti era una de las grandes sopranos de su tiempo.

PISTOLAS DE MANGUITO

Como indica el nombre, estas pistolas de percusión belgas, de un tiro, del calibre .36 con mango de marfil estaban diseñadas para ser llevadas en los manguitos que las damas usaban para calentarse las manos.

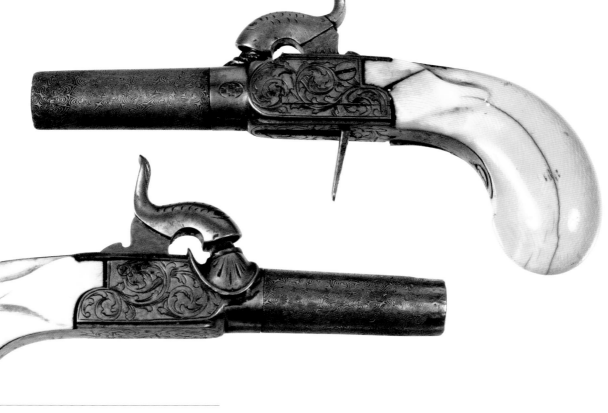

[88] Este tipo de arma tenía un sistema de disparo (más conocido por su nombre inglés, *pinfire*) que recuerda al del fusil de aguja, pero en realidad es algo diferente. Al apretar el gatillo, un alfiler pinchaba el cartucho desde arriba, perforando y detonando el fulminante, lo que disparaba la bala.

ARMAS DE ENGAÑO

BASTÓN-PISTOLA LANE
Uno de los ejemplos más singulares de
este tipo de armas es el bastón-pistola
británico Lane[89], de cápsula fulminante.
La parte superior del bastón, que contiene
el arma, se separa de la parte inferior y
podía ser disparada desde el hombro.

---

[89] Aunque la palabra *lane* tiene varios significados en inglés (incluyendo algunos, como «camino»,
que serían adecuados para el texto), en este caso parece ser que se trata del nombre de la compañía.

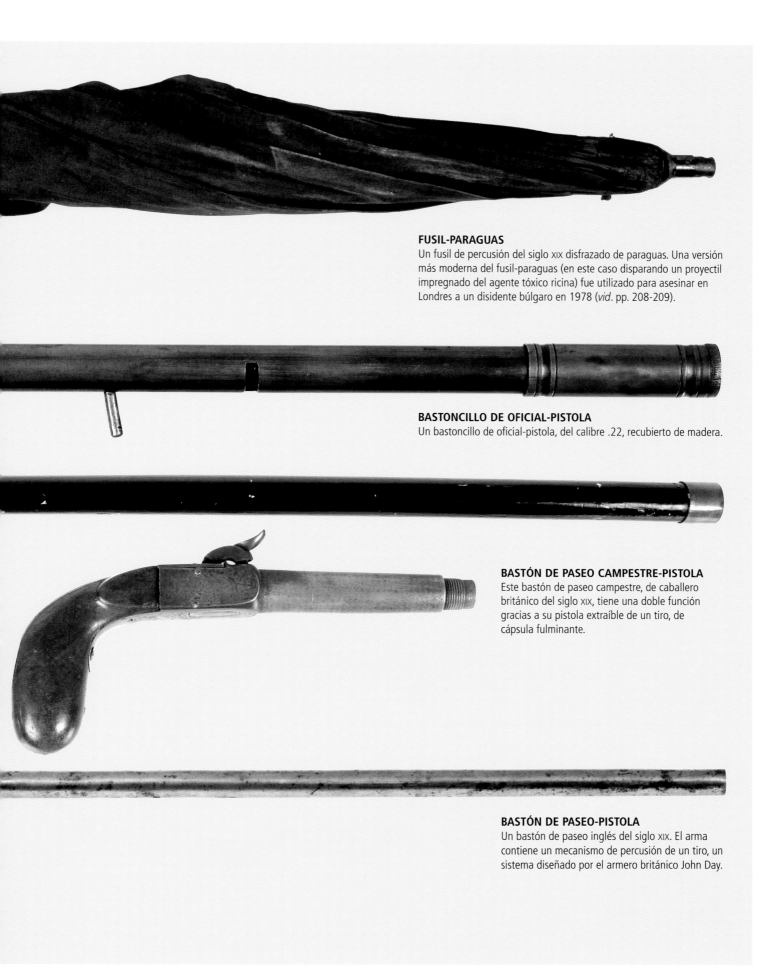

FUSIL-PARAGUAS

Un fusil de percusión del siglo xix disfrazado de paraguas. Una versión más moderna del fusil-paraguas (en este caso disparando un proyectil impregnado del agente tóxico ricina) fue utilizado para asesinar en Londres a un disidente búlgaro en 1978 (*vid.* pp. 208-209).

BASTONCILLO DE OFICIAL-PISTOLA

Un bastoncillo de oficial-pistola, del calibre .22, recubierto de madera.

BASTÓN DE PASEO CAMPESTRE-PISTOLA

Este bastón de paseo campestre, de caballero británico del siglo xix, tiene una doble función gracias a su pistola extraíble de un tiro, de cápsula fulminante.

BASTÓN DE PASEO-PISTOLA

Un bastón de paseo inglés del siglo xix. El arma contiene un mecanismo de percusión de un tiro, un sistema diseñado por el armero británico John Day.

... Y UNAS POCAS ARMAS OFENSIVAS

DAGA-MATAMOSCAS
Fechado alrededor de 1840,
este mortífero matamoscas
esconde una daga de 22 cm.

PUÑO AMERICANO
Este puño americano del siglo XIX podía ser empuñado para proporcionar un puñetazo más
destructivo en una pelea u otro tipo de agresión. En realidad, a menudo acababan rompiendo
los dedos del usuario. La mayoría de puños americanos están hechos de acero o aluminio.

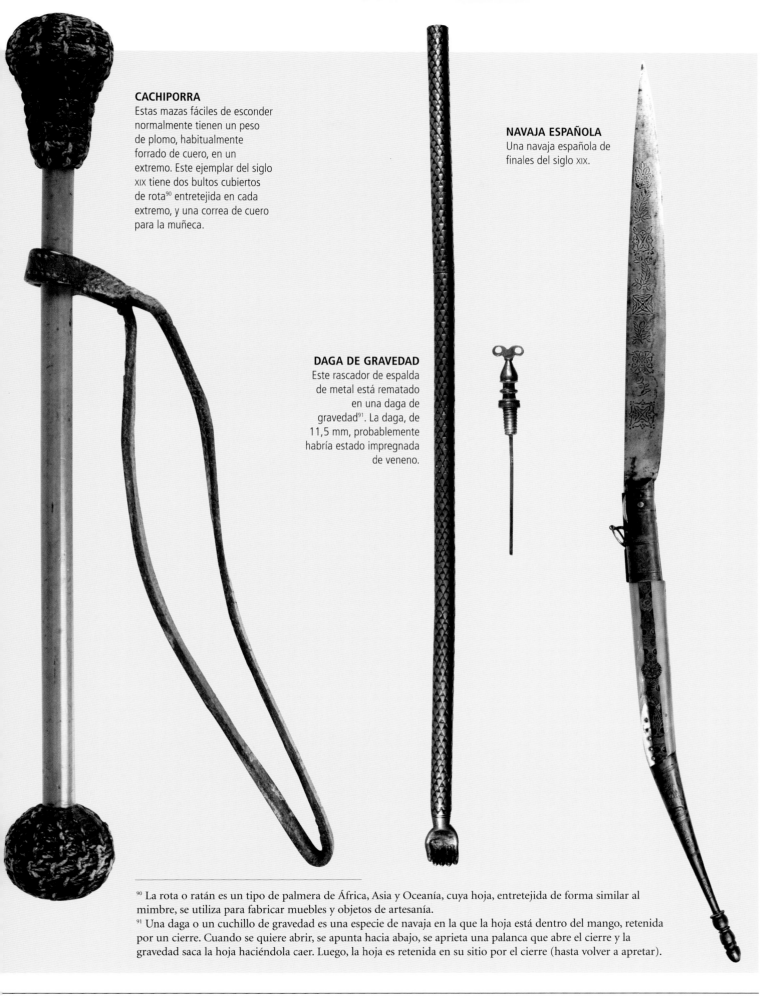

CACHIPORRA

Estas mazas fáciles de esconder normalmente tienen un peso de plomo, habitualmente forrado de cuero, en un extremo. Este ejemplar del siglo XIX tiene dos bultos cubiertos de rota[90] entretejida en cada extremo, y una correa de cuero para la muñeca.

NAVAJA ESPAÑOLA

Una navaja española de finales del siglo XIX.

DAGA DE GRAVEDAD

Este rascador de espalda de metal está rematado en una daga de gravedad[91]. La daga, de 11,5 mm, probablemente habría estado impregnada de veneno.

---

[90] La rota o ratán es un tipo de palmera de África, Asia y Oceanía, cuya hoja, entretejida de forma similar al mimbre, se utiliza para fabricar muebles y objetos de artesanía.

[91] Una daga o un cuchillo de gravedad es una especie de navaja en la que la hoja está dentro del mango, retenida por un cierre. Cuando se quiere abrir, se apunta hacia abajo, se aprieta una palanca que abre el cierre y la gravedad saca la hoja haciéndola caer. Luego, la hoja es retenida en su sitio por el cierre (hasta volver a apretar).

ARMAS COMBINADAS

Las armas que combinan un arma de fuego con un arma de filo o una maza (o los tres) tienen un pedigrí que se remonta al siglo XVI. Hasta la llegada de las armas de repetición prácticas a mediados del siglo XIX, las armas de fuego (a menos que tuvieran varios cañones) solo podían disparar un tiro antes de recargar; por lo tanto, dar al usuario un medio adicional para despachar a su oponente (o defenderse de él) era un objetivo de los armeros. La aparición de armas de repetición no acabó por completo con esta tendencia: a finales del siglo XIX se pusieron de moda las combinaciones de revólver y daga o cuchillo, y el famoso (o infame) «Apache» francés combinaba en una sola arma un revólver, una hoja de cuchillo y un puño americano. En nuestra época, las armas combinadas incluyen drillings[92] (escopetas de dos cañones, con un tercer cañón, de rifle; normalmente de fabricación europea), armas de fuego combinadas (un cañón de rifle y uno de escopeta) y armas de fuego de supervivencia (una escopeta y un cañón de rifle de pequeño calibre), desarrollados por las fuerzas aéreas de varias naciones como armas de caza para las tripulaciones abatidas, perdidas en áreas remotas y esperando ser rescatadas.

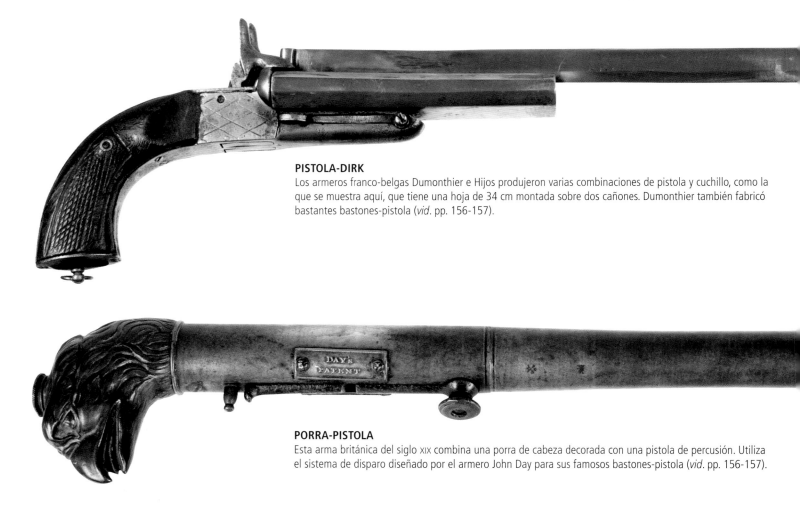

PISTOLA-DIRK
Los armeros franco-belgas Dumonthier e Hijos produjeron varias combinaciones de pistola y cuchillo, como la que se muestra aquí, que tiene una hoja de 34 cm montada sobre dos cañones. Dumonthier también fabricó bastantes bastones-pistola (*vid.* pp. 156-157).

PORRA-PISTOLA
Esta arma británica del siglo XIX combina una porra de cabeza decorada con una pistola de percusión. Utiliza el sistema de disparo diseñado por el armero John Day para sus famosos bastones-pistola (*vid.* pp. 156-157).

---

[92] Aunque pueda parecer lo contrario, el nombre no viene del inglés *drilling* (taladrando), sino del alemán *drei* (tres), y es que, como dice el autor, las primeras de estas armas fueron desarrolladas por la Luftwaffe para que las tripulaciones derribadas en áreas salvajes tuvieran un arma de caza.

HACHA DE BATALLA-PISTOLA

Hecha en la India más o menos en 1830, esta arma combina un hacha de batalla y una pistola de percusión.

PISTOLA-DAGA

Aunque esté disfrazada de daga, esta arma japonesa es en realidad una pistola de percusión de un tiro[93].

CUCHILLO-PISTOLA

La empresa inglesa Unwin & Rodgers, pionera en las combinaciones de cuchillo y pistola, hicieron esta pistola-navaja de bolsillo a comienzos de la década de 1870. Incluye una pistola de avancarga de un tiro, del calibre .36 y dos hojas plegables.

[93] Lo que técnicamente la convierte en un arma de engaño (vid. pp. 156-157), no en un arma combinada.

ESCUDO-PISTOLA TURCO

Este escudo, de 41 cm de diámetro, decorado en toda su superficie con grabados y parcialmente damasquinado de oro y plata, lleva incorporada una pistola de percusión en el armazón de madera del reverso, con un cañón de 13 cm de longitud. El arma se disparaba tirando de un cordel.

ESCUDO INDIO CON PISTOLAS

Este escudo «envejecido» de aspecto inocuo esconde cuatro cañones detrás de los resaltes, que giran para disparar un diluvio de balas mortífero. Data del siglo XIX y está hecho de acero forjado a mano.

ESCUDO ETÍOPE

Algunos escudos persas[94] tenían pinchos en el centro, para utilizarlos en combate. Este cañón que sobresale del centro del escudo parece un pincho a cierta distancia. Solo a corto alcance (de disparo) es reconocible como el cañón de un arma.

---

[94] No está clara la relación entre los escudos persas y este escudo etíope, a menos que el autor haya cometido un error con unos o con otro al dar su origen geográfico.

CUCHILLO-REVÓLVER
Otra arma combinada europea, consistente en un revólver de seis tiros de doble acción con un cuchillo plegable de hoja curvada.

APACHE
El «Apache», llamado así porque se supone que era utilizado por los criminales parisinos que tomaron su nombre de la belicosa nación nativa americana (el historiador de armas de fuego Charles Edward Chapel consideraba su nombre «una grave difamación para los indios apache americanos»), era una de las armas combinadas más singulares y famosas del siglo XIX. El «Apache» combinaba un revólver (normalmente de alfiler, del calibre 7 mm), una hoja plegable de 9 cm y un puño americano (vid. p. 158). Dada la pequeñez de la hoja, que los componentes de la pistola no incluyesen un cañón, hace que su efectividad como arma de fuego o como cuchillo sea bastante dudosa.

ARMA COMBINADA INDIA
Para que hablen de multitarea: esta arma del siglo XIX (hecha a mano para un príncipe indio) incluye una espada, un escudo, una pistola de percusión de un tiro y una daga de 30,5 cm de longitud, estrecha como una aguja. Estaba hecha de acero con damasquinado de oro y adornos de latón.

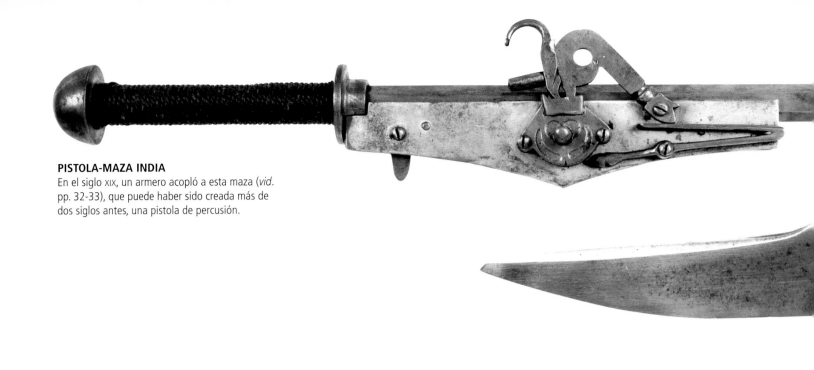

PISTOLA-MAZA INDIA
En el siglo XIX, un armero acopló a esta maza (*vid.* pp. 32-33), que puede haber sido creada más de dos siglos antes, una pistola de percusión.

ARMA COMBINADA DEL SIGLO XIX
Otra arma multiusos inusual del siglo XIX, esta de origen europeo, que incluye una cuchilla, una pistola de un tiro y un mango de metal reforzado que puede usarse como maza.

COMBINACIÓN DE PISTOLA Y DAGA
Esta pistola belga (de un formidable calibre .80) incluye no una, sino dos cuchillas; una de 15,5 cm de hoja recta que se desliza hacia delante desde el cajón de mecanismos, y una hoja curvada de 20 cm escondida en el mango. Además, el guardamonte está alargado y reforzado para parar las estocadas o cuchilladas de un atacante.

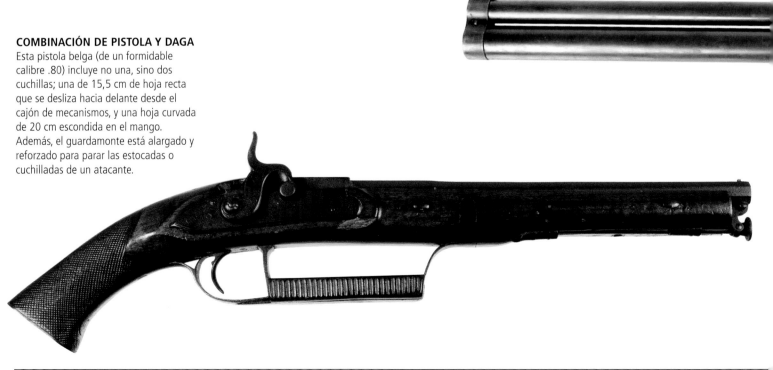

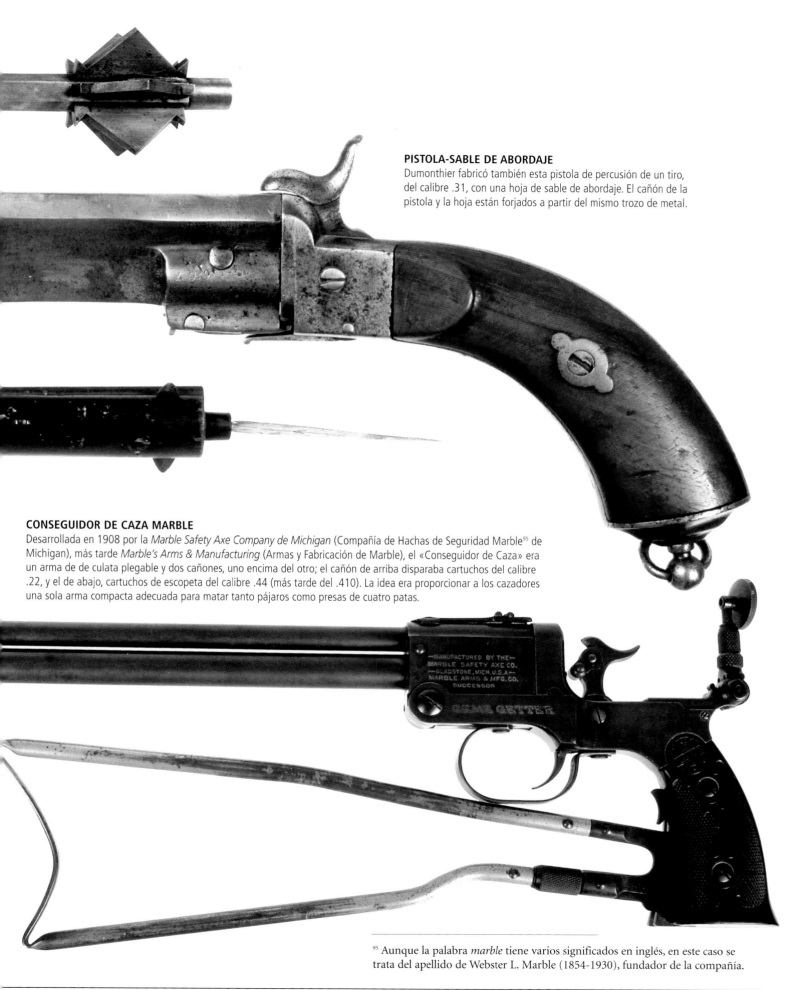

PISTOLA-SABLE DE ABORDAJE

Dumonthier fabricó también esta pistola de percusión de un tiro, del calibre .31, con una hoja de sable de abordaje. El cañón de la pistola y la hoja están forjados a partir del mismo trozo de metal.

CONSEGUIDOR DE CAZA MARBLE

Desarrollada en 1908 por la *Marble Safety Axe Company de Michigan* (Compañía de Hachas de Seguridad Marble[95] de Michigan), más tarde *Marble's Arms & Manufacturing* (Armas y Fabricación de Marble), el «Conseguidor de Caza» era un arma de de culata plegable y dos cañones, uno encima del otro; el cañón de arriba disparaba cartuchos del calibre .22, y el de abajo, cartuchos de escopeta del calibre .44 (más tarde del .410). La idea era proporcionar a los cazadores una sola arma compacta adecuada para matar tanto pájaros como presas de cuatro patas.

---

[95] Aunque la palabra *marble* tiene varios significados en inglés, en este caso se trata del apellido de Webster L. Marble (1854-1930), fundador de la compañía.

ARMAS DE FUEGO PARA ALARMAS, TRAMPAS Y PROPÓSITOS ESPECIALES

No todas las armas de fuego se hacían para matar. Desde la aparición de la pólvora, diversas armas de fuego han sido utilizadas para finalidades como hacer señales, medir el paso del tiempo y dar la alarma. El número de estas armas con propósitos especiales creció tras la aparición de la cápsula fulminante en la primera mitad del siglo XIX. Estas páginas presentan algunos ejemplos interesantes de la época.

ALARMAS Y TRAMPAS DE ARMAS DE FUEGO

Las alarmas de armas de fuego fueron desarrolladas para facilitar a los propietarios de casas un medio para espantar a los ladrones. Normalmente estaban enganchadas a ventanas o puertas; cuando un intruso intentaba abrirlas, un cable trampa activaba un mecanismo de percusión y disparaba una carga de pólvora, o, en versiones más tardías, disparaba un cartucho de fogueo, alertando al propietario y, probablemente, haciendo huir al intruso. Una variante consistía en una pistola de pequeño calibre que disparaba balas de fogueo, unida por un tornillo al marco de una puerta o una ventana, que se dispararía cuando se abriesen.

Las trampas de armas de fuego, también llamadas trampas de resorte, suelen estar situadas en áreas rurales contra los cazadores furtivos. Como muchas alarmas de armas de fuego, estaban activadas por ca-

bles trampa, pero a diferencia de ellas, algunas estaban diseñadas para disparar balas o perdigones en lugar de cargas de pólvora o cartuchos de fogueo.

ARMAS LANZACABOS Y DE SEÑALES

En el mar a menudo es necesario para un barco llevar un cabo[96] a la cubierta de otro barco, ya sea para remolcar un barco dañado, o para enviarse mensajes o suministros. Esto llevó al desarrollo de armas lanzacabos, como la versión en pistola mostrada en la página siguiente. Los guardacostas y los tripulantes de botes salvavidas también usaban cañones lanzacabos (como el famoso cañón Lyle estadounidense, utilizado desde mediados del siglo

XIX hasta los años cincuenta del siglo XX) para disparar cabos a barcos naufragados y así llevar a los pasajeros y la tripulación a salvo en tierra.

Antes de la aparición de la radio era de rigor tanto para barcos mercantes como para buques de guerra anunciar su llegada a puerto disparando un cañón de señales; y también era necesario a menudo para los barcos señalar su presencia unos a otros a cañonazos cuando la niebla u otra condición meteorológica hacía imposible el contacto visual con banderas de señales. Como era poco práctico disparar uno de los «grandes cañones» de un buque para este propósito, muchos barcos llevaban pequeños cañones de señales, como el que se muestra en la página 167.

ALARMA DE ARMA DE FUEGO WALLIS

Esta alarma de arma de fuego fue fabricada por la empresa de fabricación de armas de fuego de Hull, Inglaterra, de John Wallis. El percutor era amartillado por una barra trampa que sobresalía por dos extremos; cuando un intruso tropezaba con esta barra, el mecanismo activaba un mecanismo de percusión de cápsula fulminante.

---

[96] En el argot náutico un «cabo» es una cuerda.

TRAMPA DE ARMA DE FUEGO DE NAYLOR

Otro armero inglés, Isaac Naylor, patentó esta «Alarma de Arma de Fuego o Avisador y Detector» en 1836. Comprendía un bloque de acero con compartimentos verticales cargados con pólvora; se activaba un mecanismo de disparo de percusión cuando un cable trampa disparaba el percutor de resorte en la parte de abajo del mecanismo. El agujero horizontal taladrado a través del bloque permitía fijar el mecanismo al suelo sólidamente con estacas. Los diversos modelos del arma tenían entre uno y seis cañones.

PISTOLA LANZACABOS

Una pistola lanzacabos de percusión de la Armada británica de hacia 1860. Un cabo pequeño era atado a la barra de latón en el cañón del arma y disparado de un barco a otro mediante un cartucho de fogueo; cuando se había asegurado el cabo, podía ser usado para arrastrar de un barco a otro una cuerda más gruesa o cable.

CAÑÓN NAVAL DEL SIGLO XIX

Este cañón naval de señales del siglo XIX era utilizado tanto para hacer señales como para saludar. Cañones pequeños similares eran usados en tierra para marcar el paso del tiempo (disparando para anunciar el mediodía, por ejemplo). La Armada británica comenzó la costumbre de disparar salvas de cañón como saludo, y al ser la potencia más formidable en el mar, se obligó a los barcos de otras naciones a disparar salvas de saludo primero, después de lo cual el barco inglés respondería de la misma manera.

EJECUTOR HUMANITARIO DE GANADO DE GREENER

El venerable armero británico W. W. Greener, establecido en 1855, tras absorber el negocio de su difunto padre (fundado en 1829), hizo este interesante mecanismo. Vendido como «Ejecutor humanitario de ganado de Greener», estaba diseñado para hacer exactamente eso: matar al ganado o sacrificar a un caballo herido sin posibilidad de recuperación. El usuario desenroscaba la tapa del extremo superior, insertaba un cartucho del calibre .310, volvía a poner la tapa y colocaba el extremo ancho contra la frente del caballo, con la muesca apuntando hacia arriba, manteniendo el cañón en línea con la columna vertebral, para que la bala perforase la médula, matando al caballo instantáneamente. Estas armas fueron suministradas a los veterinarios que acompañaban a las unidades de caballería del Ejército británico en la Primera Guerra Mundial. La compañía W. W. Greener continúa fabricando armas de gran calidad.

La Primera Guerra Mundial y su posguerra

« [¡…] Sino que no lleva, como quería, la espada roja y ensangrentada; que salió de aquí dejándonos vivos; que le arrancamos el arma de las manos; que ha dejado a los ciudadanos a salvo y la ciudad en pie: qué gran y sobrecogedor pesar debéis de pensar que esto es para él!».

—Cicerón, «Segundo discurso contra Catilina», 63 a.C.

La Primera Guerra Mundial (1914-1918) presenció la convergencia de las tecnologías armamentísticas desarrolladas a lo largo (más o menos) del siglo anterior, con resultados horrorosos para los soldados de todos los ejércitos implicados. El arma estándar del soldado de infantería era ahora el fusil de cerrojo; pero esta guerra no iba a estar dominada por el fusil, sino por ametralladoras pesadas, manejadas por dotaciones y por la artillería de fuego rápido, que lanzaba proyectiles pesados llenos de explosivos y metralla. Los primeros campos de batalla del frente occidental resultaron ser tan mortíferos, que ambos bandos se atrincheraron, hasta que una línea continua de trincheras se extendió a través de Bélgica y Francia.

La Primera Guerra Mundial presenció también la aparición de nuevas armas, como los carros de combate, la aviación, los lanzallamas y, quizás la más terrible de todas, el gas venenoso. El éxito de la ametralladora y la necesidad de un arma que fuera más efectiva en la lucha en las trincheras que los fusiles convencionales llevaron a los ejércitos a experimentar con armas automáticas que podían ser usadas en combate por individuos, incluyendo los fusiles automáticos y los subfusiles, aunque estas innovaciones llegaron demasiado tarde para suponer una diferencia.

Armas de filo de la Primera Guerra Mundial

La Primera Guerra Mundial fue un conflicto de potencia de fuego masiva, con las ametralladoras y la artillería provocando muertes a grandes distancias. Pero la guerra vio también a soldados de infantería involucrados en episodios de desesperados combates cuerpo a cuerpo, especialmente en las trincheras del frente occidental. Incluso en la guerra moderna, las armas de filo supieron hacerse un sitio.

CUCHILLOS DE TRINCHERA

Cuando estalló la Gran Guerra, en los ejércitos europeos las espadas eran consideradas sobre todo armas ceremoniales, salvo los sables, que aún eran entregados a los soldados de caballería. Las fuerzas montadas de los ejércitos en guerra no tuvieron muchas oportunidades de empuñar sus sables.

Aunque el primer choque entre las fuerzas británicas y las alemanas (en la batalla de Mons, en agosto de 1914) fue una acción de caballería, la guerra en el frente occidental en Francia y Bélgica pronto se convirtió en una guerra de trincheras estática en la que la caballería tuvo un papel poco importante. (Pero el Ejército británico mantuvo fuertes reservas de caballería con la esperanza de poder explotar brechas en las líneas alemanas.)

Cada soldado de infantería llevaba una bayoneta para su fusil; de ahí las imágenes clásicas de los solda-

dos trepando fuera de las trincheras y avanzando, con la bayoneta calada, en la «tierra de nadie» que separaba las trincheras opuestas. Pero incluso si el soldado de infantería de la Primera Guerra Mundial sobrevivía a la lluvia de fuego de ametralladora y alcanzaba las líneas enemigas, utilizar la bayoneta era un asunto peliagudo en las estrecheces de una trinchera. Así que los soldados recurrieron cada vez más a los cuchillos para la lucha cuerpo a cuerpo, y bastantes ejércitos desarrollaron «cuchillos de trinchera» o «dagas

de trinchera» expresamente diseñados, como los que se muestran en estas páginas.

Los soldados de la Primera Guerra Mundial también improvisaron armas de filo para hacer frente a las condiciones de la lucha en las trincheras; armas que habrían sido reconocibles para los guerreros medievales. Algunos afilaban los bordes de sus palas hasta que cortaban como cuchillas. Otros ensamblaban cuchillos a pértigas para crear versiones del siglo XX de la pica (*vid.* p. 36) o de la alabarda (*vid.* pp. 36-37).

SABLE ALEMÁN
Un sable de caballería alemán de la época de la Primera Guerra Mundial.

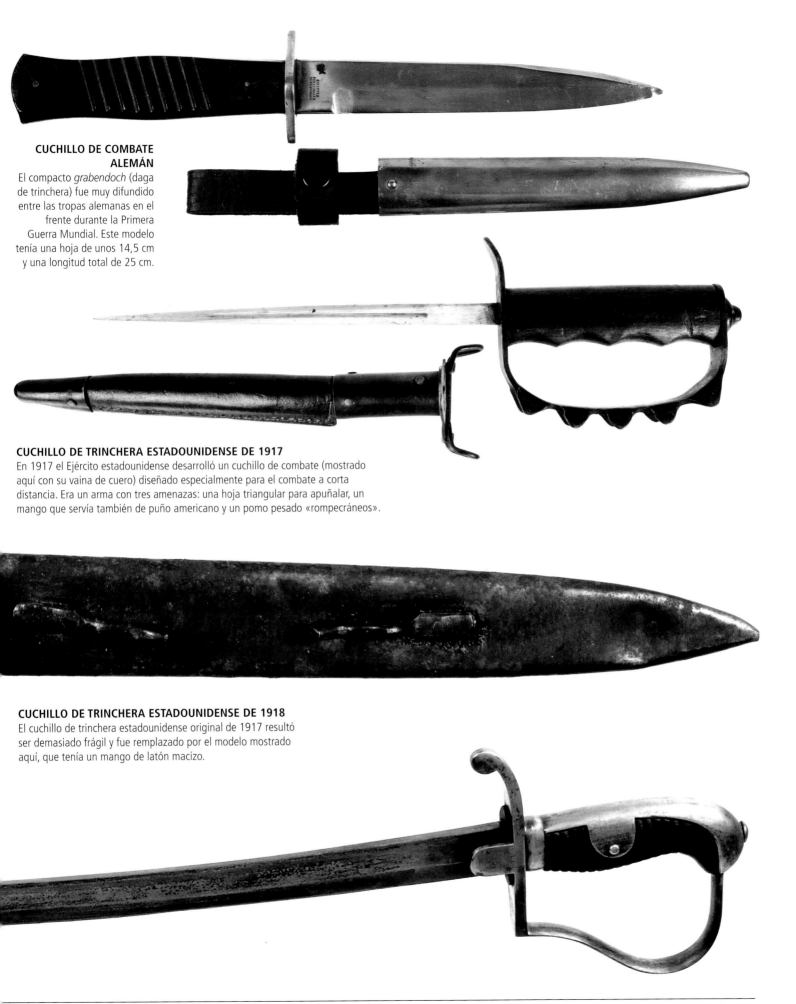

CUCHILLO DE COMBATE ALEMÁN

El compacto *grabendoch* (daga de trinchera) fue muy difundido entre las tropas alemanas en el frente durante la Primera Guerra Mundial. Este modelo tenía una hoja de unos 14,5 cm y una longitud total de 25 cm.

CUCHILLO DE TRINCHERA ESTADOUNIDENSE DE 1917

En 1917 el Ejército estadounidense desarrolló un cuchillo de combate (mostrado aquí con su vaina de cuero) diseñado especialmente para el combate a corta distancia. Era un arma con tres amenazas: una hoja triangular para apuñalar, un mango que servía también de puño americano y un pomo pesado «rompecráneos».

CUCHILLO DE TRINCHERA ESTADOUNIDENSE DE 1918

El cuchillo de trinchera estadounidense original de 1917 resultó ser demasiado frágil y fue remplazado por el modelo mostrado aquí, que tenía un mango de latón macizo.

Pistolas de la Primera Guerra Mundial

En la Primera Guerra Mundial, las pistolas eran portadas sobre todo por los oficiales y suboficiales. Seguían siendo un arma reglamentaria para la caballería, como lo habían sido durante siglos, pero las tropas montadas tuvieron un papel pequeño en la Primera Guerra Mundial. Aun así, las pistolas eran codiciadas por los soldados de infantería del frente para utilizarlas en el combate a corta distancia; también eran llevadas por las tripulaciones de tanques y aviones, y por tropas de apoyo como arma defensiva en condiciones que hacían poco práctico el uso del fusil.

EL REVÓLVER

Para cuando empezó la Primera Guerra Mundial en 1914 la pistola semiautomática (*vid.* pp. 148-151) estaba consiguiendo ser aceptada por las fuerzas armadas del mundo. Por ejemplo, Suiza y Alemania habían adoptado la Luger de calibre 9 mm, mientras que los Estados Unidos (que entraron en guerra en 1917) adoptaron la semiautomática Colt del calibre .45 en 1911. Pero muchos oficiales militares creían (con cierta justificación) que las semiautomáticas, bastante más complicadas mecánicamente que los revólveres, no eran bastante fiables o resistentes para soportar los rigores de las condiciones de combate con barro, polvo y humedad. Durante la guerra, el Ejército británico se mantuvo devotamente unido a los revólveres fabricados por la firma de Birmingham Webley & Scott, que entraron en servicio por primera vez en la década de 1880; los franceses utilizaban el revólver Lebel y los rusos el Nagant, aunque las pistolas del tipo que fuesen eran escasas en el desprovisto Ejército ruso. Además, la mayoría de las automáticas de la época disparaban un cartucho del calibre 7,65 mm o 9 mm, que en teoría tenía menos «poder de detención» que los cartuchos del calibre .38 o .45/.455, más pesados (.45/.455 es el equivalente a 11 mm).

BERGMANN-BAYARD M1910
Diseñado por el fabricante de armas de fuego danés Theodore Bergmann (*vid.* p. 148) y sus asociados, el Bergmann-Bayard M1910 era una automática del calibre 9 mm que aceptaba cargadores de seis o diez cartuchos indistintamente. Además de ser el arma corta danesa oficial, fue adoptada por los ejércitos de Bélgica, Grecia y España. También fueron muy utilizadas por la Resistencia danesa durante la ocupación alemana de ese país en la Segunda Guerra Mundial.

REVÓLVER ALEMÁN
A pesar de la adopción de la Luger, muchos soldados de caballería alemanes de la Primera Guerra Mundial llevaban revólveres de seis tiros del calibre .44, como el que se muestra aquí. La anilla del pomo[97] estaba atada por una correa a la ropa o equipamiento del soldado.

---

[97] Lamentablemente, dicha anilla no se ve en la fotografía.

SEMIAUTOMÁTICA GLISENTI M1910

El modelo de semiautomática 1910, fabricado por la firma *Real Fabbrica d'Armi Glisenti* (Real Fábrica de Armas Glisenti) fue uno de los pilares del Ejército italiano en la Primera Guerra Mundial. Pero el M1910 tenía un sistema de disparo excesivamente complicado y necesitaba utilizar una versión más débil del cartucho de 9 mm, lo que limitaba su alcance y su poder de detención.

«NO PASARÁN».

—General Pétain, batalla de Verdún, 1916

STEYR

La semiautomática Steyr del calibre 9 mm fue la pistola reglamentaria de los ejércitos austrohúngaros en la Primera Guerra Mundial, y muchas acabaron llegando a la Wehrmacht en la Segunda Guerra Mundial. Al igual que la Luger de «cargador de caracol» mostrada (*vid*. p. 193) esta pistola en particular fue capturada durante la campaña aliada contra las fuerzas alemanas e italianas en el norte de África.

Fusiles de infantería de la Primera Guerra Mundial

Desde comienzos del siglo XX, la tecnología militar del fusil avanzó a un paso más lento que la de las demás armas. En la mayoría de los ejércitos, el soldado de infantería de la Primera Guerra Mundial iba a la batalla portando un fusil con un diseño cuyo pedigrí se remontaba a mediados del siglo XIX.

SI NO ESTÁ ROTO...

Hay razones válidas para este relativo conservadurismo. Los fusiles de cerrojo eran resistentes, mecánicamente simples y precisos a larga distancia (normalmente hasta 500 o 600 m). La tendencia más importante en el desarrollo de fusiles antes de la Primera Guerra Mundial fue simplemente hacer los fusiles de infantería más cortos y más ligeros, difuminando las distinciones del siglo XIX entre fusiles y carabinas: los ejemplos incluyen el Springfield M1903 estadounidense, el SMLE (*Short Magazine Lee-Enfield*; es decir, Lee-Enfield corto con cargador) británico y el KAR-98 alemán.

Aunque un soldado bien entrenado podía disparar unas 15 veces por minuto con un fusil de cerrojo de la época de la Primera Guerra Mundial, los diseñadores de armas ya estaban trabajando en fusiles semiautomáticos para incrementar la potencia de fuego de la infantería. Los fusiles semiautomáticos, también llamados fusiles de autocarga, disparan una vez cada vez que se aprie-

ta el gatillo, funcionando por medio del retroceso o por medio de la energía del gas producido cuando el cartucho disparado deja el cañón.

LLEGAN LOS SEMIAUTOMÁTICOS

Desde mediados de la década de 1890 en adelante, las instituciones militares de Dinamarca, México, Alemania, Rusia e Italia experimentaban con fusiles semiautomáticos, pero ninguno tuvo un uso extenso. La experimentación continuó, pero la adopción del fusil semiautomático fue ralentizada por las mismas dudas que había sobre la sustitución de los revólveres por las pistolas semiautomáticas (*vid*. p. 174): la complejidad relativa de los fusiles semiautomáticos comparada con la de los fusiles de cerrojo, y el hecho de que la mayoría de los semiautomáticos disparaba un cartucho más corto y más ligero. Además, a los oficiales les preocupaba que las tropas armadas con fusiles de disparo rápido gastasen su munición demasiado rápido.

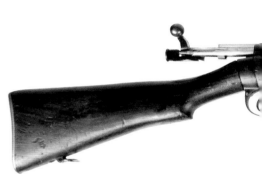

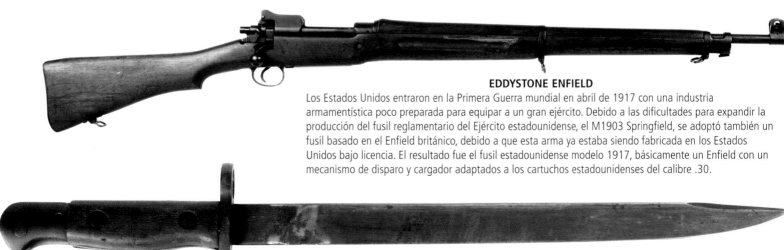

EDDYSTONE ENFIELD

Los Estados Unidos entraron en la Primera Guerra mundial en abril de 1917 con una industria armamentística poco preparada para equipar a un gran ejército. Debido a las dificultades para expandir la producción del fusil reglamentario del Ejército estadounidense, el M1903 Springfield, se adoptó también un fusil basado en el Enfield británico, debido a que esta arma ya estaba siendo fabricada en los Estados Unidos bajo licencia. El resultado fue el fusil estadounidense modelo 1917, básicamente un Enfield con un mecanismo de disparo y cargador adaptados a los cartuchos estadounidenses del calibre .30.

BAYONETA DE «DE MODELO INDIO»

Muchos de los primeros SMLE fueron equipados con una bayoneta estilo espada, tan larga e incómoda que no era práctica. El historiador Pierre Berton señala que durante la Primera Guerra Mundial, las tropas canadienses consideraban este modelo en particular de bayoneta inútil para cualquier cosa, salvo para tostar pan en un fuego de campamento.

BAYONETA MKII

Esta bayoneta de pincho fue hecha para ser utilizada con uno de los sucesores del SMLE, el SMLE Mark IV, en la Segunda Guerra Mundial. Fue fabricada por la empresa estadounidense Stevens-Savage, bajo contrato del Gobierno británico.

KAR-98

El Kar-98 (de *karabiner*, carabina en alemán, modelo 1898) del calibre 7,92 mm fue el fusil reglamentario de la infantería alemana en ambas guerras mundiales. Utilizaba el sistema de cerrojo de cierre delantero clásico de los Mausers, pesaba 3,9 kg y tenía un cargador interno de cinco cartuchos.

ENFIELD

Con un diseño que incorporaba las lecciones aprendidas en la guerra de los bóeres (1899-1902), la primera versión del SMLE (*Short Magazine Lee-Enfield*; es decir, Lee-Enfield corto con cargador), del calibre .303, entró en servicio con el Ejército británico en 1907. El mecanismo de disparo del SMLE le daba una cadencia de tiro relativa superior a la de otros fusiles de su época, y tenía un cargador de diez cartuchos. Cuando las tropas alemanas sufrieron por primera vez el fuego británico a comienzos de la Primera Guerra Mundial, los británicos mantuvieron un fuego tan rápido y sostenido, que los alemanes pensaron que estaban siendo atacados con ametralladoras.

MÁSCARA ANTIGÁS

El gas venenoso fue uno de los horrores especiales de la Primera Guerra Mundial. Tanto los ejércitos franceses como los alemanes habían utilizado gases irritantes (como el gas lacrimógeno, por ejemplo) a comienzos de la guerra, pero la guerra con gas llegó a una fase más mortífera durante la segunda batalla de Ypres, en abril de 1915, cuando los alemanes liberaron cloro para que flotase hacia las trincheras británicas. Pronto ambos bandos utilizaron gases, normalmente enviados en proyectiles de artillería. Algunos (como el gas mostaza) inutilizaban a las víctimas, otros (como el fosgeno) eran letales inmediatamente. Las primeras contramedidas eran rudimentarias (como sostener compresas de algodón empapadas de orina sobre la nariz y la boca), pero conforme avanzaba la guerra se desarrollaron máscaras antigás cada vez más efectivas. La que se muestra aquí formaba parte del equipamiento de las tropas estadounidenses.

MORTEROS

Llamados a veces «la artillería del soldado de infantería», los morteros compactos y móviles fueron desarrollados en la Primera Guerra Mundial para dar fuego de apoyo a los fusileros, tanto en operaciones ofensivas como defensivas, y siguen estando en servicio hoy en muchos ejércitos. El mortero es simplemente un tubo, fabricado normalmente en versiones con calibres de 60 mm, 80 mm y 120 mm, que envía una lluvia de fuego, lanzando proyectiles parecidos a granadas, con una carga propulsora en la base. Se muestran aquí el mortero francés modelo 1937 utilizado en la Segunda Guerra Mundial (a la derecha), y un mortero finlandés (arriba).

BAYONETA LEBEL

Esta bayoneta fue fabricada en 1916 para ser usada con el fusil de cerrojo francés Lebel, modelo 1886, del calibre 8 mm. El mango de metal era fabricado con níquel o latón, según dictasen los suministros de estos metales.

VETTERLI-VITALI
Durante la Primera Guerra Mundial, el Ejército italiano modificó gran cantidad de antiguas carabinas modelo 71 (originalmente, armas de un solo tiro, del calibre 10,4 mm) en fusiles del calibre 6,5 mm, más prácticos, que utilizaban los mismos cargadores de seis cartuchos utilizados por el Mannlicher-Carcano M1891.

FUSIL JAPONÉS PARA PARACAIDISTAS
Como el fusil reglamentario Arisaka, del calibre 7,7 mm, era demasiado largo para las operaciones aerotransportadas, los militares japoneses desarrollaron una versión especial para paracaidistas que podía ser dividida en dos pedazos para el salto y ensamblada de nuevo en tierra. Relativamente pocos entraron en servicio.

MOSIN-NAGANT M91/30/59
Basado en elementos del diseño proporcionado por el coronel ruso Sergei Mosin y el belga Leon Nagant, el fusil de cerrojo Mosin-Nagant del calibre 7,62 mm fue, en varios modelos y mejoras, el fusil ruso (después soviético) reglamentario desde la década de 1890 hasta alrededor de 1950.

CARABINA RUSA M1944
La carabina Mosin-Nagant M1944, aparecida cerca del final de la Segunda Guerra Mundial, fue la última versión de la serie Mosin-Nagant. Su rasgo más distintivo era una bayoneta plegable que se introducía en la caja del arma.

MANNLICHER-CARCANO
Aunque lleva el nombre del diseñador de armas austro-alemán Ferdinand Ritter von Mannlicher, la serie Mannlicher-Carcano de carabinas y fusiles del calibre 6,5 mm, el pilar de las fuerzas armadas italianas desde 1891 hasta la Segunda Guerra Mundial, estaba basada en realidad en el diseño Mauser. (La designación «Carcano» se refiere a Salvatore Carcano, un diseñador del Gobierno italiano en el arsenal de Turín.) Se muestra aquí el fusil modelo 1941. El Mannlicher-Carcano ganó fama en la posguerra en 1963, cuando Lee Harvey Oswald utilizó una carabina ML que había comprado por correo para asesinar al presidente de los Estados Unidos John F. Kennedy.

Ametralladoras de la Primera Guerra Mundial

El concepto de arma automática (una que disparase continuamente mientras el operador apretase el gatillo) se remonta al menos a 1718, cuando el inglés James Puckle propuso un «arma de fuego defensiva» de múltiples cañones. Varias armas de disparo rápido manejadas manualmente fueron desarrolladas a mediados del siglo XIX. Algunas, como la ametralladora estadounidense Gatling (*vid*. p. 137), tuvieron cierto éxito. Otras, como la *mitrailleuse* (ametralladora) francesa, no lo tuvieron. La primera ametralladora moderna, la Maxim, apareció en 1885 (*vid*. cuadro página siguiente). Utilizada en gran cantidad por primera vez en la guerra ruso-japonesa (1904-1905), la ametralladora cambió la guerra para siempre durante la Primera Guerra Mundial, y sigue siendo una de las armas principales en los arsenales de todo el mundo en el siglo XXI.

EL NACIMIENTO DE LA AMETRALLADORA

Aunque armas como la ametralladora Gardner británica y la ametralladora sueca Nordenfeldt le hicieron la competencia, el diseño Maxim fue adoptado por numerosas naciones desde la década de 1880 hasta los comienzos del siglo XX. Al aparecer, en el punto álgido del imperialismo europeo, la Maxim y otras armas de fuego rápido resultaron útiles para masacrar a pueblos indígenas en conflictos coloniales, lo que llevó al escritor británico Hilaire Belloc a rimar sardónicamente: «Pase lo que pase, nosotros tenemos la ametralladora Maxim, y no ellos».

Entonces llegó la Primera Guerra Mundial. Aunque el Ejército británico fue de los primeros en utilizar la ametralladora, entró en acción insuficientemente equipado con el arma y subestimando sus efectos, mientras que los franceses estaban convencidos de que el «espíritu de ataque» (*élan* en francés) superaría al fuego automático. Pero el Ejército alemán no trabajaba condicionado por estos errores de juicio, y los Aliados sufrieron por ello; aunque pronto se pusieron a la altura en la apuesta por la potencia de fuego.

Como han señalado muchos historiadores, y John Ellis lo hizo con mucha brillantez en su libro *Historia social de la ametralladora*, la devastación causada por la ametralladora en la Primera Guerra Mundial tuvo un aspecto psicológico al igual que físico. La ametralladora convertía matar en un simple proceso industrial. Representaba el nexo entre la Revolución Industrial y la edad de la guerra de masas. El futuro primer ministro británico Winston Churchill[98], que pasó 90 días como oficial de infantería en las trincheras del frente occidental, sin duda estaba pensando en la ametralladora cuando escribió, en unas memorias de postguerra: «La guerra, que solía ser cruel y magnífica, se ha vuelto cruel y miserable…».

AMETRALLADORA MARLIN

Cuando los Estados Unidos entraron en la Primera Guerra Mundial en abril de 1917, el Ejército estadounidense firmó un contrato con *Marlin Arms* (Armas Marlin), para fabricar una versión de la ametralladora Colt-Browning modelo 1895, del calibre .30, que ya era usada por la Armada. La ametralladora, diseñada por el gran John Browning (*vid*. p. 149), tenía un gran defecto en el combate de infantería: el sistema de gas utilizaba un pistón que se movía de delante a atrás bajo el cañón, por lo que solo podía ser disparada desde un trípode relativamente alto, lo que exponía a la dotación al fuego enemigo. Debido a la tendencia del pistón a golpear el suelo bajo el arma, los soldados la apodaron «el cavapatatas».

---

[98] Sir Winston Churchill (1874-1965) fue un destacadísimo político británico, así como historiador, escritor, periodista y militar de carrera. Sirvió en el Ejército británico como oficial de caballería en la India y Sudán, y cubrió la guerra de los bóeres como corresponsal de guerra. En 1900 entró en política como miembro del Partido Conservador, pero se pasó al Partido Liberal en 1904. Comenzó entonces una carrera política brillante pero irregular, que le llevó a ser ministro en varios gobiernos liberales entre 1905 y 1921. En 1925 volvió a cambiar de partido, retornando al Partido Conservador. Durante los años treinta fue uno de los pocos (y a menudo el único) entre los políticos británicos en denunciar el ascenso de Adolph Hitler y el Partido Nazi en Alemania. Al comenzar la Primera Guerra Mundial fue nombrado Primer Lord del Almirantazgo (ministro de la Marina), y en 1940 fue elegido Primer Ministro. Este momento constituyó el punto álgido de su carrera, y en gran medida fue su liderazgo lo que permitió a su país resistir los ataques alemanes hasta acabar ganando la guerra. Pero en 1945 fue derrotado electoralmente por el líder laborista Clement Attlee y aunque tuvo un segundo mandato en 1951-1955, no resultó tan destacado como el primero. Además de su carrera política, Churchill destacó por su actividad literaria y como historiador, que le llevó a ganar el Premio Nobel de Literatura en 1953.

AMETRALLADORA LIGERA LEWIS

El Ejército británico entró en la Primera Guerra Mundial utilizando un par de ametralladoras de diseño americano, incluyendo la ametralladora ligera Lewis. Desarrollada por el oficial del Ejército estadounidense Noah Lewis en 1911, esta arma del calibre .303, que funcionaba accionada por los gases del disparo, era abastecida por un cargador tubular de 50 cartuchos montado sobre el arma, y tenía una distintiva camisa de refrigeración para enfriar el cañón. Fue muy utilizada para armar a la aviación aliada, y se desarrolló una versión del calibre .30 para las fuerzas estadounidenses.

SIR HIRAM MAXIM

Hiram Maxim, nacido en Maine (EE.UU.) en 1840, se convirtió en un prolífico inventor a una edad muy temprana, patentando (entre otras cosas) la proverbial «ratonera más eficaz»[99]. Cuando visitaban una exposición industrial en París en 1881, un amigo le dijo que si de verdad quería hacer fortuna, debería «inventar algo que permitiese a esos europeos cortarse las gargantas unos a otros con mayor facilidad». Maxim hizo caso a estas palabras y pocos años más tarde reveló el arma que llevaría su nombre. La ametralladora Maxim, alimentada por una cinta continua de munición (originalmente del calibre .45, más tarde del .303), funcionaba por retroceso; el operador amartillaba y disparaba el arma[100], y el retroceso expulsaba el cartucho gastado y cargaba uno nuevo. Debido a que la rápida cadencia de tiro (hasta 600 disparos por minuto) podía derretir el cañón, lo rodeó con una camisa de refrigeración llena de agua. (Las versiones refrigeradas por aire, más tardías, utilizaban una camisa de refrigeración perforada.) El diseño de Maxim pronto fue adoptado por varias naciones, incluida Inglaterra, y se dice que cientos de Maxims de comienzos del siglo XX fueron utilizados por el Ejército chino en la guerra de Corea más de medio siglo después. Maxim se nacionalizó británico y en 1.901, fue nombrado caballero por sus servicios.

CHAUCHET FRANCÉS

El fusil ametrallador francés Chauchet, una de las peores armas de la Primera Guerra Mundial, estaba fabricado defectuosamente con componentes de calidad mínima, y alimentado con cartuchos del calibre 8 mm de fusil Lebel, en un cargador con forma de media luna, un sistema impreciso y poco fiable para un arma automática. Cuando las tropas americanas llegaron al frente occidental, fueron equipadas en gran cantidad con esta arma, adaptada para disparar cartuchos americanos del calibre .30. Además de sus defectos inherentes, estas armas se destartalaban tras años de servicio. Los soldados y marines americanos, que llamaban al arma el «Cho-Cho», la consideraban más que inútil, por lo que acostumbraban a dejarla tras ellos antes de entrar en acción.

COLT-VICKERS

El Ejército británico adoptó la ametralladora Vickers como su ametralladora pesada estándar justo antes de la Primera Guerra Mundial. Se trataba de una ametralladora del calibre .303 refrigerada por agua, basada en el diseño básico de Maxim. El mayor defecto del arma era su peso: 37,7 kg con trípode. Normalmente necesitaba una dotación de seis hombres para transportarla y manejarla.

MAXIM SPANDAU ALEMANA

Aunque oficialmente fuese la Maxim LMG 08/15, la «Spandau» recibió su apodo por uno de los arsenales imperiales alemanes. El arma, del calibre 7,92 mm, refrigerada por agua y alimentada por cinta, fue el armamento estándar de los aviones alemanes a partir de 1915, después del desarrollo del «mecanismo interruptor», que sincronizaba la cadencia de tiro del arma con las revoluciones de la hélice del avión, permitiendo que la ametralladora disparase a través del arco de la hélice con seguridad.

---

[99] Además de tratarse de una ratonera real, es una referencia a una frase atribuida al escritor americano Ralph Waldo Emerson (1803-1882), quien supuestamente dijo: «Fabrica una ratonera más eficaz y el mundo se abrirá camino hasta tu puerta».
[100] En realidad, el propio mecanismo del arma amartillaba esta y disparaba automáticamente, mientras el operador apretase el gatillo.

Guerra de trincheras

En 1897 un financiero judío polaco llamado Ivan Bloch[101] (c. 1832-1902) publicó un libro titulado *Budushchaya Voina* («La guerra del futuro»). Bloch afirmaba que dada la concentración de ejércitos de masas reclutados y armas, como las ametralladoras y la artillería de tiro rápido disparando proyectiles explosivos, cualquier conflicto europeo degeneraría en una guerra de desgaste librada por soldados que excavarían madrigueras en el suelo para protegerse. Su teoría fue ignorada y ridiculizada. No mucho más de una década después de su muerte resultó ser un profeta. Incluso tras los horrores de la Segunda Guerra Mundial y el riesgo nuclear extremo de la Guerra Fría, la miseria y la mortandad de la guerra de trincheras de la Primera Guerra Mundial aterra aún al mundo occidental del siglo XXI.

---

[101] Aunque Jan Gotlib Bloch nació y vivió buena parte de su vida en lo que hoy es Polonia, debemos recordar que Polonia entonces no existía como nación independiente, sino como parte de Rusia, Alemania y el Imperio austrohúngaro. Bloch era ciudadano ruso, por lo que se le conoce como Ivan Bloch, aunque este en realidad sea una rusificación de su nombre original. También hay que decir que aunque de origen judío, Bloch se convirtió al calvinismo, si bien combatió el antisemitismo toda su vida.

EL FRENTE OCCIDENTAL

La guerra de trincheras no era nueva en 1914. Durante la guerra de Secesión americana (1861-1865) la efectividad del fusil rayado (*vid.* pp. 134-139) era tal, que ambos bandos aprendieron la conveniencia de atrincherarse. De hecho, las fotografías de las líneas del Ejército de la Unión alrededor de Petersburg, Virginia (la vía de entrada a Richmond, Virginia) en 1864-1865 son inquietantemente similares a las fotografías del frente occidental en Francia y Bélgica medio siglo más tarde.

Los observadores de los ejércitos europeos no consiguieron aprender ninguna lección de ese conflicto. Cuando estalló la Primera Guerra Mundial en Europa en agosto de 1914, el Ejército francés aún mantenía la doctrina de *L'Attaque! Toujours l'attaque!*» («¡El ataque! ¡Siempre el ataque!»), creyendo que una ofensiva animosa en terreno despejado siempre aplastaría al enemigo. En los meses iniciales del conflicto, el Ejército francés consiguió contener a los atacantes alemanes en el río Marne y salvar París de ser capturado, pero sus tácticas costaron cientos de miles de vidas.

Desde ese momento, los franceses y sus aliados británicos establecieron una línea de trincheras que se extendía casi 800 km desde el Canal de la Mancha hasta la frontera suiza, separadas de las trincheras alemanas por una «tierra de nadie» que en algunos lugares no medía más de unos pocos cientos de pies de anchura o menos.

VIDA Y MUERTE EN LAS TRINCHERAS

Estas trincheras variaban desde meras zanjas mal cavadas hasta elaboradas posiciones con búnkeres profundamente bajo tierra para protegerlos del fuego de artillería (sobre todo en el lado alemán, habitualmente a la defensiva). Pero en general las líneas de trincheras consistían en trincheras de vanguardia, que hacían frente al enemigo directamente, respaldadas por un par de líneas de trincheras de apoyo, conectadas unas con otras y con la retaguardia mediante trincheras de comunicaciones. Campos de alambre de espino protegían las trincheras de vanguardia, que también tenían extensiones llamadas «pozos», donde emplazar nidos de ametralladoras, francotiradores y puestos de observación para vigilar al enemigo.

Para los soldados de todos los ejércitos, la vida en las trincheras era miserable; tanto, que las unidades eran rotadas siempre que era posible a áreas de descanso después de unos pocos días o semanas en la línea del frente. Tenían que aguantar el frío, la humedad, los piojos y las ratas, estas últimas hinchadas por alimentarse de cadáveres. El sueño ininterrumpido era imposible debido a los francotiradores y a los bombardeos de artillería. Incluso en los periodos tranquilos entre grandes ofensivas había un flujo constante de bajas por enfermedades como el «pie de trinchera» (causado por la inmersión prolongada de los pies en el agua que se acumulaba inevitablemente en el fondo de las trincheras) y entre los hombres enviados a la «tierra de nadie» cada noche a instalar o reparar el alambre de espino, o en patrullas de combate enviadas contra posiciones enemigas para tomar prisioneros que interrogar. Los británicos se referían a estas bajas de desgaste como «el desperdicio habitual». Y además de estas miserias, estaba la siempre presente amenaza del gas (*vid.* p. 177) y los daños psicológicos, llamados «fatiga de combate» o «neurosis de guerra».

ARMAS DE LA GUERRA DE TRINCHERAS

Durante cientos de años, la infantería había sido generalmente el factor decisivo en los campos de batalla europeos, pero en la Primera Guerra Mundial, la artillería consiguió preeminencia. Por ejemplo, en la tercera batalla de Ypres, en 1917, la artillería británica disparó la portentosa cifra de 4.700.000 proyectiles a lo largo de tres semanas. La intención, en esta como en muchas otras batallas, era «ablandar» al enemigo como preparación para los asaltos de infantería a través de la tierra de nadie. Pero estos bombardeos rara vez conseguían su objetivo. Refugiados bajo tierra a bastante profundidad, los alemanes normalmente eran capaces de emerger con sus ametralladoras intactas y dispuestos a barrer a la infantería aliada que avanzaba. Por ejemplo, en el primer día de la batalla del Somme (1 de julio de 1916), las fuerzas británicas sufrieron 58.000 bajas, un tercio de ellas, muertes. Para cuando terminó la ofensiva, cuatro meses más tarde, los británicos habían perdido un total de 420.000 hombres, para obtener una ganancia 12 km.

En un esfuerzo por salir del estancamiento en el frente occidental, los británicos desarrollaron un nueva arma: el tanque, un «acorazado de tierra», blindado y sobre cadenas[102]. Aunque los tanques tuvieron cierto éxito, especialmente en la batalla de Cambrai (20 de noviembre a 7 de diciembre de 1917), no resultaron un factor decisivo en la guerra. Por su parte, los alemanes intentaron salir del estancamiento desarrollando tácticas basadas en pequeños grupos de *strosstruppen* (literalmente «tropas de asalto»), armados con nuevas armas, como lanzallamas y subfusiles. (*vid.* pp. 204-205).

Pese a estas innovaciones, algunas armas de la guerra de trincheras suponían un retorno al pasado. La armadura personal volvió en forma de cascos de acero; las patrullas de incursión llevaban armas de asta improvisadas (*vid.* pp. 36-37), mazas y armas de filo; y la granada de mano, cuyo uso había declinado tras el siglo XVIII, volvió a formar parte importante del arsenal del soldado de infantería.

Al final prevaleció el desgaste. En la primavera de 1918, los alemanes lanzaron una serie de ofensivas destinadas a derrotar a los británicos y franceses antes de que llegasen a Francia grandes cantidades de tropas americanas (los Estados Unidos habían entrado en guerra un año antes). Fracasaron por muy poco. Los cañones callaron por fin a las 11:00 de la mañana del 11 de noviembre de 1918; para entonces, las trincheras del frente occidental se habían convertido en las tumbas de millones de jóvenes.

---

[102] Aunque suelen ser conocidos como «tanques», la terminología oficial en castellano es «carro de combate». El nombre de «tanque» les viene de que los ingleses mantuvieron su fabricación tan en secreto que, para engañar a los alemanes y hacerles creer que se trataba de depósitos de combustible, los llamaron «tanques», nombre que luego ha trascendido, imponiéndose a los correctos.

Armas de 1920 en los EE.UU.

En febrero de 1920 entró en vigor en los Estados Unidos la Prohibición, una ley federal que prohibía la «producción, venta o transporte» de alcohol[103]. Este «noble experimento», que debía poner fin a los crímenes y males sociales asociados a la bebida, tuvo consecuencias inesperadas y desastrosas. La gente aún quería beber; los *bootleggers*[104] estaban dispuestos a producir alcohol o traerlo de contrabando; y el crimen organizado, atraído por los grandes beneficios, se abrió paso para controlar el comercio de alcohol ilegal. Durante los años veinte y más tarde los gánsteres lucharon unos contra otros y contra las autoridades utilizando gran variedad de armas poderosas.

LA TOMMY GUN

El arma más icónica de los años veinte es seguramente el subfusil Thompson. De forma oprobiosa para su inventor, John T. Thompson (*vid.* cuadro en página siguiente), que había desarrollado el arma para su uso militar, el arma fue adoptada con entusiasmo por los gánsteres de Chicago y otras ciudades, y utilizada de forma mortífera en sus batallas contra bandas rivales y contra las autoridades. (Debido a las permisivas leyes de control de armas de la época, obtener armas, incluso armas automáticas, no era difícil para los criminales.)

La Thompson pronto consiguió unos cuantos apodos, incluyendo «Tommy Gun», «la máquina de escribir de Chicago» y «la cortadora». El uso más notorio de la Thompson fue probablemente la «Masacre del Día de San Valentín» de 1929, cuando miembros de la banda de Al Capone asesinaron a siete gánsteres de una banda rival en un garaje de Chicago. La potencia de los cartuchos del calibre .45 ACP de la Thompson era tal, que se dice que varios de los cadáveres estaban casi cortados por la mitad.

PISTOLAS EN LOS BOLSILLOS, BANDIDOS SOBRE RUEDAS

Con el tiempo, el éxito de la Thompson en manos de criminales llevó a muchas agencias de la ley, incluido el FBI, a comprar el arma; la Thompson formaría parte del arsenal de los hombres del Gobierno durante décadas. El FBI también utilizó el BAR (*vid.* p. 203). Pero la mayor parte de las fuerzas de policía locales siguió armada exclusivamente con revólveres y escopetas, lo que ponía a los agentes de la ley en clara desventaja cuando los gánsteres llegaban a la ciudad.

Otro desarrollo armamentístico de los años 20 fue la extendida adopción de «pistolas de bolsillo» por los criminales. Estas eran pistolas semiautomáticas pequeñas, normalmente del calibre .22 o .25, que, como el nombre indica, podían ser escondidas fácilmente en el abrigo de un bolsillo, en una tobillera, o sujetadas tras el cinturón en la parte inferior de la espalda. Eran armas útiles si un negocio de contrabando de alcohol salía mal o en luchas desesperadas para escapar de la policía.

La Prohibición terminó en 1933, pero la Gran Depresión vio el auge de un nuevo tipo de forajidos: los «bandidos motorizados», que viajaban por las carreteras del centro-oeste y del sudoeste cometiendo crímenes. Estos malhechores incluyen a la banda Barker, John Dillinger, «Pretty Boy» Floyd (Floyd el Guapo) y Bonnie Parker y Clyde Harrow. Estos criminales también utilizaban la Thompson, escopetas recortadas, e incluso el BAR, este último a veces recortado.

MITRAILLEUSE
Esta arma bastante inusual, apodada «revólver de ventana», fue fabricada en Francia como arma defensiva; se la sujetaba a una ventana o barricada y el tirador, a cubierto, tiraba de un cordel atado a la palanca para disparar y hacer avanzar cada uno de los 24 cartuchos del tambor. Algunos dicen que la banda de Al Capone montó el arma en las proas de las lanchas motoras utilizadas para transportar alcohol ilegal desde Canadá por si se encontraban con patrullas del Servicio de Aduanas de los Estados Unidos u otras autoridades. Esto habría sido poco práctico, pues solo se podía apuntar el arma aproando el barco hacia el enemigo.

---

[103] En realidad, no se trataba de una mera ley federal, sino de una enmienda a la Constitución de los Estados Unidos, la décimo octava, que fue aprobada el 16 de enero de 1919 (aunque, efectivamente, no debía entrar en vigor hasta el 1 de enero del año siguiente), y que fue derogada por la vigésimo primera enmienda el 12 de mayo de 1933.

[104] Aunque el autor parece llamar *bootleggers* a todos los implicados en el contrabando, producción y distribución de alcohol, el término se refiere exclusivamente a los contrabandistas. El origen de dicho término se remonta a los primeros años de la Prohibición, cuando muchos contrabandistas eran aficionados que cruzaban la frontera llevando botellas de alcohol escondidas en las perneras de los pantalones.

[105] Aunque *mitrailleuse* significa «ametralladora» en francés, esta arma no es una ametralladora auténtica, por lo que dejo el nombre que le dio originalmente el autor.

PISTOLA LILIPUT

La serie Liliput de pistolas automáticas hechas por *Waffenfabrik August Menz* (Fábrica de armas August Menz) en Alemania tenía un nombre adecuado; esta mide 8,9 cm de largo. Para que el arma fuese lo más pequeña posible, Menz hizo que disparase cartuchos del calibre 4,25 mm, poco corrientes. (Otros modelos Liliput, ligeramente más grandes, utilizaban cartuchos del calibre 6,35 mm.) Se muestra aquí un ejemplar de 1927 del calibre 4,25 mm.

J. T. THOMPSON

John Taliaferro Thompson, nacido en Kentucky en 1860, se graduó en West Point y sirvió en el Ejército de los Estados Unidos como oficial de artillería antes de ser destinado al Departamento de Intendencia. Durante su largo destino en el departamento tuvo un papel decisivo en el desarrollo del fusil Springfield M1903 y la pistola Colt M1911. Durante la Primera Guerra Mundial, Thompson se convenció de que los Aliados necesitaban un arma automática portátil, que denominó «escoba de trinchera», para salir del estancamiento del frente occidental, y estableció una empresa, la *Auto-Ordnance Company* (Compañía de Autointendencia), para fabricar un arma así. El resultado fue el subfusil Thompson. Desafortunadamente, el arma comenzó a ser fabricada demasiado tarde para entrar en acción, dejando a la Auto-Ordnance Company con un gran *stock*. Thompson intentó venderle el arma a las fuerzas policiales, pero solo tuvo un éxito modesto. El resultado fue que perdió el control de la Auto-Ordnance Company. Thompson murió en 1940, justo cuando la Thompson volvió a sus orígenes como arma aliada en una nueva guerra mundial.

PORRA DE GAS

Una auténtica rareza: la firma *Federal Laboratories Inc.* (Laboratorios Federales Incorporados) de Pittsburgh, Pensilvania, produjo esta combinación de porra y lanzador de gas para uso policial a mediados de los años veinte.

ESCOPETA PARKER BROTHERS

En los prósperos años veinte, muchos americanos se aficionaron al tiro al plato y a la caza de aves. La firma *Parker Brothers* (Hermanos Parker) de Mericen, Connecticut, fabricaron esta escopeta de calibre .20 en 1928. Está diseñada específicamente para mujeres tiradoras, tiene menos peso (1, 7 kg) y un gatillo más ligero que el modelo estándar.

COLT SEGURO DE LA POLICÍA

En los años veinte, muchos policías estadounidenses y vigilantes privados armados llevaban Colts «Seguros de la Policía» del calibre .32 o .38. El nombre viene de un nuevo seguro, aparecido en 1905, que separaba el percutor de la aguja percutora, reduciendo así el riesgo de disparos accidentales. Este revólver en particular, del calibre .38, fue fabricado para ser usado por los guardas de seguridad de la Wells Fargo & Co.

THOMPSON

El subfusil Thompson utilizaba un sistema de carro retardado, desarrollado por el oficial de la Armada estadounidense John Blish. Disparaba el mismo cartucho del calibre .45 ACP que la pistola Colt M1911 y se cargaba con un cargador redondo de 50 cartuchos o un cargador recto de 20 cartuchos (más tarde 30). Hollywood ha vinculado para siempre la «Tommy Gun» con las guerras de bandas estadounidenses en la mente del público, pero el arma también entró en servicio militar. El Ejército Republicano Irlandés (*Irish Republican Army* o IRA) utilizó la Thompson en la guerra civil irlandesa; en 1928 la Armada estadounidense adoptó el arma como el M1928A1 (el modelo mostrado aquí), y los marines lo utilizaron para combatir una insurrección de izquierdas en Nicaragua. Más tarde fue adoptado por el Ejército de los Estados Unidos, y siguió siendo su subfusil reglamentario hasta bien entrada la Segunda Guerra Mundial, como el modelo M1A1. Los principales inconvenientes del Thompson, un arma excelente, eran su peso (más de 4,5 kg) y el coste de fabricación.

La Segunda Guerra Mundial y más allá

«Puede que las guerras se luchen con armas, pero las ganan los hombres. Es el espíritu de los hombres que siguen y el del hombre que los lidera lo que consigue la victoria».

—General George S. Patton

En gran medida, en la Segunda Guerra Mundial (1939-1945) se luchó con armas que tenían sus antecedentes en la Primera Guerra Mundial. Las pistolas automáticas, cuyo uso ya estaba muy extendido en el conflicto anterior, remplazaron al revólver como el arma corta militar estándar. Los subfusiles se unieron al arsenal de la infantería, desde el Thompson estadounidense y el MP40 *Schmeisser* alemán al barato y simple Ppsh 41 utilizado por el Ejército Rojo soviético. Los años anteriores a la guerra también vieron a varias naciones experimentar con fusiles semiautomáticos, o de autocarga, para remplazar los modelos de cerrojo, pero solo el Ejército estadounidense hizo de un arma así su fusil reglamentario durante la propia guerra, el M1 Garand.

Durante la guerra, Alemania desarrolló el MP44 *Sturmgewher* (fusil de asalto), un arma innovadora que combinaba la capacidad de disparo rápido del subfusil con el alcance y el «poder de detención» del fusil. El MP44 es el antepasado directo de los fusiles de asalto que se convirtieron en el arma de infantería dominante del mundo de posguerra, cuyos ejemplos más sobresalientes son el AK47 (producido primero en la Unión Soviética, pero fabricado en grandes cantidades en todo el mundo, en bastantes variaciones) y el M16 estadounidense.

Armas de filo de la Segunda Guerra Mundial

En la Segunda Guerra Mundial, fue en la lucha aliada por repeler la marea de conquistas japonesas en el Pacífico donde las armas de filo fueron utilizadas más ampliamente. El código militar japonés del *bushido* puso un gran énfasis en la lucha a corta distancia, y las tropas estadounidenses que luchaban en las islas del Pacífico a menudo se enfrentaban a cargas *banzai* japonesas; salvajes oleadas de infantería lideradas por oficiales empuñando espadas, que eran denominadas inevitablemente «espadas samurái» por sus oponentes americanos. (Algunos japoneses sí que llevaban espadas que habían pasado de generación en generación en sus familias.) Las tropas japonesas también eran expertas en infiltrarse en las posiciones americanas por la noche, lo que llevaba a crueles combates cuerpo a cuerpo, en los que el cuchillo de combate del Cuerpo de Marines, el legendario Ka-Bar, demostró su valía. Los cuchillos fueron utilizados también en todos los escenarios de la guerra por los comandos y agentes de agencias como el OSS estadounidense y el SOE británico (*vid*. pp. 198-199) para asesinatos y «eliminación silenciosa» de centinelas. Sin duda, la más famosa de estas armas era el cuchillo de comando Sykes-Fairbairn.

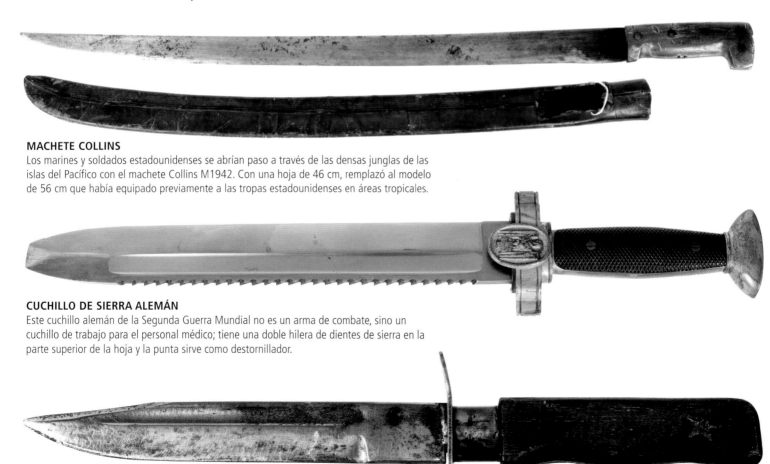

MACHETE COLLINS
Los marines y soldados estadounidenses se abrían paso a través de las densas junglas de las islas del Pacífico con el machete Collins M1942. Con una hoja de 46 cm, remplazó al modelo de 56 cm que había equipado previamente a las tropas estadounidenses en áreas tropicales.

CUCHILLO DE SIERRA ALEMÁN
Este cuchillo alemán de la Segunda Guerra Mundial no es un arma de combate, sino un cuchillo de trabajo para el personal médico; tiene una doble hilera de dientes de sierra en la parte superior de la hoja y la punta sirve como destornillador.

CUCHILLO DE COMBATE RUSO
Un cuchillo de combate ruso de la Segunda Guerra Mundial. Como la mayoría de las armas soviéticas, los cuchillos del Ejército Rojo eran simples, robustos y diseñados para ser fabricados de forma barata y en grandes cantidades.

SYKES-FAIRBAIRN

Uno de los cuchillos más famosos de la Segunda Guerra Mundial, el cuchillo de comando Sykes-Fairbairn, fue ampliamente utilizado por las fuerzas especiales británicas y americanas. Desarrollado por dos expertos en combate cuerpo a cuerpo (*vid.* cuadro) era un arma ligera de acero inoxidable. Su hoja estrecha, de 19 cm de longitud, estaba diseñada especialmente para introducirse entre las costillas de un oponente.

KA-BAR

El Ka-Bar era el cuchillo de combate reglamentario del Cuerpo de Marines estadounidense en la Segunda Guerra Mundial; llamado oficialmente Cuchillo de Combate USN (Armada de los EE.UU.) Mark 2, pero conocido universalmente como Ka-Bar debido a un eslogan publicitario de su fabricante, la *Union Cutlery Co.* (Compañía Cuchillera de la Unión). Su famoso diseño resistente lo convertía en un magnífico cuchillo de trabajo, además de en un cuchillo de combate.

W. E. FAIRBAIRN Y ERIC SYKES

William Fairnbairn se convirtió en uno de los primeros occidentales en hacerse un experto en artes marciales asiáticas mientras servía como agente de policía en Shanghái, China, a comienzos del siglo XX. (Irónicamente, viendo lo que ocurrió después, en un principio se entrenó con un instructor japonés.) Con el tiempo Fairbairn ascendió hasta comandar la Policía Municipal de Shanghái y, junto a su colega Eric Sykes, comenzaron a entrenar a sus agentes en una técnica de combate cuerpo a cuerpo híbrida que llamaron «sistema Defendu». Con la llegada de la Segunda Guerra Mundial, Sykes y Fairbairn fueron llamados de vuelta a Inglaterra, donde comenzaron a enseñar su sistema a los recién creados Comandos. El dúo desarrolló en esta época el famoso cuchillo estilo daga que lleva sus nombres. Con la entrada de los Estados Unidos en la guerra, Fairbairn se fue a América a entrenar a los OSS; Sykes se quedó para trabajar con el SOE y el SIS (*Secret Intelligence Service;* Servicio Secreto de Inteligencia).

«Ka-Bar estuvo allí».

—Eslogan publicitario

Pistolas del Eje

Como había poco margen de mejora en el diseño del revólver, los años de entreguerras vieron cómo las pistolas semiautomáticas se convertían en el arma corta reglamentaria en muchos ejércitos. La Unión Soviética adoptó la Tokarev, que el gran escritor sobre armas Ian Hogg describió como un «[Colt] M1911 con un característico acento ruso». En Japón entró en servicio la serie de automáticas Nambu (llamada así por el coronel Nambu Kirijo, el principal diseñador de armas de la nación), del calibre 8 mm. La Walther P38 remplazó gradualmente a la Luger en la *Wehrmacht* (Fuerzas Armadas alemanas)[106] a lo largo de la Segunda Guerra Mundial.

CZ27 AUTO

La Ceska Zbrojovoka Modelo 1927 (CZ27) era una mejora del diseño alemán con un sistema de carro y un cargador de nueve cartuchos de calibre 9 mm. Después de la ocupación de Checoslovaquia, Alemania desvió la producción de la excelente industria armamentística de esta nación, incluida la Ceska Zbrojovoka, para su propio uso.

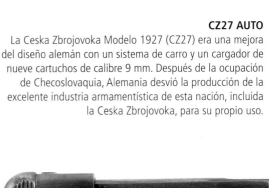

NAMBU M94

Muchos expertos en armas de fuego consideran que la famosa semiautomática japonesa Nambu tipo 94 es la peor pistola militar de los tiempos modernos. El sistema de amartillado estaba diseñado de forma tan deficiente, que el arma podía dispararse accidentalmente si se ejercía la menor presión sobre ella. Además, la mayoría de estas pistolas fueron fabricadas hacia el final de la Segunda Guerra Mundial, cuando los bombardeos aliados estaban machacando la industria armamentística japonesa, por lo que los materiales y el trabajo de la mano de obra son especialmente malos.

NAMBU M14

La Nambu tipo 14 se llamaba así porque fue producida por primera vez en 1925, el año décimo cuarto del reinado del emperador Yoshihito (1879-1926; reinó de 1912 a 1926), una convención a la hora de dar nombres que se utiliza para algunas otras armas militares japonesas. La semiautomática de 8 mm fue la principal pistola militar japonesa en la Segunda Guerra Mundial pero, como se requería que los oficiales japoneses comprasen personalmente sus armas cortas, entró en servicio una gran variedad de pistolas.

---

[106] Aunque suele traducirse *Wehrmacht* como «Ejército Alemán», en realidad, la *Wehrmacht* (literalmente «Fuerza de defensa» en alemán) incluía tanto el *Heer* (Ejército), como la *Kriegmarine* (Armada) y *Luftwaffe* (Fuerza Aérea).

LUGER CON CARGADOR REDONDO

Aunque la Walther P38 remplazó en gran medida a la Luger como la pistola reglamentaria alemana, esta última aún entró mucho en servicio en la Segunda Guerra Mundial. Esta pistola en particular, adaptada a un cargador redondo de 32 cartuchos, fue aprehendida a un general alemán después de la captura aliada de la ciudad norteafricana de Túnez en mayo de 1943. El llamado «cargador de caracol» nunca fue popular porque tendía a encasquillarse.

WALTHER P38

La Walther P38 de calibre 9 mm, una adaptación militar de la serie de pistolas PP (*Polizei Pistole*; Pistola de la Policía en alemán) desarrollada por la *Carl Walther Waffenfabrik* (Fábrica de armas Carl Walther) en los años veinte, fue adoptada por la Wehrmacht alemana en los años treinta para emplazar a la Luger, más cara y complicada. El sistema de disparo de la P38 estaba diseñado de manera que mientras el seguro estuviese puesto, podía ser llevada amartillada y dispuesta para disparar cuando se quitase el seguro, una cualidad muy deseable en una pistola reglamentaria.

BERETTA M1934 AUTO

La Beretta M1934, de sistema de carro, de calibre 9 mm, era el arma corta reglamentaria italiana en sus guerras en África en los años treinta y en la Segunda Guerra Mundial. La M1934 estaba principalmente destinada al *Regio Esercito* (el Ejército italiano); la M1935, una versión del calibre 7,65 mm, era utilizada principalmente por la *Regia Marina* (Armada) y la *Regia Aeronautica* (Fuerzas Aéreas).

LA CASA BERETTA

En 1526 la Serenísima República de Venecia firmó un contrato con el armero Bartoleomo Beretta de Gardone por una gran cantidad de arcabuces. Este trato fue el comienzo de una dinastía de fabricantes de armas de fuego que ha perdurado casi medio milenio; la empresa actual *Fabbrica d'Armi Pietro Beretta* (Fábrica de Armas Pietro Beretta) aún es propiedad en gran parte y es dirigida por los descendientes de Bartoleomo. La reputación de la firma de gran calidad y excelencia en el diseño la ha convertido en uno de los principales fabricantes de armas del mundo para uso militar, policial o deportivo. Aunque fabrica todo tipo de armas de fuego, desde escopetas a fusiles de asalto, las pistolas Beretta son especialmente apreciadas. Esto quedó patente de forma dramática en 1985, cuando el Ejército de los Estados Unidos adoptó la Beretta M92SB/92F, calibre 9 mm, como arma corta reglamentaria, remplazando al venerable Colt M1911, del calibre .45.

Pistolas «aliadas»

Las fuerzas estadounidenses siguieron llevando el Colt M1911, y lo harían durante cuatro décadas más tras el final de la guerra. Pero los británicos mantuvieron su gran devoción por los revólveres Webley en la Segunda Guerra Mundial, aunque grandes cantidades de semiautomáticas Browning de Alta Potencia (*vid.* p. 149), del calibre 9 mm, fueron entregadas a las fuerzas británicas.

WEBLEY MARK IV
Aparecido en 1899, el revólver Webley Mark IV siguió siendo popular entre las fuerzas británicas, especialmente las tripulaciones de la *Royal Air Force* (Real Fuerza Aérea), durante la Segunda Guerra Mundial. Aunque originalmente eran del calibre .455, los Mark IV de la época de la Segunda Guerra Mundial solían der del calibre .38. La pistola mostrada aquí posee un acabado sobrio «de tiempo de guerra».

WEBLEY MARK VI
Esta variante del Webley Mark VI (aparecida en 1916), dispara cartuchos del calibre .22 y está equipada con un tambor especial. Fue utilizada para adiestrar a las tropas británicas para disparar pistolas durante la Segunda Guerra Mundial (el uso del cartucho del calibre .22 permitía disparar en campos de tiro relativamente reducidos).

PISTOLA SUECA M40

Cuando la Segunda Guerra Mundial llevó a Alemania a suspender las exportaciones de la pistola Walther HP, que Suecia, un país neutral, había adoptado como su pistola reglamentaria, el Gobierno sueco contrató un diseño de 1935 del diseñador finlandés Almo Lahti. La M40 de 9 mm, como era conocida en las fuerzas suecas, se parecía a una Luger, pero tenía un sistema de disparo más parecido al de una Bergann-Bayard, con una mejora añadida para asegurar un movimiento correcto del sistema de disparo a temperaturas frías.

TOKAREV

Desarrollada por Feodor Tokarev (1871-1968), un antiguo oficial zarista convertido en diseñador soviético de armas de fuego, la pistola Tokarev apareció a finales de los años veinte y fue adoptada por el Ejército Rojo como arma corta reglamentaria unos pocos años después. Era conocida como TT (de «Tula-Tokarev»; Tula era uno de los principales arsenales soviéticos). El sistema de disparo de la pistola era esencialmente una copia del utilizado en la Colt M1911, del calibre .45, de John Browning, recalibrado para disparar munición del calibre 7,65 mm. El modelo original, el TT30, fue remplazado más tarde por el TT-33 (mostrado aquí).

WEBLEY 7.65 AUTO

Aunque Webley & Scott eran conocidos más por sus revólveres, con los años produjeron varias semiautomáticas buenas. Este modelo del calibre 7,65 mm era uno de los 50 hechos especialmente para la Policía de la ciudad de Londres (que tradicionalmente no llevaba armas de fuego) a fin de ser usados en caso de invasión durante los años oscuros de 1939-1941, cuando Inglaterra se enfrentó a la Alemania nazi prácticamente sola[107].

---

[107] Hay que decir que Inglaterra no estuvo «prácticamente sola» hasta el verano de 1940, cuando Francia cayó ante los alemanes, y que aun así, contaba con el apoyo de su imperio y sus antiguos dominios (Canadá, Sudáfrica, Australia y Nueva Zelanda).

FUSILES DE LA SEGUNDA GUERRA MUNDIAL

Cuando estalló la Segunda Guerra Mundial solo una nación, los Estados Unidos, había adoptado un fusil semiautomático, el M1 Garand (*vid.* cuadro página siguiente), como su arma de infantería reglamentaria. Pero el ritmo de diseño de fusiles se aceleró cuando los militares de otras naciones vieron que en la guerra moderna una cadencia de tiro alta a corta distancia es más importante que la precisión a larga distancia. En 1942 Alemania desarrolló el *Fallschirmgewehr* (fusil de paracaidista), del calibre 7,92 mm, para sus tropas aerotransportadas que podía disparar tanto en modo «tiro a tiro» (semiautomático) o modo «ráfaga» (completamente automático). Dos años más tarde apareció el MP44, otra arma del calibre 7,92 y fuego selectivo diseñada para combinar las funciones del fusil, el subfusil y la ametralladora ligera. El nombre alternativo del MP44 (un arma realmente revolucionaria), Sturmgewehr, daría nombre a una clase de armas enteramente nueva: el fusil de asalto.

CARABINA M1
Los Estados Unidos decidieron, en los años previos a la Segunda Guerra Mundial, desarrollar un arma «intermedia» para ser utilizada por oficiales y suboficiales, tripulaciones de tanques, conductores de camiones y personal de apoyo, una que fuese más compacta que el fusil M1 Garand, pero más efectiva en combate que la pistola M1911. El resultado fue la carabina M1, un arma semiautomática ligera (2,5 kg) que disparaba un cartucho especial del calibre .30. La M1 fue seguida por la M2, que era capaz de disparar tanto en modo automático como semiautomático, y se desarrolló para las fuerzas aerotransportadas una versión del M1 (el M1A1, mostrado aquí) con culatín plegable. Aunque más de seis millones de estas carabinas fueron fabricadas antes de cesar la producción en los cincuenta, el veredicto en combate fue contradictorio: el arma resultó útil en los combates urbanos en Europa y en la lucha en la jungla en el Pacífico, pero muchos pensaban que era muy delicada y que el cartucho de carabina del calibre .30, más propio de una pistola, era demasiado débil.

FUSIL JAPONÉS DEL TIPO 38
Aparecido en 1905, trigésimo octavo año del emperador Meiji (1852-1912; reinó de 1867 a 1912) y llamado, pues, el tipo 38, este fusil de cerrojo del calibre 6,5 mm fue el fusil japonés reglamentario hasta la aparición del tipo 99, unos 34 años más tarde. También se produjo una versión de carabina.

FUSIL JAPONÉS DEL TIPO 99
El fusil japonés tipo 99, que disparaba un cartucho más poderoso (del calibre 7,7 mm) que el del fusil Arisaka tipo 38 (del calibre 6,5 mm), entró en servicio por primera vez en 1939. Los rasgos más distintivos del tipo 99 eran un monópode integral de alambre y un juego de alzas para el punto de mira posterior que estaban diseñados (de forma muy optimista) para ser utilizados contra la aviación.

JOHN C. GARAND

John Cantius Garand (a la izquierda en la foto), nacido en Quebec (Canadá) en 1888, se trasladó de niño a Nueva Inglaterra (EE.UU.) con su familia, donde trabajó en talleres textiles y tiendas de maquinaria. Pero su pasión era el diseño de armas y durante la Primera Guerra Mundial entregó un diseño de ametralladora ligera al Ejército estadounidense. Fue adoptado, pero se puso en producción demasiado tarde para entrar en servicio. Su obvio talento le llevó a un puesto de ingeniero en el arsenal del Gobierno en Springfield, Massachusetts. A comienzos de los treinta, desarrolló un fusil semiautomático, que funcionaba por gas, de ocho tiros, del calibre .30, que venció a sus competidores a la hora de conseguir ser adoptados por el Ejército de los Estados Unidos en 1936. (El Cuerpo de Marines también adoptó el fusil, pero los recortes de presupuesto hicieron que los marines luchasen sus primeras batallas de la Segunda Guerra Mundial con Springfields M1903 de cerrojo.) El M1 Garand daba a las tropas estadounidenses una gran ventaja en potencia de fuego en ese conflicto; el general George S. Patton[108] describió el fusil como «la mejor herramienta de batalla que se ha inventado jamás».

El M1 Garand siguió siendo el arma reglamentaria de la infantería estadounidense durante la guerra de Corea (1950-1953) y el fusil que lo remplazó a mediados de los años cincuenta, el M14, era esencialmente una versión de tiro selectivo del M1. Al ser empleado del Gobierno, Garand no cobró derechos de autor por su diseño, aunque se produjeron casi seis millones de ejemplares de su arma. El Congreso rechazó una resolución para concederle una bonificación especial de 100.000 dólares. Murió en Massachusetts en 1974.

BAYONETA-HERRAMIENTA PARA ATRINCHERARSE 1169 (BRITÁNICA)
Entregada a las tropas británicas en la Segunda Guerra Mundial, esta herramienta para atrincherarse combinaba una pala y un pico para cavar zanjas con una bayoneta de pincho fijada al mango, que podía ser utilizada para buscar minas de tierra pinchando el terreno.

M1 GARAND
A pesar de su indudable éxito en el campo de batalla, el M1 Garand no carecía de defectos. El cargador del fusil se alimentaba solo con un peine de ocho cartuchos, así que no podía ser rellenado en combate insertando cartuchos individuales en el cargador. Y cuando se vaciaba el peine, era expulsado hacia arriba con un ruido característico, «¡clang!», que revelaba la posición del tirador al enemigo.

CARABINA-LANZAGRANADAS MANNLICHER-CARCANO
Esta arma, una auténtica rareza de la Segunda Guerra Mundial, era una combinación de carabina de seis tiros con lanzagranadas. Aunque la mayoría de fusiles de infantería de la Segunda Guerra Mundial podía lanzar granadas desde un cilindro encajado en el cañón, esta arma tenía un lanzagranadas ensamblado permanentemente en su lado derecho.

---

[108] George Smith Patton (1885-1945) fue un general estadounidense, cuya actuación en la Segunda Guerra Mundial fue tan talentosa como polémica. Patton sirvió con éxito en las campañas de África (1942-1943), Sicilia (1943), Francia (1944) y Alemania (1945), pero algunas de sus declaraciones a la prensa y de sus actuaciones fueron muy criticadas.

Armas ceremoniales de la época de la Segunda Guerra Mundial

A comienzos del siglo XX, la espada había dejado de tener utilidad real en el campo de batalla (al menos en el mundo occidental) y estaba siendo relegada cada vez más a un papel puramente ceremonial, siendo (como había sido durante siglos) un símbolo de la autoridad del oficial. Otras armas puramente ceremoniales subsistieron hasta el siglo XX, incluyendo el bastoncillo de oficial y el bastón de mariscal de campo. Otra costumbre que perduró hasta la era de las guerras mundiales era el regalo de armas ceremoniales para honrar a generales victoriosos, normalmente espadas o pistolas ricamente decoradas.

SÍMBOLOS TOTALITARIOS

Tanto el dictador fascista Benito Mussolini[109], que tomó el poder en Italia en 1922, como Adolph Hitler[110], jefe del Partido Nazi, que se hizo con el control de Alemania en 1933, tenían un conocimiento intuitivo de la psicología popular y de los usos de la propaganda. Además de los mítines masivos, las películas estimulantes y otros elementos propagandísticos, tanto la Italia fascista como la Alemania nazi utilizaron el simbolismo de las armas como herramienta para cultivar en sus ciudadanos un ferviente espíritu militarista y vincularlos más estrechamente a un Estado todopoderoso.

Una de esas prácticas era la distribución extensiva de armas de filo ceremoniales, especialmente dagas. En la Alemania nazi, cada rama de las fuerzas armadas, de los grupos paramilitares, de las organizaciones del partido como las *Hitlerjugend* (Juventudes Hitlerianas) e incluso organizaciones civiles como la Policía y los cuerpos de bomberos tenían sus cuchillos o dagas exclusivos para llevar con el uniforme de gala. Estas armas a menudo tenían gravadas divisas «patrióticas», como los cuchillos de las Juventudes Hitlerianas, que llevaban la inscripción *Blut und Ehre* («Sangre y Honor»). Aunque la alianza que derrotó finalmente a Italia y Alemania

(principalmente la Unión Soviética, los Estados Unidos e Inglaterra) no idolatraba las armas de filo, sus líderes también reconocían en ocasiones su papel como símbolo de valor y proezas marciales. Por ejemplo, durante la conferencia de Teherán, en noviembre de 1943, el primer ministro británico, Winston Churchill, regaló al líder soviético Josef Stalin[111] una magnífica espada hecha a medida (la «Espada de Stalingrado») de parte del rey Jorge VI (1895-1952; rey de Inglaterra e Irlanda de 1936 a 1952 y emperador de la India de 1936 a 1947) y del pueblo británico en conmemoración de la victoria soviética en esa épica batalla.

ESPADA DE MUSSOLINI

Este *Shotel* (la espada curvada tradicional de Etiopía) fue regalado a Benito Mussolini tras la conquista italiana de Etiopía (o Abisinia, como también se la conocía en la época) en 1936. El dictador era un espadachín entusiasta a quien le gustaba la esgrima y de quien se dice que se batió en duelo cuando era joven.

[109] Benito Mussolini (1883-1945) fue un político y dictador italiano (1922-1943), que instauró en Italia un régimen dictatorial regido por el Partido Fascista, del cual él era el *Duce* (Líder), dentro del marco de la monarquía de la casa de Saboya-Piamonte. Su entrada en la Segunda Guerra Mundial llevó a Italia a la derrota, lo que causó su deposición en 1943 y su muerte en 1945.

[110] Adolf Hitler (1889-1945) fue un político y dictador alemán (1933-1945), que instauró en Alemania un régimen totalitario regido por el Partido Nacional-Socialista Obrero Alemán (Partido Nazi), del cual él era el *Führer* (Líder). La agresiva política exterior de la Alemania de Hitler llevó a anexionar Austria y Checoslovaquia, y finalmente causó la Segunda Guerra Mundial al invadir Polonia. Durante la guerra, las fuerzas alemanas conquistaron buena parte de Europa, destacando por su habitual maltrato a las poblaciones locales. La dictadura de Hitler destacó también por la persecución y exterminio sistemáticos de sus enemigos políticos, de las «razas inferiores» (especialmente los judíos) y cualquiera que, por un motivo u otro, no encajase en su Tercer *Reich*. La derrota de Alemania llevó a Hitler al suicidio en 1945.

[111] Josef Stalin (1878-1953) fue un político y dictador soviético (1922-1953). A la muerte de Vladimir Lenin (1870-1924), Stalin se hizo con el poder en el Partido Comunista Ruso y la Unión Soviética, y estableció una dictadura más férrea aún que la dictadura comunista-leninista previa. Stalin persiguió con dureza a cualquiera que fuese, o pudiese ser, desleal a su régimen. En los primeros dos años de la Segunda Guerra Mundial estuvo aliado con Hitler, con quien se repartió Polonia en 1939, pero tras la invasión alemana de la U.R.S.S. en junio de 1941 Stalin se unió a los Aliados. Tras la derrota de Alemania, la U.R.S.S. ocupó buena parte de Europa oriental, donde instauró regímenes satélites en la mayoría de países. Stalin fue probablemente el dictador del siglo XX que más muertes causó, si bien las cifras varían según los historiadores.

BASTONCILLO DE OFICIAL

Los oficiales y a veces los suboficiales de diversos ejércitos (y el Cuerpo de Marines de los Estados Unidos) solían llevar bastoncillos como el que se muestra aquí. Solían ser varas cortas, normalmente de unos 61 cm o menos, a menudo cubiertas de cuero y con una punta de metal. El origen de los bastoncillos de oficial no está claro; pueden proceder de los bastones de mando, utilizados para separar a los soldados en las formaciones de marcha, o para aplicar castigos corporales. En el siglo XX eran solo un símbolo de rango.

ESPADA DE OFICIAL DEL EJÉRCITO ALEMÁN

El *Heer Mannschaftsabel* (sable de oficial del Ejército), con un único filo en su hoja de 82 cm, era la espada de gala reglamentaria del Ejército alemán desde el comienzo del siglo XX hasta la Segunda Guerra Mundial. La mayoría fueron fabricadas por firmas de la ciudad westfaliana de Solingen, una ciudad conocida desde finales del siglo XIV por el buen filo de sus armas.

BASTÓN DE GOERING

El bastón es el símbolo tradicional del mariscal de campo, el rango militar más alto en muchos países. El bastón está rematado con un busto del *Feldmarschall* Hermann Goering (1883-1945), jefe de la *Luftwaffe* (Fuerza Aérea alemana) y uno de los principales subordinados de Adolph Hitler. Goering, extremadamente vanidoso, atesoraba una colección de bastones muy decorados.

CUCHILLO DEL CUERPO DE TRABAJO NAZI

La Alemania Nazi organizó el Servicio de Trabajo Alemán (*Reichsarbeisdienst* o RAD) en 1934 para proporcionar trabajo a proyectos de obras públicas; más tarde la organización se convirtió en un servicio auxiliar de la *Wehrmacht*. Los oficiales del RAD llevaban una versión más pequeña y decorada del cuchillo de trabajo entregado a los trabajadores que se alistaban. La versión con cachas de cuerna de ciervo mostrada aquí fue elaborada por la famosa firma Eickhorn de Solingen.

DAGAS DE LA LUFTWAFFE Y LA KRIEGSMARINE
Estas dagas fueron llevadas por oficiales de la *Luftwaffe* (a la izquierda, modelo 1937) y de la *Kriegsmarine* (Armada alemana) (derecha). Algunas dagas de la *Wehrmacht* tenían el mango decorado con el águila de la Alemania nazi y la esvástica.

ESPADA DE LA LUFTWAFFE
Esta espada de gala de oficial de la *Luftwaffe*, hecha en Solingen, lleva la esvástica nazi, tanto en el pomo como en el centro de la guarnición. Aquí es mostrada con su vaina.

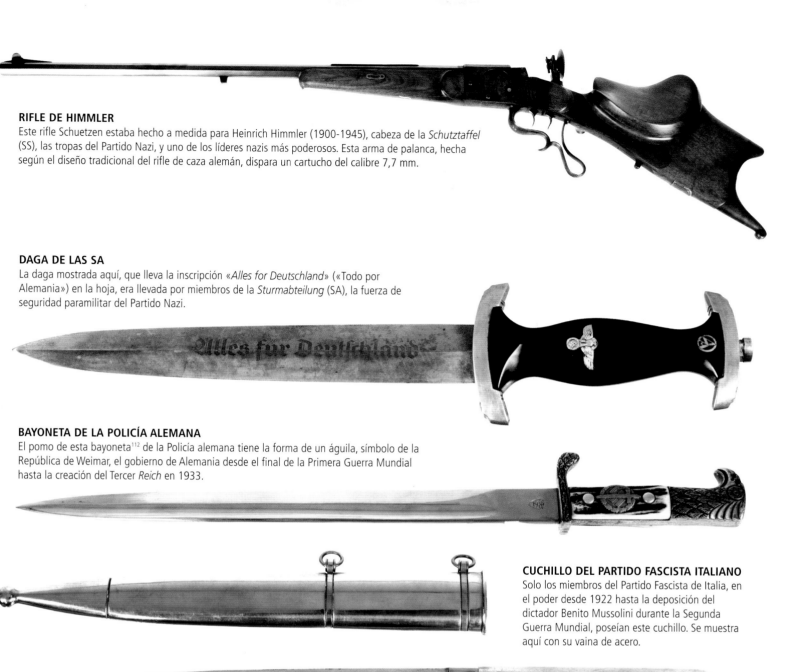

RIFLE DE HIMMLER

Este rifle Schuetzen estaba hecho a medida para Heinrich Himmler (1900-1945), cabeza de la *Schutztaffel* (SS), las tropas del Partido Nazi, y uno de los líderes nazis más poderosos. Esta arma de palanca, hecha según el diseño tradicional del rifle de caza alemán, dispara un cartucho del calibre 7,7 mm.

DAGA DE LAS SA

La daga mostrada aquí, que lleva la inscripción «*Alles for Deutschland*» («Todo por Alemania») en la hoja, era llevada por miembros de la *Sturmabteilung* (SA), la fuerza de seguridad paramilitar del Partido Nazi.

BAYONETA DE LA POLICÍA ALEMANA

El pomo de esta bayoneta[112] de la Policía alemana tiene la forma de un águila, símbolo de la República de Weimar, el gobierno de Alemania desde el final de la Primera Guerra Mundial hasta la creación del Tercer *Reich* en 1933.

CUCHILLO DEL PARTIDO FASCISTA ITALIANO

Solo los miembros del Partido Fascista de Italia, en el poder desde 1922 hasta la deposición del dictador Benito Mussolini durante la Segunda Guerra Mundial, poseían este cuchillo. Se muestra aquí con su vaina de acero.

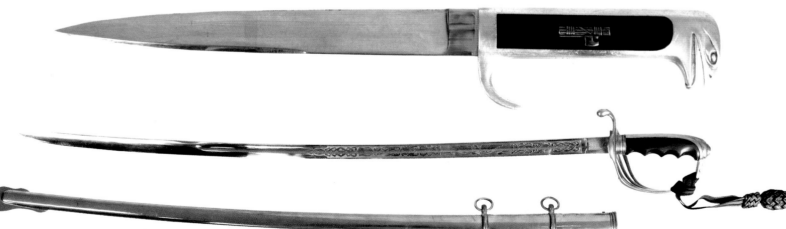

ESPADA DE OFICIAL DE LOS ESTADOS UNIDOS

El ejército de los Estados Unidos adoptó en 1902 el sable aquí mostrado como la espada ceremonial reglamentaria para oficiales y suboficiales superiores.

---

[112] Lo cierto es que más que una bayoneta parece un cuchillo ceremonial.

Ametralladoras de la Segunda Guerra Mundial

Además de su uso en la infantería, la Primera Guerra Mundial vio ametralladoras aplicadas a la aviación (y usada contra ella desde el suelo), los coches blindados y los tanques. En los años de entreguerras, los diseñadores de armas desarrollaron ametralladoras aún más poderosas, como la M2 de John Browning del calibre .50, que disparaba cartuchos del tamaño de una botella de Coca-Cola de las antiguas. Pero incluso antes de que terminase la Primera Guerra Mundial, varias naciones intentaron incluir el impacto de una ametralladora en un arma que pudiese ser portada por un solo soldado de infantería. En la Segunda Guerra Mundial, estas armas incluían el fusil ametrallador británico Bren y el BAR (*Browning Automatic Rifle*; Fusil Ametrallador Browning). Estas armas solían estar cargadas con cargador, pero basándose en su experiencia en la Primera Guerra Mundial, los alemanes hicieron de una ametralladora ligera, el MG42, del calibre 7,92 mm, el fundamento de su infantería en la Segunda Guerra Mundial. El concepto de «arma automática de escuadra» evolucionó, después de la guerra, a armas como el M60 de las fuerzas armadas estadounidenses en la época de la guerra de Vietnam, y el contemporáneo M249, basado en un diseño belga.

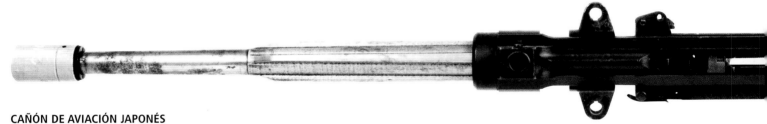

CAÑÓN DE AVIACIÓN JAPONÉS
Aunque la Real Fuerza Aérea británica (*Royal Air Force* o RAF) y las Fuerzas Aéreas del Ejército estadounidense (*United States Army Air Forces* o USAAF) armaban sus cazas y bombarderos sobre todo con ametralladoras, las fuerzas aéreas de otros países preferían cañones automáticos, normalmente de calibre 20 mm, que disparaban proyectiles explosivos en lugar de balas. Este cañón de aviación japonés del calibre 20 mm es una de estas armas.

MG42 ALEMÁN
El MG34 alemán, del calibre 7,92 mm y alimentado por cinta, y su remplazo durante la guerra, el MG42, fueron dos de las armas más efectivas de la Segunda Guerra Mundial, que se distinguían por su versatilidad. Equipadas con un bípode iban a la acción como armas de apoyo de la infantería; con un trípode, resultaron ser excelentes armas defensivas, y también podían ser montadas en tanques y otros vehículos. La alta cadencia de tiro de la serie MG (hasta 1.200 disparos por minuto) y su sonido característico hicieron que las tropas aliadas apodasen el arma «la cremallera de Hitler».

BROWNING M2

John Browning diseñó la ametralladora del calibre .30 mostrada aquí para su uso en la aviación, durante la Primera Guerra Mundial; no llegó a tiempo de entrar en servicio en la guerra. El arma fue utilizada por el Cuerpo Aéreo del Ejército de los Estados Unidos (más tarde Fuerzas Aéreas del Ejército de los Estados Unidos) en los primeros días de la Segunda Guerra Mundial, hasta que fue remplazada por el formidable M2 del calibre .50.

FUSIL AMETRALLADOR BROWNING

El fusil ametrallador Browning (*Browning Automatic Rifle* o BAR), del calibre .30, que funcionaba por el gas producido al disparar los cartuchos, fue otra arma diseñada por Browning, que apareció en 1918, casi demasiado tarde para entrar en servicio. Siguió en servicio en el Ejército estadounidense, con algunas modificaciones, hasta la guerra de Corea (1950-1953). Era un arma excelente en muchos aspectos, capaz tanto de disparar a ráfagas como de disparar tiro a tiro (en manos de un tirador experimentado). Sus desventajas incluían su peso (8,9 kg) y la capacidad de su cargador, solo 20 cartuchos, poco para un arma automática.

«¿Por qué el alma siempre necesita una ametralladora?»

—E. M. Foster, de *¿Qué le ha hecho Alemania a los alemanes?*, 1940

SUBFUSILES DE LA SEGUNDA GUERRA MUNDIAL

A medida que la Primera Guerra Mundial se estancaba en un empate sangriento en el frente occidental, los soldados de las naciones en guerra comenzaron a admitir los defectos del fusil de infantería estándar: su longitud, su peso y sobre todo su cadencia de tiro relativamente lenta. Como resultado, e inspirados por el éxito de la ametralladora (*vid*. pp. 181-182; 202-203) los diseñadores de armas desarrollaron el subfusil. Esta arma de fuego de infantería sacrificaba la precisión a largo alcance del fusil a favor de un arma más pequeña que podía ser disparada desde la cadera o el hombro, y que podía descargar una rápida lluvia de fuego en el combate a corto alcance. Mejorado en los años de entreguerras, el subfusil tuvo un papel prominente en la Segunda Guerra Mundial; e incluso hoy, cuando el fusil de asalto ha subsumido en gran parte sus funciones, los subfusiles mantienen su papel en la lucha antiterrorista y en otras operaciones especializadas.

El Ejército italiano desarrolló un prototipo de subfusil en 1915, pero el orgullo por ser el lugar de origen de esta arma realmente le corresponde a Alemania, que, tres años más tarde, adoptó el Bergmann MP18/1 diseñado por Hugo Schmeisser. El arma, que funcionaba por retroceso, disparaba una versión ligeramente modificada del cartucho del calibre 9 mm *parabellum* utilizada por la pistola Luger. Originalmente, el MP18/1 utilizaba el cargador redondo «de caracol» de 32 cartuchos desarrollado también para la Luger, pero las versiones de postguerra utilizaban un cargador extraíble lateral. El MP18/1 llegó demasiado tarde y en cantidades demasiado exiguas para cambiar la fortuna de Alemania en el frente occidental. Más o menos al mismo tiempo que se desarrollaba el Bergmann, el coronel del Ejército estadounidense J. T. Thompson diseñaba el

subfusil ahora legendario que lleva su nombre, pero para cuando las primeras Thompsoms estaban preparadas para ser embarcadas, ya se había firmado el Armisticio.

LA SEGUNDA GUERRA MUNDIAL Y DESPUÉS DE ESTA

La mayoría de las naciones desarrollaron algún tipo de subfusil antes del estallido de la Segunda Guerra Mundial, aunque los militares conservadores a menudo denigraban el arma diciendo que era «barata y desagradable», y lamentaban su relativa falta de precisión y de «poder de detención» (la mayoría de subfusiles disparaban un cartucho con la potencia de uno de pistola más que uno de rifle, pues estos últimos eran demasiado potentes para el sistema de disparo de un subfusil). Pero el arma demostró su valía en todos los frentes de la guerra, especialmente en las luchas ca-

llejeras en Europa y en los combates a corta distancia en las islas del Pacífico.

La Unión Soviética le tomó un gusto especial a esta arma, fabricando millones de subfusiles de los modelos PPSH41/42/43, e incluso se equipaban batallones enteros con ellos. Aunque fueran técnicamente rudimentarios comparados con los subfusiles alemanes, como el MP40, la serie Ppsh (acrónimo de «Pistolet Pullemet Shpagin»), eran armas robustas y fiables en las condiciones brutales del frente oriental, fáciles de usar incluso para los soldados del Ejército Rojo, mínimamente entrenados; y podían ser fabricados rápidamente y a un coste barato. Las copias chinas del diseño ruso, como el Tipo 50, entraron en servicio extensamente en la guerra de Corea (1950-1953), en la cual las tropas estadounidenses las apodaron «metralletas de eructo» por su distintivo sonido.

STEN
Simple, barato de producir, y fácil de utilizar, el subfusil STEN y sus numerosas variantes fueron uno de los pilares de las fuerzas británicas y de la *Commonwealth* durante la Segunda Guerra Mundial. Su nombre le viene de las iniciales de sus diseñadores, R. V. Shepard y H. J. Turpin, combinadas con las del arsenal nacional británico de Enfield. Este subfusil, de calibre 9 mm, que funcionaba por el gas producido al disparar los cartuchos y que se alimentaba de un cargador extraíble de 32 cartuchos, situado en un costado, entró en servicio en todas partes, desde Normandía a Nueva Guinea. La versión australiana era conocida como AUSTEN, de «STEN australiano».

MAS FRANCÉS

El subfusil MAS (de *Manufacture d'Armes* de St. Etienne; Fábrica de Armas de St. Etienne) modelo 1938, calibre 7,65 mm, era el principal subfusil del Ejército francés en la Segunda Guerra Mundial. Era un arma inusual, pues había que empujar el gatillo hacia delante para poner el seguro y el cañón del arma era empujado por el retroceso dentro de un tubo que había dentro de la culata.

REISING

El subfusil Reising (llamado así por su diseñador, Eugene Reising) estadounidense, del calibre .45, era un arma de fuego selectivo, con sistema de disparo de carro retardado, utilizado por el Cuerpo de Marines estadounidense a comienzos de la Segunda Guerra Mundial. Además de la versión con culatín de alambre mostrada aquí, había un modelo con culata de madera integral. El sistema de disparo de recámara cerrada del Reising era proclive a estropearse con la suciedad y la humedad, por lo que resultó ineficaz e impopular en las campañas en las junglas de Guadalcanal y otras islas.

MP40

Este subfusil alemán, llamado oficialmente MP (*Machinenpistole*) modelo 1940, aunque conocido popularmente como el «Schmeisser», en realidad no había sido desarrollado por el gran diseñador de armas alemán Hugo Schmeisser. Más de un millón fueron fabricados para la *Wehrmacht* durante la Segunda Guerra Mundial. El MP, de metal y plástico, del calibre 9 mm, que funcionaba por el gas producido al disparar los cartuchos, es considerado la primera arma reglamentaria de infantería que no utilizaba madera en su construcción. Su excelente reputación está reforzada porque muchas tropas aliadas preferían utilizar MP40 capturados al enemigo a usar sus propios subfusiles reglamentarios.

MP44

Llamada oficialmente el MP (*Machinenpistole*) modelo 1944 y conocida como el *Sturmgewehr* (fusil de asalto) modelo 1944, esta arma representaba la punta de lanza de la tecnología de armas pequeñas en el momento en que la Segunda Guerra Mundial se acercaba a su sangriento final. Esta arma de tiro selectivo, que funcionaba por los gases producidos por el disparo, utilizaba cartuchos de una versión corta (*kurtz*) del cartucho estándar de 7,91 mm y se alimentaba de un cargador extraíble de 30 cartuchos. (Aunque designado «44», los primeros modelos fueron entregados en 1943.) El diseño del AK-47 soviético (*vid.* p. 212), el fusil de asalto más popular de todo el mundo, es un descendiente directo. El MP44 mostrado aquí iba equipado con un cañón curvado especial, útil para disparar al doblar las esquinas en las luchas callejeras.

Armas especializadas de la Segunda Guerra Mundial

Las especiales condiciones del los campos de batalla de la Segunda Guerra Mundial requerían armas de infantería especializadas. La aparición del tanque como una presencia importante en el campo de batalla llevó al desarrollo de armas propulsadas por cohetes que permitiesen a los soldados de infantería tratar con los blindados enemigos. En el conflicto brutal entre la Unión Soviética y la Alemania nazi en el frente del este, los dos ejércitos recurrieron a unidades de francotiradores armados con rifles especialmente adaptados. Aunque en la Segunda Guerra Mundial se extendió el uso de radios para comunicarse, se continuó utilizando la venerable pistola de bengalas para hacer señales cuando había que mantener el silencio de radio. Los brutales artilugios utilizados en los campos de prisioneros o de concentración de la Alemania nazi eran un tipo de arma más desagradable.

FRANCOTIRADORES

Muchos ejércitos de la Segunda Guerra Mundial utilizaron francotiradores para matar a larga distancia. La mayoría de estos tiradores utilizaban fusiles de cerrojo reglamentarios o rifles de caza civiles equipados con miras telescópicas. El Ejército Rojo soviético favoreció especialmente el recurso a los francotiradores: los francotiradores con «la puntuación más alta» (algunos de ellos mujeres) se convirtieron en celebridades nacionales. El francotirador soviético más famoso, Vasily Gregoryevich Zaitsev (1915-1991), ocasionó 225 muertes confirmadas. Se dice que durante la batalla de Stalingrado (1942-1943), Zaitsev mató a uno de los mejores francotiradores de la *Wehrmacht*, que había sido enviado a la ciudad para cazar y matar a Zaitsev. Este duelo fue la base

para la novela de Daniel L. Robbins *Guerra de las ratas* (1999) y para la película *Enemigo a las puertas* (2001). Zaitsev y sus compañeros francotiradores utilizaban el fusil reglamentario Mosin-Nagant (*vid.* p. 179), que siguió en servicio en la Unión Soviética y sus satélites hasta los sesenta.

ARMAS ANTITANQUE

Durante la Primera Guerra Mundial y los años siguientes, la principal arma antitanque era el fusil antitanque: armas de alta potencia que disparaban balas pesadas capaces de perforar blindajes. Las armas más conocidas de este tipo son el Boys del calibre .55 del Ejército británico y el Mauser *Panzerbusche* alemán del calibre 13,2 mm. A medida que el blindaje de los tanques se iba haciendo más grueso a partir del estallido de la Segunda

Guerra Mundial, los fusiles antitanques iban siendo cada vez menos efectivos. El Ejército estadounidense fue el primero en desarrollar un arma antitanque con propulsión por cohete. El «bazuca» M1A1, aparecido en 1942, era un arma montada sobre el hombro, manejada por un equipo de dos hombres, que disparaba un proyectil HEAT (*High Explosive Anti-Tank*, o Alto Explosivo Antitanque) del calibre 60 mm. (El bazuca consiguió su apodo porque se parecía a un instrumento musical de broma tocado por un cómico popular.) Los alemanes copiaron el arma, llamándola *Panzerschreck* y aumentando su calibre a 88 mm. La *Wehrmacht* también utilizó grandes cantidades de un lanzacohetes simple de un solo tiro: el *Panzerfaust*, mientras que los británicos adoptaron el PIAT, bastante singular.

RIFLE DE FRANCOTIRADOR ALEMÁN
Durante la Segunda Guerra Mundial, la *Wehrmacht* alemana adoptó para ser utilizados por francotiradores rifles Mauser de preguerra, hechos originalmente para ser armas civiles de caza o para practicar la puntería. El Mauser del calibre 8 mm mostrado aquí está equipado con una mira telescópica de un tiro Hensolt. Un oficial americano capturó este rifle en particular a un francotirador alemán muerto durante la batalla de las Ardenas en el invierno de 1944-1945.

PISTOLA DE BENGALAS ALEMANA
Esta pistola de bengalas (*leuchpistol*) alemana Walther de la Segunda Guerra Mundial, hecha de cinc, podía disparar tanto bengalas como cartuchos de gas. La recámara se abre tirando hacia abajo del guardamonte.

PISTOLA DE BENGALAS ALEMANA DE DOS CAÑONES
Las bengalas no se utilizaban solo para hacer señales desde el suelo, sino también desde el aire, por ejemplo, para alertar a las dotaciones de tierra antes del aterrizaje de que estuvieran preparados para bajas a bordo, o para indicar cambios en la formación durante el vuelo. Se muestra aquí una pistola de dos cañones utilizada por la *Luftwaffe*, la Fuerza Aérea de la Alemania nazi. El arma, de un diseño «sin percutor», se amartilla cuando se abre por el centro para recargar, y el seguro se coloca automáticamente cuando los cañones vuelven a la posición de disparo.

CACHIPORRA DE GOMA
Este tipo de cachiporra de goma era utilizado durante la Segunda Guerra Mundial tanto por la Policía Secreta alemana (la Gestapo) como por las SS (las *Schultzstauffel*, fuerzas especiales del Partido Nazi).

LÁTIGO
Basado en el «gato de nueve colas» clásico, este látigo era utilizado por los guardas alemanes en los campos de concentración o de prisioneros. Un prisionero polaco se hizo con este cuando su campo fue liberado en los últimos días de la Segunda Guerra Mundial.

PIAT
El PIAT (*Personal Infantry Anti-Tank Projector*; Proyector Personal Antitanque de Infantería) del Ejército británico, utilizado en combate por primera vez en 1943, era un arma inusual, ya que utilizaba un sistema de disparo de resorte para encender una carga de propulsión relativamente pequeña que, a su vez, enviaba un proyectil HEAT (*High Explosive Anti-Tank*, o Antitanque Altamente Explosivo) a una distancia máxima de 100 m. La ventaja del PIAT era que, a diferencia del bazuca estadounidense, no expulsaba una llamarada al disparar, revelando la posición del tirador al enemigo. Por el mismo motivo era seguro utilizar el PIAT en espacios cerrados en un papel que no fuera antitanque, como en la lucha casa por casa, por ejemplo. Sus desventajas eran su gran peso (15 kg) y la incapacidad del proyectil HEAT, de 1,4 kg, para perforar el blindaje frontal de algunos modelos de *panzer (tanque) alemanes.

Armas de espionaje

Algunas de las armas más innovadoras e intrigantes son aquellas diseñadas para ser utilizadas por espías, sicarios, agentes secretos y guerrilleros. Como poder ocultarlas tenía una importancia absoluta para sus usuarios, muchas de estas armas (incluida la mayoría de los objetos que se muestra en estas páginas) están disfrazadas como objetos ordinarios. Aunque algunas armas especializadas de espionaje fueron hechas en el siglo XIX y comienzos del XX, sus auténticos días de gloria llegaron durante la Segunda Guerra Mundial y las décadas de la Guerra Fría que siguieron.

OSS Y SOE

Los Estados Unidos crearon la Oficina de Servicios Estratégicos (*Office of Strategic Services* u OSS) en junio de 1942, seis meses después de su entrada en la Segunda Guerra Mundial. Las misiones de esta agencia incluían no solo obtener información, sino también llevar a cabo actos de sabotaje y ayudar a los movimientos de resistencia en áreas ocupadas por las potencias del Eje (Alemania, Italia y Japón) en colaboración estrecha con su equivalente británico, el Ejecutivo de Operaciones Especiales (*Special Operations Executive* o SOE).

La OSS reclutaba la mayor parte de sus operativos de las universidades de la Ivy League[113] y otros bastiones de las clases altas de la Costa Este de los Estados Unidos (sus detractores afirmaban que sus iniciales significaban *Oh, so social*, es decir «Oh, qué exclusivo»). La OSS utilizaba una gran variedad de armas poco corrientes en sus operaciones clandestinas, muchas de ellas desarrolladas por el Consejo Nacional de Recursos de Defensa (*National Defense Resource Council* o NDRC), como la famosa pistola de un tiro «Liberator» (*vid.* cuadro en página siguiente), o tomadas prestadas de los británicos, como el cuchillo de comando Sykes Fairbairn (*vid.* p. 191).

LA GUERRA FRÍA

La OSS dio paso a la Agencia Central de Inteligencia (*Central Intelligence Agency* o CIA) cuando la Segunda Guerra Mundial dio paso a la Guerra Fría. La CIA continuó utilizando una de las armas más efectivas de la OSS: la pistola semiautomática Hi-Standard del calibre .22. La pistola Hi-Standard, que tenía un diseño similar al de la pistola de uso civil Colt *Woodsmen* («Hombres del bosque»), iba equipada con un silenciador desarrollado por los *Bell Telephone Laboratories* (Laboratorios Telefónicos Bell). Las Hi-Standard del arsenal de la CIA estaban fabricadas sin ningún tipo de marcas que indicasen su origen americano, de acuerdo con la doctrina de la agencia de «desmentido plausible» para sus operaciones secretas. La CIA también desarrolló unas cuantas armas poco corrientes; se dice que la agencia desarrolló una concha marina explosiva en un esfuerzo sin éxito por matar al dictador cubano Fidel Castro, un buceador entusiasta.

La KGB, la versión de posguerra de la Policía Secreta soviética[114], tenía su propio arsenal de armas inusuales, que incluía una pistola de calibre 4,5 mm camuflada como lápiz de labios (entregado a las agentes femeninas, se la apodaba «el beso de la muerte»); un paraguas que disparaba balines envenenados, utilizado para asesinar al disidente búlgaro Georgi Malenkov en Londres en 1978 (*vid.* p. 157); y quizás la más extraña, el cuchillo «rektal» [sic], una daga diseñada para ser escondida en esa cavidad corporal en particular.

PISTOLA DE GAS

Este artilugio con forma de bolígrafo, patentado en 1932 como un «arma que dispara gas incapacitante» por la *Lake Erie Chemical Corporation of Ohio* (Corporación Química del Lago Erie de Ohio), estaba diseñado para expulsar gas lacrimógeno. Aunque había sido diseñado para ser utilizado por las agencias de la ley, varios servicios secretos han utilizado en el espionaje utensilios similares, que descargaban compuestos químicos más mortíferos.

VIROTE Y DAGA

Dos armas de la Segunda Guerra Mundial de las OSS y SOE: el virote (arriba) podía ser disparado desde una ballesta similar a una pistola, que utilizaba tiras de goma, mientras que la daga de muñeca (abajo), fácil de esconder, fue entregada ampliamente a los agentes aliados.

---

[113] La Ivy League es una conferencia deportiva, creada en 1954, que engloba a ocho de las universidades más prestigiosas (y exclusivas) de Nueva Inglaterra: Brown, Columbia, Cornell, Dartmouth, Harvard, Pensilvania, Princeton y Yale. El nombre («Liga de Hiedra» en español) hace referencia a los muros llenos de hiedra de sus edificios, para resaltar su antigüedad y exclusividad, y viene utilizándose de forma oficiosa para referirse a estas universidades desde décadas antes de crearse oficialmente la conferencia.

[114] Durante la Segunda Guerra Mundial, la Policía Secreta soviética se llamaba NKVD (Comisariado del Pueblo para Asuntos Internos); en 1946 pasó a denominarse MGB (dependiente del MVD), y desde 1954 a 1991, KGB.

MÁS FUERTE QUE LA ESPADA

Este bolígrafo-pistola alemán de la Segunda Guerra Mundial disparaba una bala del calibre .22. El arma era amartillada tirando hacia atrás de la parte superior, y disparada apretando un botón pequeño en el costado.

PISTOLA-CAJA DE PASTILLAS

Se dice que un agente del gobierno fascista de Italia utilizó esta pistola para asesinar a un agente secreto americano en Suiza durante la Segunda Guerra Mundial. (Al ser una nación neutral, Suiza fue un semillero de espionaje e intriga durante todo el conflicto.) Para disparar el arma, el sicario abría la tapa y apretaba una de las pastillas, que funcionaba como gatillo.

HERRAMIENTAS MORTALES

El medidor de la presión de neumáticos y el destornillador que se muestran aquí son réplicas de armas auténticas fabricadas para agentes aliados en la Segunda Guerra Mundial. Cada uno es una pistola de un tiro del calibre .22.

MÚSICA LETAL

Hecha en 1965, esta flauta de plata, completamente funcional, está adaptada para disparar un cartucho del calibre .22. Un tornillo de latón en una de las teclas funciona como gatillo.

EL LIBERATOR

Aunque no fue fabricada especialmente para la OSS, la pistola *Liberator* («Liberador») ha sido asociada, de forma correcta o incorrecta, con esa organización desde hace tiempo. El Liberator era todo simplicidad: una pistola de un tiro que disparaba un cartucho del calibre .45 ACP a través de un cañón de ánima lisa. Hecho con 23 piezas de metal estampado, venía en una caja de cartón con diez cartuchos (de los cuales se podía guardar cinco en un compartimento en el mango), una vara de madera para expulsar los cartuchos gastados y una hoja con instrucciones de montaje como una tira cómica sin palabras. Aproximadamente un millón de estas armas fueron fabricadas por la *Guide Lamp Division* (División Lámpara de Guía) de la corporación General Motors en 1942. El arma fue apodada «la pistola Woolworth», por la cadena de supermercados baratos en los que se vendía todo tipo de objetos por cinco o diez centavos. (El precio por unidad era de unos dos dólares.)

Con un alcance efectivo de unos 182 cm, el Liberator era en realidad un arma diseñada para permitir al usuario (si él o ella era valiente o afortunado) obtener mejores armas. Aparentemente, se pretendía distribuir el arma de forma masiva a los miembros de la Resistencia en la Europa y Asia ocupadas por el Eje. La idea era que se utilizase contra soldados rezagados o centinelas, cuyas armas serían capturadas y añadidas al arsenal de la partida de guerrilleros.

Los historiadores de armas de fuego aún debaten cuántos Liberators llegaron a entrar en acción y dónde, y cómo de efectivos eran. Aunque puede que en un principio fuesen destinados principalmente a la Europa ocupada

por los nazis, no hay muchas pruebas de que se usaran allí de verdad; pero aparentemente las guerrillas que combatían a las fuerzas japonesas en Filipinas utilizaron algunos Liberators con efectividad.

La guerra química y biológica

El uso de agentes químicos y biológicos en la guerra, ya sea contra fuerzas enemigas, animales o poblaciones civiles, se remonta hasta la Antigüedad. A pesar del miedo que inspiran, estas armas han resultado difíciles de utilizar con efectividad, entonces y ahora, pues las esporas (como las que causan ántrax), las toxinas (como la botulina, que causa botulismo) y otros agentes a menudo se dispersan de forma imprevista y pueden ser igual de mortíferas para los «atacantes» como para los «defensores». Aun así, la posibilidad de un ataque químico o biológico por parte de un grupo terrorista o de un «Estado rebelde», con al menos la posibilidad teórica de millones de muertes, es una perspectiva aterradora en el siglo XXI.

LA GUERRA BIOLÓGICA TEMPRANA

Probablemente, las primeras armas químicas fueron flechas y otros proyectiles emponzoñados con veneno de serpientes y otros reptiles, o de plantas. Su uso en la caza y la guerra continuó hasta los tiempos modernos; por ejemplo, entre los pueblos indígenas de las selvas sudamericanas, que utilizaban puntas de flecha impregnadas en curare, de origen vegetal, que causa parálisis respiratoria. La gente también ha conocido desde hace tiempo que introducir excrementos en una herida puede causar infecciones y muerte. En el siglo XX, las guerrillas vietnamitas utilizaban «pinchos punji» cubiertos de excrementos y otras «trampas para tontos» contra sus oponentes franceses y luego, americanos.

El primer uso documentado de la guerra bacteriológica a gran escala en el mundo occidental tuvo lugar probablemente durante la guerra del Peloponeso, entre las polis (ciudades-estado griegas) de Atenas y Esparta en el siglo V a.C. El historiador Tucídides (c. 460-404 a.C.) informó de cómo la «peste» mató a muchos atenienses hacia el 430 a.C., un estallido que achacó a que los espartanos envenenaban los pozos. (Pero la investigación moderna ha planteado la posibilidad de que la peste fuera en realidad una variación del virus Ébola, traído de África sin querer por los propios atenienses.) Se dice que, más tarde, durante las guerras púnicas, la lucha por la supremacía en el Mediterráneo entre Roma y Cartago (c. 264-146 a.C.), los marinos de la Armada cartaginesa arrojaron vasijas llenas de serpientes venenosas a los barcos de guerra romanos[115].

Hay gran cantidad de relatos medievales en los que los atacantes utilizaban catapultas para arrojar cadáveres de seres humanos, caballos u otros animales muertos por enfermedad a castillos o ciudades fortificadas para extender el mal. Muchos historiadores creen que esta táctica llevó la devastadora peste bubónica a Europa, cuando unos barcos que transportaban comerciantes desde Kaffa (un emporio comercial veneciano en lo que hoy es Ucrania, que estaba siendo sitiado por los turcos[116]) llegaron a Italia en 1347. Llevaron con ellos ratas que tenían pulgas infectadas con la peste: el resultado, la «Peste Negra», mató entre un cuarto y un tercio de la población europea.

TIEMPOS MODERNOS

Uno de los episodios más célebres de guerra biológica deliberada tuvo lugar en la guerra franco-india (1754-1763, englobada en la guerra de los Siete Años en Europa: 1756-1763), que dio a Inglaterra el control de la mayor parte de Norteamérica. Cuando el líder nativo americano Pontiac lideró una revuelta contra los nuevos dominadores británicos, Sir Jeffrey Amherst, el nuevo comandante británico en *Fort Pitt* (Fuerte Pitt; ahora Pittsburgh, Pensilvania), consiguió que se diesen a los nativos americanos locales mantas utilizadas por enfermos de viruela de la base. Coincidencia o no, una epidemia de viruela se extendió rápidamente por la región.

El uso de armas biológicas durante las guerras mundiales, y especialmente la Guerra Fría, sigue envuelto en controversia. Se sabe que agentes alemanes intentaron extender el ántrax entre caballos de la caballería rumana. (La Primera Guerra Mundial también vio el uso de guerra química en forma de gases, por ambos bandos; *vid*. p. 183).

En la Segunda Guerra Mundial, una unidad secreta del Ejército japonés, la Unidad 731, intentó extender enfermedades como el cólera y la peste entre los civiles chinos, además de realizar experimentos repulsivos con prisioneros chinos y aliados. Aunque se discuten los hechos, algunos historiadores creen que las actividades de la Unidad 731 causaron cientos de miles de muertes en China. También pueden haber inspirado tanto a los Estados Unidos como a la Unión Soviética para desarrollar sus propias investigaciones sobre la guerra biológica. En la Guerra Fría ambos bandos continuaron investigando y almacenando agentes biológicos como el ántrax y la ricina (un veneno extremadamente mortal derivado de la semilla del ricino). En 1972, la preocupación por los peligros de la guerra bacteriológica llevó a la redacción de un tratado internacional que prohibía su uso y producción; en los años ochenta más de 100 naciones habían firmado el documento, aunque en algunos círculos se sospecha que la investigación continúa secretamente en muchos países.

En la década de 1980, el dictador iraquí Saddam Hussein utilizó armas químicas contra la minoría kurda de su propia población y, probablemente, contra las tropas iraníes en la guerra de Irán-Irak. En un episodio documentado hasta 5.000 kurdos pudieron haber muerto en un solo ataque químico en 1988. El miedo a que Irak estuviese desarrollando «armas de destrucción masiva», incluyendo agentes biológicos, fue una de las justificaciones más importantes para la invasión de esta nación en 2003 por los Estados Unidos y algunos de sus aliados.

Como es relativamente barato producirlas, a veces se llama a las armas químicas y biológicas «las armas del pobre», y por este motivo son atractivas para las organizaciones terroristas. Por ejemplo, el 20 de marzo de 1995, los miembros de una secta japonesa llamada Aum Shinrikyo, liberaron el agente nervioso sarín en la red de metro de Tokio, matando a 12 personas y dañando a más de 6.000. A finales de 2001, cinco personas en los Estados Unidos murieron tras recibir correo infectado con la bacteria del ántrax. El caso sigue sin estar solucionado y puede no tener conexión alguna con el terrorismo internacional, pero el episodio encrespó los nervios de una nación ya alterada por los ataques del 11 de septiembre de 2001.

---

[115] Aunque es verdad que se achaca al general cartaginés Aníbal (247-183 a.C.) el utilizar esta inusual táctica, parece ser que no lo hizo durante su participación en la Segunda Guerra Púnica (218-201 a.C.), sino varios años más tarde, cuando estaba al servicio de Prusias I, rey de Bitinia, en guerra con Eumenes II de Pérgamo.

[116] En realidad, Kaffa era un emporio genovés, no veneciano, y los sitiadores no eran turcos, sino mongoles de la Horda de Oro.

Armas posteriores a la Segunda Guerra Mundial

El proceso más significativo respecto a las armas de fuego en las décadas posteriores a la Segunda Guerra Mundial fue la increíble proliferación del fusil de asalto, especialmente el AK47. Los críticos afirman que la extendida disponibilidad de estas armas baratas pero mortíferas fomenta los conflictos civiles políticos y étnicos existentes en las regiones más pobres del mundo, como el África subsahariana. Las décadas recientes han visto a ingenieros civiles y militares experimentar con munición sin casquillo e incluso con propulsión por cohete para remplazar la munición y sistemas de disparo convencionales, pero la mayoría de armas de fuego contemporáneas siguen basadas (aunque en formas muy evolucionadas) en diseños y sistemas aparecidos hace décadas, o incluso en el siglo XIX. Como los acontecimientos del 11 de septiembre de 2001 demostraron, incluso las armas más simples (cúteres y cuchillos de cerámica) aún pueden ser utilizadas con efectos devastadores.

ARMAS DE INFANTERÍA

El arma de infantería con más éxito de la posguerra de la Segunda Guerra Mundial es el fusil de asalto AK47, a menudo llamado Kalashnikov, por su principal diseñador (*vid.* cuadro en página siguiente). Un diseño sencillo con pocas partes móviles hace que este fusil sea fácil de mantener y utilizar incluso para guerrilleros o tropas relativamente poco entrenadas. El AK47 sigue siendo ubicuo en el siglo XXI, con hasta 100.000.000 de ejemplares de esta arma y sus variantes fabricados cuando se escribió este libro.

Los años de la posguerra han visto a los ejércitos de gran parte de las naciones adoptar fusiles de asalto de tiro selectivo; la mayoría preparados para disparar cartuchos de calibre 7,62 mm (como el belga FN FAL, aparecido en 1950 y adoptado por más de 50 naciones). Los Estados Unidos fueron una excepción, pues a mediados de los sesenta adoptaron el M16, del calibre 5,56 mm, basado en el fusil Armalite de Eugene Stoner. En años recientes, muchos ejércitos han adoptado fusiles de calibres más pequeños, a menudo de diseño *bullpup*, que sitúan el cargador y el mecanismo de disparo detrás del guardamonte. Al igual que el fusil de asalto es un perfeccionamiento del Sturmgewehr alemán de la Segunda Guerra Mundial (*vid.* pp. 196; 205); las armas automáticas de escuadra alimentadas por cinta utilizadas ahora por muchos ejércitos son un perfeccionamiento del MG42 alemán (*vid.* p. 202).

ARMAS CORTAS

El diseño de pistolas se estancó un poco hasta los años setenta, cuando el auge del terrorismo llevó al desarrollo de una nueva generación de semiautomáticas, la mayoría del calibre 9 mm. Estas pistolas, diseñadas para satisfacer las necesidades de las agencias de la ley y de las unidades militares antiterroristas, pueden ser llevadas con seguridad, utilizadas en espacios cerrados (como la cabina de pasajeros de un avión) con un peligro mínimo para rehenes y espectadores inocentes, y tienen una gran capacidad de cargador.

Una de las primeras pistolas que satisfizo estos criterios fue la alemana Heckler & Koch VP70, también la primera pistola hecha con plástico. En 1983 la firma austriaca Glock AG desarrolló la primera de su extremadamente exitosa serie de automáticas Glock, con cargadores de hasta 19 cartuchos de capacidad. Las Glock están compuestas principalmente de plástico, lo que hizo temer que pudiesen pasar a través de un detector de metales sin hacer saltar la alarma, pero estos miedos han resultado injustificados.

AK47
La mayor virtud del AK47 es quizás su fiabilidad en duras condiciones de combate: se dice que durante la guerra de Vietnam, las guerrillas del Vietcong recogían AK47 escondidos durante días en arrozales embarrados, pero que aún disparaban perfectamente. En cambio, el M16 estadounidense, aunque fuera un fusil técnicamente superior y en algunos aspectos más letal, tiene que ser mantenido meticulosamente limpio para evitar que se encasquille. El modelo mostrado aquí es una versión china.

MINIATURA WESTON

Aunque Tom Weston es quizás el fabricante de armas de fuego en miniatura más conocido del siglo XX, los detalles de su vida están poco claros. Este residente en Ciudad de México era aparentemente un importante coleccionista y tratante de armas de fuego antiguas cuando, en los años treinta, contrató a artesanos mexicanos para hacer armas minúsculas pero que funcionasen. Estas armas únicas, producidas sobre todo en las décadas de 1950 y 1960, son codiciadas por los coleccionistas de curiosidades de armas de fuego. Se muestra aquí una pistola «Reforma» de un tiro, del calibre 2 mm.

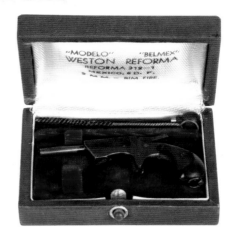

PISTOLA GYROJET

Los americanos Robert Mainhard y Art Biehl desarrollaron a comienzos de los sesenta la pistola Gyrojet, una de las armas de fuego más inusuales e innovadoras de las últimas décadas. El Gyrojet es en realidad un lanzacohetes a escala de pistola, que disparaba un proyectil del calibre 12 mm (más tarde de 13 mm) que quemaba un combustible propulsor sólido. *MBA Associates* (MBA Asociados), la empresa que Mainhardt y Biehl crearon para fabricar el arma, produjo también una versión con forma de carabina. Según algunas fuentes, las fuerzas armadas de los Estados Unidos se interesaron por el concepto del Gyrojet, porque parecía prometer un arma de infantería sin retroceso que no se encasquillaría; pero el arma resultó poco práctica en las pruebas en condiciones de combate. Las armas Gyrojet nunca encontraron muchos compradores civiles por el alto precio de su munición.

M. T. KALASHNIKOV

Mikhail Timofeyevich Kalashnikov, nacido en Kurya, Siberia, en 1919, no tuvo una educación técnica formal, pero recibió en su lugar una formación práctica como «empleado técnico» de ferrocarril. Kalashnikov, herido gravemente en 1941 mientras servía como comandante de carro de combate en el Ejército Rojo, comenzó a trabajar en diseños de armas durante su convalecencia. Diseñó un par de subfusiles, pero el Ejército Rojo ya estaba fabricando subfusiles exitosos (*vid.* p. 204), por lo que no se adoptaron los suyos. Kalashnikov orientó entonces su talento al desarrollo de un arma conocida, en la terminología soviética, como un «*automat*,» el mismo concepto de fusil de asalto adelantado por los alemanes con el MP44 (*vid.* p. 205). (Puede que el diseñador de armas Hugo Schmeisser y algunos de sus asociados, capturados y obligados a trabajar para los soviéticos cuando terminó la Segunda Guerra Mundial, contribuyeran al trabajo de Kalashnikov; esto es algo que aún se discute.) En 1947 hizo su debut el Automat Kalashnikov (AK) modelo 47, y el Ejército Rojo adoptó el arma en 1951. Kalashnikov ascendió al puesto de principal diseñador de armas de las fuerzas armadas soviéticas, produjo otras armas (como el AK 74 del calibre 5,54 mm) y ganó todos los premios posibles en la Unión Soviética y, más tarde, en la Federación Rusa. En 2004 creó su propia marca de vodka. Aún estaba vivo cuando se escribió este libro.

WINCHESTER MODELO 70

El rifle de palanca Winchester modelo 70, producido en una gran variedad de calibres (desde el .22 hasta el .458 magnum) y configuraciones, desde 1936 hasta el momento presente, es considerado uno de los mejores rifles deportivos de todos los tiempos.

CARABINA SKS

Durante la Segunda Guerra Mundial, el diseñador de armas soviético Sergei Simonov trabajó para desarrollar un fusil semiautomático que disparase una versión «corta» del cartucho estándar soviético del calibre 7,62 mm. El resultado fue la carabina SKS-45, un arma que funcionaba con el gas producido por los disparos, que se alimentaba de un cargador de diez cartuchos y contaba con una bayoneta integral que se plegaba dentro de la caja del arma. El SKS fue un arma muy exitosa y fue fabricada en grandes cantidades en China y otros países hasta que fue remplazada en gran medida por el AK47.

ESPADAS DE ESGRIMA

La tradición de lucha con espada continúa en el deporte de la esgrima, que comenzó a consolidarse en su forma actual en los primeros Juegos Olímpicos de Atenas, Grecia, en 1896. En este deporte se utilizan tres tipos de armas: la espada, el florete y el sable. Las espadas (como los modelos americanos de mediados del siglo XX mostrados aquí) están basadas en las espadas de duelo de los siglos XVII y XVIII, y tienen una hoja de 90 cm.

Términos usuales

a

acción simple Tipo de revólver que tiene que ser amartillado manualmente antes de cada disparo; las semiautomáticas de acción simple solo tienen que ser amartilladas antes de realizar el primer disparo (*vid.* doble acción).

aguja (mecanismo de) Mecanismo de disparo de algunos fusiles de cerrojo en el que el cartucho era perforado horizontalmente por una aguja que detonaba el fulminante.

aguja percutora La parte de un mecanismo de disparo que golpea el fulminante del cartucho tras ser golpeada a su vez por el mismo percutor.

alabarda Arma de asta con una hoja que combinaba una cabeza de hacha, una punta afilada y un gancho para derribar a los jinetes.

alfiler (mecanismo de) Mecanismo de disparo en el que el cartucho era perforado verticalmente por un alfiler hasta detonar el fulminante.

ánima Superficie interior del cañón de un arma.

ánima lisa Tipo de armas de fuego cuyo cañón no está rayado.

aplastadedos Aparato de tortura que apretaba el pulgar u otros dedos utilizando un engranaje.

arcabuz Arma de fuego antigua, de llave de mecha, que se disparaba desde el hombro.

archa Arma de asta con una hoja larga y ancha de un solo filo en forma de cuchillo.

arco compuesto Arco que utiliza hueso, tendón u otros materiales para reforzar la madera.

arma corta Pistola.

arma de asta Arma compuesta de un mango largo de madera (de metro y medio a más de seis metros) y de una hoja metálica.

arma de fuego larga Arma de fuego portátil que, por su longitud, requiere el uso de dos manos para ser utilizada, y se dispara apoyándola contra el hombro.

arma de mano Originalmente se refería a cualquier arma de fuego que pudiese ser llevada y utilizada por una sola persona. Actualmente se refiere exclusivamente a las pistolas.

armatoste Especie de cabrestante, montado sobre el armazón de la ballesta, que se utilizaba para volver a tensarla.

assegai Lanza zulú, de mango corto, y hoja de hierro, larga y ancha.

atlatl Utensilio para arrojar lanzas.

autocarga *Vid.* semiautomático.

automática Tipo de armas de fuego que dispara continuamente mientras se apriete el gatillo. A menudo se denomina incorrectamente «automáticas» a las pistolas semiautomáticas.

avancarga Tipo de armas de fuego que se cargan por la boca del cañón

avispero Pistola de varios cañones que rotaban para colocarse en posición de disparo.

azagaya Lanza arrojadiza.

b

bagh nakh Arma india en forma de garra, con varias cuchillas curvadas (entre tres y cinco).

ballesta Variedad de arco, en el que este va fijado de forma transversal a un armazón.

blowback *Vid.* carro (sistema de).

bullpup Tipo de armas automáticas que tienen el cargador y el mecanismo de disparo detrás del guardamonte.

c

cacerola *Vid.* fogón.

caja Armazón, normalmente de madera, en el que se sujetan el cañón y el cajón de mecanismos de un arma de fuego.

cajón de mecanismos Parte de un ama de fuego (distinta de la caja y el cañón) que contiene el mecanismo de disparo.

calacula Maza de madera fiyiana con un «filo» serrado.

calibre Diámetro del cartucho disparado por un arma, expresado en fracciones de pulgada (p. ej.: .22, .45) o en milímetros (p. ej.: 7,62 mm, 9 mm). El de una escopeta se mide de forma diferente, expresado como múltiplo (p. ej.: 8, 12, 20) del peso de las balas del grosor del cañón del arma necesarias para pesar una libra (por lo que, cuanto mayor sea el calibre, menor será el número utilizado para expresarlo). Este calibre en ocasiones es denominado «galga».

cañón Tubo hueco o metálico de las armas de fuego, por donde se dispara; o pieza de artillería de gran calibre y longitud.

cañón de mano Arma de fuego primitiva portátil.

cápsula fulminante Cápsula metálica rellena con un componente químico que explota al ser golpeada o perforada, encendiendo la pólvora y disparando el arma.

carabina Fusil de cañón corto, portado por soldados de caballería o, actualmente, por soldados cuyo trabajo principal hace que, debido a su gran tamaño, les sea poco práctico llevar un fusil (como las tripulaciones de vehículos).

carcaj Caja portátil para llevar flechas.

cargador Parte de un arma de fuego (integral o extraíble) que contiene cartuchos preparados para ser disparados. En los fusiles, el cargador suele ser cargado con un peine.

carro Pieza del mecanismo de disparo que se desplaza horizontalmente sobre el eje del arma.

carro (sistema de) Sistema de disparo que funcionaba por la presión de los gases de disparo sobre un carro o corredera que se desplazaba hacia atrás, expulsando el cartucho disparado; a continuación, un muelle recuperador movía el carro hacia delante, introduciendo el cartucho siguiente.

cartucho Envoltorio cilíndrico que contiene una bala, una carga de pólvora y un fulminante. Los cartuchos actuales suelen tener una vaina metálica o (en las escopetas) de plástico. En las armas de fuego antiguas, el término se refiere al conjunto de bala y carga de pólvora envueltos en papel para facilitar su carga.

catana Espada tradicional de los samuráis japoneses.

cebo Pequeña cantidad de pólvora que se dejaba en el fogón para que se inflamase por efecto de la llave, incendiando a su vez la pólvora de la recámara.

cerrojo (mecanismo de) Mecanismo de disparo de un arma de repetición (normalmente un fusil o un rifle) que funciona manipulando un cilindro metálico parecido al pestillo de un cerrojo, rotándolo sobre el eje del cañón, tirando de él y empujándolo.

cerrojo en línea Mecanismo de cerrojo que requiere solo dos movimientos del tirador en lugar de cuatro, pues no hay que rotar el cerrojo.

chassepot Fusil francés de cerrojo del siglo XIX.

chenapán (llave de) Un tipo de llave del siglo XVI, propia del norte de Europa, previa al desarrollo de la llave de pedernal.

chukonu Ballesta de repetición china.

cimitarra Término genérico para las espadas curvadas originarias de Oriente Medio.

claymore Espadón escocés utilizado entre los siglos XV y XVIII; o espada ancha escocesa, llevada por los oficiales de los regimientos escoceses del Ejército británico.

corredera *Vid.* carro.

corredera (mecanismo de) Mecanismo de disparo de un arma de repetición (normalmente un fusil o una escopeta) que funciona tirando el carro del arma hacia atrás y hacia delante, para expulsar el cartucho y cargar uno nuevo.

cota de malla Armadura consistente en muchas anillas metálicas entrelazadas o unidas por remaches.

cuchillo de combate Arma de filo diseñada para ser utilizada en combate más que como herramienta.

culata Parte del arma que se apoya contra el hombro.

culatín Culata plegable o desmontable de algunas armas modernas, normalmente pistolas o subfusiles.

d

daga Cuchillo corto utilizado para apuñalar.

daga de guardamano Daga que se sujetaba con la mano izquierda y se utilizaba en combinación con una espada en la Europa renacentista.

daisho Conjunto de catana y *wakizashi*.

deringer Pistola desarrollada originalmente por Henry Deringer. Sus imitaciones se escriben con una «r» adicional.

derringer Pistola pequeña, extremadamente compacta y fácil de esconder.

dha hymyung Daga birmana.

dha lwe Espada birmana.

dhal Escudo persa.

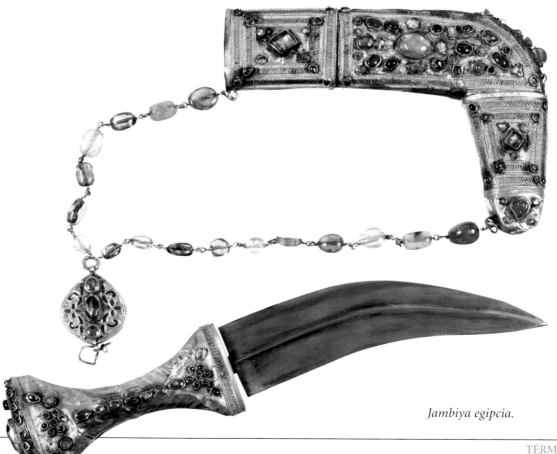

Jambiya egipcia.

dirk Cuchillo escocés relativamente largo, a menudo utilizado en combinación con un *claymore*.

doble acción Tipo de pistola (revólver o semiautomática) en el que apretando el gatillo una sola vez se amartilla el arma, se dispara y se coloca un cartucho nuevo en la recámara (*vid*. acción simple).

dyak Espada utilizada por el pueblo dyak de Borneo.

e

empuñadura Parte del mango por donde se sujeta una espada o un cuchillo.

escopeta Arma de fuego larga, de ánima lisa, que suele disparar perdigones. Suele utilizarse para la caza, pero también se utiliza en combate.

espada mameluca Espada curvada utilizada por los soldados-esclavos de ciertos ejércitos musulmanes. Su diseño ha sido copiado después en Occidente para algunas espadas ceremoniales.

espadín Espada de punta, ligera, llevada más como símbolo de estatus que para el combate.

espadón Espada larga y pesada, manejada a dos manos.

espingarda Arma de fuego antigua de cañón largo usada sobre todo por los pueblos árabes y norteafricanos.

f

fogón Receptáculo en el mecanismo de disparo donde se colocaba el cebo y que comunica con la recámara a través del oído.

fu pa («garra de tigre» en chino) Arma china similar al tridente.

fuego anular Tipo de cartuchos que tiene el fulminante en forma de anillo en el borde de la base del cartucho.

fuego central Tipo de cartuchos que tiene el fulminante en el centro de la base del cartucho.

fusil Arma de fuego larga de uso militar.

g

gatillo Parte del mecanismo de disparo de un arma de fuego que es apretada hacia atrás por el tirador para disparar el arma.

gavilán Cada uno de los hierros que sobresalen de la guarnición de la espada y sirven para proteger la mano del usuario.

Gatling Arma de cañón múltiple, alimentada desde una tolva, de funcionamiento manual, desarrollada durante la guerra de Secesión americana. Las versiones actuales funcionan por electricidad.

grabendoch Término alemán para «daga de trinchera».

guardamano Protección de la empuñadura de una espada que se extiende del pomo a la guarnición; o parte de la caja de un arma de fuego donde cubre (al menos por su parte inferior) el cañón; o protector para la mano que se utilizaba en las pistolas de práctica.

guardamonte Protector del gatillo en un arma de fuego.

guarnición Parte de la espada que separa la hoja de la empuñadura (*vid*. gavilán).

guja *Vid*. Archa.

h

hacha de batalla Hacha de mango largo.

hoplita Soldado de infantería de la antigua Grecia, protegido por una coraza, un casco, grebas y un escudo, y armado con una lanza y una espada corta (como arma secundaria).

howdah (**pistola**) Pistola de gran potencia utilizada por los británicos en la India en el siglo XIX para defenderse de los tigres cuando viajaban a lomos de elefante.

j

jambiya Daga curvada árabe, principalmente de uso decorativo, aunque también es un efectivo cuchillo de combate.

jian Espada corta china.

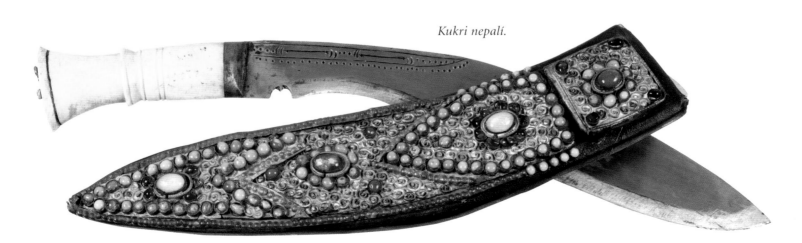

Kukri nepalí.

Patu maorí.

k

kindjal Cuchillo de combate curvado de doble filo de los cosacos.

koftgari Una forma de damasquinado que combina oro y acero.

kora Espada nacional de Nepal.

kris, o keris Cuchillo tradicional de Malasia e Indonesia.

kuba Espada del pueblo kuba de África occidental.

kulah khud Yelmo indo-persa.

l

llave Mecanismo de disparo de las armas de fuego anteriores a la invención de la cápsula fulminante.

luk Curva en un *kris*.

m

main gauche («mano izquierda» en francés) *Vid.* daga de guardamano.

malla *Vid.* cota de malla.

mango Parte del arma que se sujeta. En las espadas comprende la guarnición, empuñadura y pomo.

mangual Maza cuya cabeza está unida al mango por una cadena.

Maynard (sistema) Sistema de repetición para armas de percusión inventado por Edward Maynard y basado en una cinta enrollada con fulminantes.

mecha (llave de) Mecanismo de disparo que funciona mediante una mecha ardiendo lentamente que enciende la pólvora.

mere *Vid.* Patu.

miquelete (llave de) Un tipo de llave del siglo XVI, propia del sur de Europa, previa al desarrollo de la llave de pedernal.

morgenstern Maza con una cabeza metálica llena de pinchos.

mortero Pieza de artillería de cañón corto que dispara en una trayectoria parabólica.

mosquete Arma de fuego de los siglos XVI y XVII, de mayor tamaño que un arcabuz, y que debía sujetarse sobre una horquilla para ser disparado.

mosquetón Fusil de cañón corto.

n

nimcha Arma norteafricana de filo curvada y de longitud variable.

o

oído Conducto que comunica el fogón con la recámara.

p

palanca (mecanismo de) Mecanismo de disparo de un arma de repetición (normalmente un fusil o un rifle) que funciona girando una palanca en un sentido y su opuesto, para expulsar el cartucho y cargar uno nuevo.

pallask Espada de doble filo de Europa Central diseñada para perforar las cotas de malla llevadas por los soldados de caballería otomanos.

partesana Arma de asta con una hoja ancha y cortante por ambos lados, con dos cabezas de hacha o medias lunas en la base de la hoja.

patu Maza de mango corto que era el arma principal del pueblo maorí de Nueva Zelanda.

pedernal (llave de) Mecanismo de disparo que funciona mediante un trozo de pedernal que golpea una pieza de acero, provocando chispas que encienden el cebo.

peine Pieza metálica que contiene varios cartuchos y se introduce en el cargador desde arriba o desde abajo.

percusión (mecanismo de) Un mecanismo de disparo que funciona mediante un percutor que golpea o perfora una cápsula fulminante.

percutor Pieza del mecanismo de disparo con forma de martillo que golpea la aguja percutora.

perdigones Pequeñas bolas de plomo disparadas por una escopeta. Cada cartucho de escopeta contiene un número diferente de perdigones dependiendo del calibre.

pesh-kabz Cuchillo curvado persa utilizado para perforar cotas de malla.

pica Lanza muy larga (de hasta 6,7 m) sujeta a dos manos y utilizada en formaciones masivas de infantería.

Rifle alemán de llave de rueda.

piha kaetta Cuchillo tradicional de Ceilán (hoy Sri Lanka); sobre todo un arma ceremonial.

placas (armadura de) Armadura compuesta de placas superpuestas de hierro o acero.

pomo Parte final del mango de una espada o cuchillo, a menudo de forma redondeada.

propulsor *Vid. Atlatl.*

r

rayado Proceso por el cual se graban unas estrías helicoidales en el ánima de un arma, lo que estabiliza la bala en su trayectoria, aumentando la precisión y alcance del arma.

recámara Compartimento del arma, en un extremo del cañón, donde se coloca el cartucho antes de disparar.

retrocarga Tipo de armas de fuego que se carga por la recámara (es decir, por la parte de trasera del cañón).

retroceso Presión ejercida por el arma hacia atrás cuando es disparada.

rifle Fusil de ánima rayada, normalmente para caza o uso deportivo.

ronca *Vid.* partesana.

rueda (llave de) Mecanismo de disparo que utilizaba la fricción de una rueda de metal movida por un resorte que rozaba contra un pedazo de hierro o pedernal para provocar las chispas que encendían el cebo.

s

sable Espada curva de un solo filo y punta, normalmente usada por la caballería.

salampusa Espada de hoja de hierro de los guerreros del pueblo salampasu de África.

seguro Dispositivo en el mecanismo de disparo de un arma que impide que se dispare accidentalmente.

semiautomática Tipo de armas de fuego que disparan una vez, cada vez que se aprieta el gatillo sin necesidad de amartillar ni recargar.

sílex (llave de) *Vid.* pedernal (llave de).

sodegarami Aferrador de manga japonés, utilizado por la policía para inmovilizar criminales.

t

tanto Daga japonesa utilizada por los samuráis.

torador Mosquete de mecha que se utilizó en la India durante siglos.

trabuco Fusil de cañón corto (a veces pistola), con ánima lisa y la boca del cañón ensanchada.

tulwar o talwar Sable curvado indio hecho enteramente de acero.

u

unKhonto Lanza sudafricana.

v

vaina Funda para llevar y guardar un arma de filo.

virote Proyectil metálico, más corto que una flecha, disparado por una ballesta.

w

wakizashi Espada corta de los samuráis japoneses.

y

yari Lanza o pica japonesa de hoja recta.

yatagán Importante arma de filo del Imperio otomano entre los siglos XV y XIX.

z

zweihänder: («dos manos» en alemán) *Vid.* espadón.

BIBLIOGRAFÍA

AGOSTON, Gabor y MORGAN, David: *Guns for the Sultan: Military Power and the Weapons Industry in the Ottoman Empire*; Nueva York, Cambridge University Press, 2005.

AHEARN, Bill: *Muskets of the Revolution and the French and Indian Wars*; Woonsocket, Rhode Island, Andrew Mowbray Publications, 2005.

AKEHURST, Richard: *The World of Guns*, Londres, Hamlyn, 1972.

ANGLIM, Simon *et al.*: *Fighting Techniques of the Ancient World (3000 B.C. to A.D. 500): Equipment, Combat Skills, and Tactics*, Nueva York, Thomas Dunne Books, 2003.

ARMOUR, Richard: *It All Started with Stones and Clubs: Being a Short History of War and Weaponry from the Earliest Times to the Present, Noting the Gratifying Progress Made by Man since His First Crude, Small-Scale Efforts to Do Away with Those Who disagreed with Him*, Nueva York, McGraw-Hill, 1967.

BERK, Joseph: *Gatling Gun: 19th-century Machine Gun to 21st-century Vulcan*; Boulder, Colorado, Paladin Press, 1991.

BEZDEL, Richard H.: *American Swords and Sword Makers*, Boulder, Colorado, Paladin Press, 1994.

BLACKMORE, Howard L.: *Hunting Weapons: From the Middle Ages to de Twentieth Century*; Mineola, Nueva York, Dover Publications, 2000.

BOORMAN, Dean K.: *History of Winchester Firearms*; Guilford, Connecticut, The Lyons Press, 2001.

BREUER, William B.: *Secret Weapons of World War II*, Nueva York, Wiley, 2002.

BRUCE, Robert: *German Automatic Weapons of World War II*, Marlborough, Crowood Press, 1998.

CANBY, Courtland: *A History of Weaponry*, Nueva York, Hawthorne Books, 1963.

CANFIELD, Bruce N.: *U.S. Infantry Weapons of World War II*, Woonsocket, Rhode Island, Andrew Mowbray Publications, 1996.

CHAPEL, Charles Edward: *The Gun Collector's Handbook of Values* (octava ed. revisada) Nueva York, Coward-McCann, 1968.

COLLIER, James Lincoln: *Gunpowder and Weaponry*, Nueva York, Benchmark Books, 2004.

CONLAN, Thomas D.: *Armas y técnicas bélicas del samurái*, Madrid, Libsa, 2010.

CRAIG, Philip: *The World's Great Small Arms*, Londres, Amber Books, 1993.

DAUGHERTY III, Leo: *Fighting Techniques of a Japanese Infantryman 1941-1945: Training, Techniques and Weapons,* Staplehurst, Spellmount publishers, 2002.

DAVID, Nicolle: *Mughul India 1504-1761*, Oxford, Osprey, 1993.

DIAGRAM GROUP: *Weapons: An international Encyclopedia from 5000 B.C. to A.D. 2000*, Nueva York, St. Martin's Griffin, 1991.

DOUGHERTY, Martin: *Armas y técnicas bélicas de los caballeros medievales*, Madrid, Libsa, 2009.

DRAEGER, Donn F.: *The Weapons and Fighting Arts of Indonesia*, North Clarendon, Vermont, Tuttle Publishing, 2001.

DUPUY, Trevor Nevitt: *The Evolution of Weapons and Warfare*, Cambridge, Massachusetts, Da Capo Press, 1990.

FLEMING, David: *Weapons of the Waffen SS* St. Paul, Minnesota, MBI Publishing Company, 2003.

GOMMANS, Joseph *Mughal Warfare: Indian Frontiers and Highroads to Empire 1500-1700*, Nueva York, Routledge, 2003.

HALL, Bert S.: *Weapons and Warfare in Renaissance Europe: Gunpowder, Technology, and Tactics*, Baltimore, Maryland, Johns Hopkins University Press, 2001.

HEALY, Mark y MCBRIDE, Angus: *The Ancient Assirians*, Oxford, Osprey, 1992.

HOGG, Ian: *The Guinness Encyclopedia of Weaponry*, Enfield, Middlesex, Guinness Publishing, 1992.

HOGG, Ian: *Handguns & Rifles: the finest Weapons from Around the World*, Guilford, Connecticut, The Lyons Press, 2003.

HOGG , Ian y WALTER, John: *Pistols of the World* (cuarta ed.), Iola, Wisconsin, Krause Publications, 2004.

HOGG, Ian y WEEKS, John: *Military Small Arms of the 20th Century* (séptima ed.), Iola, Wisconsin, Krause Publications, 2000.

HOLMES, Richard: *Britain at War: Famous British Battles from Hastings to Normandy, 1066-1944*, Irvington, Nueva York, Hylas Publishing, 2004.

HUTTON, Alfred: *The Sword and the Centuries*, Boulder, Colorado, Paladin Press, 2002.

IZUKA, Kunio: *Weapons of the Samurai*, Londres, Chrysalis Books, 2001.

KELLY, Jack: *Gunpowder: Alchemy, Bombards and Pyrotechnics - The History of the Explosive That Changed the World*, Nueva York, Basic Books, 2004.

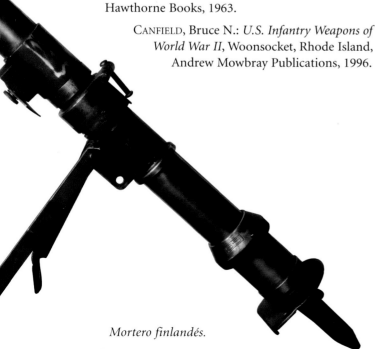

Mortero finlandés.

Daga ritual tibetana.

KERN, Paul Bentley: *Ancient Siege Warfare*, Indianapolis, Indiana, Indiana University Press, 1999.

MARCOT, Roy: *The History of Remington Firearms: The History of One of the World's Most Famous Gun Makers*, Guilford, Connecticut, The Lyons Press, 2005.

MCCHRISTIAN, Douglas C.: *The U.S. Army in the West, 1870-1880: Uniforms Weapons and Equipment*, Oklahoma City, Oklahoma, University of Oklahoma Press, 2000.

MCNAB, Chris: *The Great Book of Guns: An Illustrated History of the Military, Sporting and Antique Firearms*, San Diego, California, Thunder Bay Press, 2004.

Medieval Siege Weapons: Western Europe AD 585-1385, Oxford, Osprey, 2002.

MILLER, David (ed.): *The Illustrated Book of Guns*, Londres, Salamander Books, 2000.

MILLER, David (ed.): *Illustrated History of Twentieth-Century Guns*, St. Paul, Minnesota, MBI Publishing Company, 2003.

NAGAYAMA, Kokan (traducido del japonés por Kenji MISHIMA): *The Connoisseur's Book of Japanese Swords*, Tokio, Kodansha International, 1998.

NICHOLSON, Helen: *Medieval Warfare*, Nueva York, Palgrave Macmillan, 2004.

NICOLLE, David y HOOK, Christa: *Italian Militiaman 1260-1392*, Oxford, Osprey, 1999.

O'CONNELL, Richard y BATCHELOR, John: *Soul of the Sword: An Illustrated History of Weaponry and Warfare from Prehistory to the Present*, Nueva York, Free Press, 2002.

PARTRIDGE, Robert B.: *Fighting Pharohs: Weapons and Warfare in Ancient Egypt*, Clearwater, Florida, Peartree Books, 2002.

POYER, Joe: *U.S. Winchester Trench and Riot Guns and other U.S. Combat Shotguns: For Collectors Only*, Tustin, California, North Cape Publications, 1992.

PRITCHARD Jr., Russ A.: *Civil War Weapons and Equipment*, Guilford, Connecticut, The Lyons Press, 2003.

PYHRR, Stuart W., LOROCCA, Donald J. y OGAWA, Morihiro: *Arms and Armor: Notable Acquisitions 1991-2002*, Nueva York, Metropolitan Museum of Art, 2003.

VV.AA., *Técnicas bélicas de la época napoleónica*, Madrid, Libsa, 2008.

VV.AA.: *Técnicas bélicas de la época colonial*, Madrid, Libsa, 2012.

VV.AA.: *Técnicas bélicas de la guerra naval, 1190 a.C.-presente*; Madrid: Libsa, 2008.

VV.AA.: *Técnicas bélicas del mundo antiguo, 3000 a.C.-500 d.C.*; Madrid: Libsa, 2008.

VV.AA.: *Técnicas bélicas del mundo medieval*, Madrid, Libsa, 2007.

VV.AA.: *Técnicas bélicas del mundo moderno*, Madrid, Libsa, 2008.

VV.AA.: *Técnicas bélicas del mundo oriental*, Madrid, Libsa, 2008.

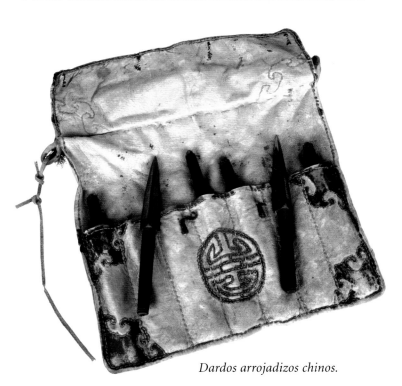

Dardos arrojadizos chinos.

Sobre el Museo Berman

Desde que el Museo Berman de la Historia del Mundo se abrió en 1996, miles de visitantes han disfrutado de su colección, única y variada, de arte, objetos históricos y armas. La reputación y la colección del Museo Berman, en Anniston, Alabama (EE.UU), no han dejado de crecer desde su fundación. La colección del Museo Berman comprende 8.500 objetos, incluidas 3.000 piezas relacionadas con la historia mundial. Los objetos de todo el mundo incluyen piezas como un singular rifle de aire comprimido de Austria, insignias militares de Alemania e Italia, una cimitarra de Oriente Medio y soportes de *kris* de Indonesia. El museo atrae a un público regional y mundial. Quienes lo visitan aprecian el significado histórico de la colección y mejoran su percepción y respeto por otras culturas.

Sus cinco galerías, Belleza Mortal, Oeste Americano, Primera Guerra Mundial, Segunda Guerra Mundial y Artes de Asia, exhiben objetos que abarcan 3.500 años. Un núcleo de la galería Belleza Mortal es la Cimitarra Real Persa, de hacia 1550, creada para Abbás el Grande, rey de Persia. La galería del Oeste Americano cubre desde 1700 a 1900, y pone énfasis en las estructuras políticas, económicas, sociales y culturales de los Estados Unidos y en sus influencias al colonizar el Oeste.

Las galerías de las guerras mundiales se basan en objetos de la colección para explorar las causas y condiciones de ambas guerras, el significado histórico de los países implicados y los cambios políticos, económicos, culturales y sociales desencadenados por cada guerra. Una pieza singular en la galería de la Primera Guerra Mundial son las gafas de tanques contra astillas, que la tripulación utilizaba para proteger los ojos y la cara de las astillas de metal provocadas por el fuego de ametralladora. En la galería de la Segunda Guerra Mundial se exhibe la pistola M1942 «Liberator», y una gran colección del juego de té y café de Hitler, supuestamente procedente del último búnker que el *Führer* ocupó. La exhibición de Arte Asiático incluye una colección extensa y creciente de tejidos, cerámica, esculturas, y objetos de jade y metal.

El Museo Berman de la Historia del Mundo acoge la vasta y ecléctica colección del coronel Farley L. Berman y su mujer, Germaine. Farley Berman. Él sirvió en el frente europeo en la Segunda Guerra Mundial y en la fuerza de ocupación tras la guerra. El coronel Farley y su esposa viajaron 50 años por todo el mundo, adquiriendo armas y artefactos históricos, pinturas, esculturas de bronce y otras obras de arte. El ojo de coleccionista autodidacta de Berman reconocía la importancia de objetos considerados corrientes y él convirtió en misión preservar algunos.

Los Berman compartieron gratuitamente su colección con el público mucho antes de que la ciudad de Anniston construyese el museo. La mejor manera de describir al coronel Berman es como un gran narrador de vívidas historias; y era famoso por disparar cartuchos de fogueo con su colección de armas para espías cuando sus huéspedes menos se lo esperaban.

A comienzos de los noventa, muchos grandes museos se interesaron en albergar la colección de los Berman. Pero Germaine propuso que la colección se quedase en Anniston. La colección del coronel y la Sra. Berman constituye el núcleo del Museo Berman. Desde su apertura, muchos han reconocido su importancia y han contribuido con sus propios tesoros a esta impresionante colección.

MUSEO BERMAN DE HISTORIA DEL MUNDO

Berman Museum of World History

ÍNDICE

Agradecimientos

A menos que se diga lo contrario, todas las fotografías de armas contorneadas pertenecen al Museo Berman de la Historia del Mundo, de Anniston, Alabama (EE.UU.), salvo las siguientes:

Colt semiautomática modelo 1911 en la página 150 © 2006 Jupiterimages Corporation;

Mauser «de Mango de Escoba» en la página 151 © 2006 Jupiterimages Corporation;

«Ejecutor humanitario de ganado» de Greener en la página 167 © *copyright* Graham N. Greener, 2006;

y el fusil ametrallador Browning (BAR) en la página 203© 2006 Jupiterimages Corporation.

OTROS CRÉDITOS

Arte en las páginas 8-9 © Rohit Seth/Shutterstock.

Imágenes en las páginas 11, 26, 27, 31 y 61 © 2006 Jupiterimages Corporation.

Imagen de un «guerrero con garrote» en la página 21 por William Henry Jackson (1843-1942) de la Comisión de la Colección Fotográfica de Transportes del Mundo (Biblioteca del Congreso de los Estados Unidos).

Arte en la página 27 © Matt Purciel/Shutterstock; arte en las páginas 28-29 © Edward Burns/Shutterstock; arte en la página 34 © Ingvr Tjostheim/Shutterstock; arte en la página 35 © James R. Hearn/Shutterstock; arte en la página 60 Tim Pleasant/Shutterstock; arte en la página 105 © Cfan/Shutterstock.

Imagen en las páginas 62-63 publicada por John H. Daniels & Hijo, Boston, 1903, cortesía de la Biblioteca del Congreso de los Estados Unidos, Washington, D.C.

Arte en la página 65: «Los frutos del poder arbitrario o la sangrienta matanza», publicado originalmente en 1770, cortesía de la Biblioteca del Congreso de los Estados Unidos, Washington, D.C.

Imagen de Napoleón (p. 107) y fotografías de Richard Gatling (p. 137), Oliver Winchester (p. 141), Eliphalet Remington (p. 143), John M. Browning (p. 149), Sir Hiram Maxim (p. 181), J. T. Thompson (p. 185), John C. Garand (p. 197) y M. T. Kalashnikov (p. 213), cortesía de Wikipedia.

Fotografía del káiser Guillermo II en la página 120, cortesía de la Colección George Grantham Bain (Biblioteca del Congreso de los Estados Unidos, Washington, D.C.).

Fotografía de Samuel Colt en la página 128, cortesía del Cementerio de Cedar Hill, Hartford, Connecticut.

Imágenes de las páginas 134, 135, 171, 182, 210, 215-216, cortesía de la Biblioteca del Congreso de los Estados Unidos, Washington, D.C.

Fotografía de Jefferson Davis en la página 138, cortesía el Museo Berman de la Historia del Mundo, Anniston, Alabama.

Imagen en las páginas 168-169, cortesía de la Colección George Grantham Bain (Biblioteca del Congreso de los Estados Unidos, Washington, D.C.).

Imágenes en las páginas 186-187, 189, por Alfred T. Palmer, 1942 (Biblioteca del Congreso de los Estados Unidos, Washington, D.C.).

También:

Muchas gracias al personal del Museo Berman de la Historia del Mundo, en Anniston, Alabama: Cheryl Bragg, directora ejecutiva; Dan Spaulding, conservador de colecciones; Matt Mumbauer, registrador; Adam Cleveland, director de instalaciones; Teresa Bradshaw, directora de oficinas; y especialmente a Robert Lindley, director de colecciones, quien resultó ser una ayuda inestimable. Asimismo gracias a Tim Moon, registrador del Museo Anniston.

Gracias también a Graham Greener, de W. W. Greener, por su ayuda para identificar y explicar el funcionamiento de un singular utensilio Greener.

También queremos agradecer a *f*-stop fitzgerald, quien fue el fotógrafo de plantilla para este proyecto.